KiWi 117

Günter Verheugen
Apartheid

Günter Verheugen

Apartheid

Südafrika und die deutschen Interessen am Kap

Mit einem Vorwort von
Bischof Tutu

Kiepenheuer & Witsch

Umschlag Hannes Jähn, Köln
Satz Froitzheim, Bonn
Druck und Bindearbeiten Clausen & Bosse, Leck
ISBN 3 462 01800 0

Inhalt

ANHANG

Vorwort

Wenn ich die Diskussion über mein Land in der Bundesrepublik richtig verstehe, dann glauben viele Menschen dort immer noch, uns, den Schwarzen in Südafrika, ginge es doch eigentlich ganz gut. Diese Menschen nehmen unsere Leiden einfach nicht zur Kenntnis, weil es für sie bequemer ist. Leiden, die man nicht kennt, führen nicht zu der Frage, wer dafür verantwortlich ist und wie man sie beseitigen kann.
Die Apartheid ist nicht nur ein materielles oder soziales Unrecht. Sie ist ein Unrecht gegen die Würde des Menschen. Uns ist es verwehrt, so zu leben, wie wir es wollen. Muß ich die Deutschen daran erinnern, daß der Mensch nicht vom Brot allein lebt? Aber viele von uns haben noch nicht einmal das. Sie wissen nicht, wie sie ihre Kinder ernähren, kleiden und zur Ruhe legen können. Und es steht nicht in ihrer Macht, das zu ändern.
Mein Volk glaubt nicht mehr, daß die Weißen ihre natürlichen Herren sind. Es verlangt nicht nach Rache. Es fragt nach seinem Recht, nach den Menschenrechten, die z. B. in der Bundesrepublik Deutschland so selbstverständlich sind, daß die Menschen sie nicht einmal mehr richtig wahrnehmen. Man kann keinen Grund dafür finden, daß wir Schwarzen in Südafrika Menschen einer anderen, minderen Art sein sollen als die der Weißen – Menschen, denen man nicht erlauben will, über ihre eigenen Angelegenheiten selbst zu bestimmen, darüber zu entscheiden, wo und wie mit wem sie leben wollen; Menschen, die ihre Meinung nicht frei äußern dürfen und manchmal noch nicht einmal gemeinsam um ihre Toten trauern dürfen. Ich sage: Es gibt keinen

Grund dafür, es sei denn der eine, daß eine Gruppe in unserem Land sich anmaßt, alle anderen Gruppen zu beherrschen.
Ja, wir leiden. Wir leiden unter der Unfreiheit und Unterdrückung, unter der Ausbeutung und der nackten Not. Und wir leiden unter der Gewalt. Wir haben das nicht freiwillig auf uns genommen, wir sind mit Gewalt dazu gezwungen worden. Und wenn wir uns wehren, dann begegnet uns eine tödliche, entschlossene Gewalt, die nicht einmal vor Kindern haltmacht.
Es macht mich zornig, wenn ich hören muß, daß es – auch in der Bundesrepublik Deutschland, auch in ihren obersten politischen Rängen – solche gibt, die immer noch nicht begriffen haben, daß die Gewalt das eigentliche Wesen der Apartheid ist. Wir wollen, daß die Gewalt aus unserem Leben verschwindet. Glaubt wirklich jemand, wir möchten unseren Kindern nicht ein anderes Leben bieten? Aber wir wissen ganz genau: Solange unser Alltag von der Apartheid bestimmt ist, solange ist auch die Gewalt um uns.
Wer die Gewalt in Südafrika beklagt, darf bei dieser Klage nicht stehen bleiben. Wenigstens zwei Fragen muß er sich stellen, lebe er in Bonn, in Washington, in London oder wo auch immer: Trage ich dazu bei, daß diese Gewalt in Südafrika möglich ist? Und die zweite Frage lautet: Kann ich etwas tun, damit sie beendet wird? Was ich hier sage, zielt nicht auf anonyme Institutionen, Körperschaften oder Verbände. Es zielt auf den einzelnen Menschen und sein Gewissen. Der Schrei um Hilfe, der von meinem Land ausgeht, ist ein Hilferuf des einen Menschen, der unterdrückt ist, an den anderen, der in Freiheit lebt. Der Ruf richtet sich an unseren Nächsten, also an jeden. Das klingt abstrakt, und in der abstrakten Form gibt es gegen diese Forderungen sicherlich keinen Widerspruch. Der Widerspruch beginnt erst, wenn unsere Forderungen konkret werden und wenn wir uns

konkret mit dem auseinandersetzen, was z.B. die großen westlichen Industriestaaten in unserem Land tun. Wenn wir ehrlich miteinander sind, werden wir zugeben müssen, daß das westliche Kapital und die westliche Technik nicht in unser Land gekommen sind, um sich der Unterdrückten in ihrer Not zu erbarmen und ihnen zu helfen. Die wirtschaftliche Zusammenarbeit hat es der herrschenden Gruppe in Südafrika erlaubt, ihre Herrschaft über uns noch mehr auszudehnen und zu perfektionieren. Nun wird also im Westen darüber diskutiert, ob diese wirtschaftlichen Verbindungen – die Investitionen, der Handel, der Geldverkehr – beschränkt oder gar beendet werden sollen. Und in diesem Zusammenhang höre ich immer wieder ein Argument – und ich sehe den frommen Augenaufschlag, der es begleitet – der Gedanke, daß wirtschaftlicher Druck letztlich auch und gerade den Schwarzen schaden würde. Uns, den Betroffenen, ist es wohl erlaubt, dagegen zu fragen: Und wem hat die Kooperation geschadet? Wer hat nach unserem Schicksal gefragt, als das alles anfing? Wer hat sich für unsere Arbeitsplätze oder unsere soziale Sicherheit überhaupt interessiert. Nun, von Leiden verstehen wir etwas, und man darf uns glauben, daß wir schon unterscheiden können, was für uns gut ist und was nicht. Wir möchten nicht, daß jetzt auch noch das Ausland für uns entscheidet. Die Unmündigkeit in unserem eigenen Land reicht uns.

Der Westen hat Interessen in Südafrika. Dagegen ist nichts einzuwenden. Aber er sieht seine Interessen falsch. Er hat nicht die Wahl zwischen der Verwirklichung der Menschenrechte einerseits oder einem zuverlässigen Verbündeten andererseits. Aber wer das dennoch so sieht, der hat wenigstens einen Nutzen für uns: Er macht uns den Marktpreis für Menschenrechte klar. Dieselben Leute sprechen auch gerne von Reformen. Sie sehen nicht, daß die Veränderungen im System der Apartheid, die als Reformen bezeichnet

worden sind, dieses System nicht überwinden, sondern stabilisieren sollen. Damit ist uns nicht gedient. Wir wollen die Apartheid in allen ihren Erscheinungsformen loswerden, und zwar sofort.
Ich habe viel Anlaß zur Dankbarkeit und Freude angesichts der Tatsache, daß mehr und mehr Menschen in vielen Ländern der Welt, auch in der Bundesrepublik, begriffen haben, daß man in diesen Fragen nicht neutral sein kann und daß sich diese Menschen mit vielfältigen Aktionen auf unsere Seite stellen. Wir nehmen das wahr, und wir werden es nicht vergessen. Unsere Freunde draußen in der Welt sind unsere Hoffnung.

Johannesburg, Juli 1986 Desmond Tutu

1. Die Verweigerung der Moral

Außenpolitik und Apartheid

Es hat lange gedauert, bis die Lage im südlichen Afrika einer breiteren Öffentlichkeit als krisenhaft und gefährlich ins Bewußtsein gedrungen ist – in der Bundesrepublik Deutschland noch länger als anderswo. In dem Land, das vor kaum mehr als einem Menschenalter die schlimmsten Exzesse des Rassismus verschuldet hat, ist der Mangel an persönlicher Betroffenheit über das Schicksal der unterdrückten und rechtlosen Bevölkerungsmehrheiten in Südafrika und Namibia erschreckend. Man sollte doch annehmen, daß gerade die Deutschen mit ihren geschichtlichen Erfahrungen alles daran gesetzt hätten, dem Rassismus überall auf der Welt entgegenzutreten, ihn wenigstens aber nicht zu unterstützen. Das war nicht der Fall, und es ist auch heute nicht der Fall, nicht einmal, wenn es um den Rassismus im eigenen Land geht.

Wie in der Bundesrepublik mit Asylbewerbern umgesprungen wird, vor allem, wenn sie eine dunkle Hautfarbe haben, ist vielfach dokumentiert – aber es bewegt die Menschen nicht. Im Gegenteil: Die Verteidigung des Asylrechts, wozu eine menschenwürdige Behandlung der Asylsuchenden gehört, und das Eintreten für ein liberales Ausländerrecht sind denkbar unpopulär. Wer politische Erfolge haben will, der braucht nur an die Ressentiments gegenüber Ausländern zu tippen. Diese Ressentiments sind durch und durch rassistisch, vor allem, wenn es sich um Afrikaner und Asiaten handelt: Diese Menschen sind Faulpelze, Drückeberger, Schmarotzer, Schmutzfinken. Sie wollen nicht so leben wie die Deutschen, mögen deren Leberwurst nicht und finden

die spezifisch deutschen Tugenden nicht unbedingt nachahmenswert.
Moralische Empörung über den Rassismus anderswo auf der Welt hinterläßt so einen bitteren Nachgeschmack. Die größte in der Bundesrepublik lebende Ausländergruppe, die türkische Minderheit, ist so sehr diskriminiert, daß man sich fragen muß, ob die Bundesrepublik nicht ihre eigene Apartheid hat. Die weißen Machthaber in Südafrika gebrauchen dieses Argument gerne und mit Bedacht. Was ist denn der wesentliche Unterschied, so fragen sie, zwischen einem System, das von Gastarbeitern redet und sie wieder loswerden will, sobald die Konjunktur sich abschwächt, und dem südafrikanischen System der Wanderarbeit, das auf kurzfristigen Kontrakten beruht, so daß man unerwünschte oder überflüssig gewordene Arbeitskräfte jederzeit abschieben kann?
Die offizielle Verurteilung der südafrikanischen Apartheid in der Bundesrepublik wirkt unglaubwürdig und hohl, solange der Rassismus im eigenen Land geduldet und auf der politischen Rechten bewußt zum Stimmenfang eingesetzt wird. Dieser politische Mißbrauch wäre nicht möglich, wenn er sich nicht auf weit verbreitete und tief verwurzelte Einstellungen und Verhaltensweisen der Gesellschaft stützen könnte. Im Kern entsteht der tägliche Rassismus in der Bundesrepublik aufgrund derselben manifesten Überzeugungen von der Überlegenheit der eigenen Gruppe wie im südafrikanischen Apartheid-System. Die eigene Lebensform wird prinzipiell als die bessere betrachtet. Maßstab ist die technische und wirtschaftliche Leistungsfähigkeit. Die Ursachen der unterschiedlichen Entwicklung in Nord und Süd werden nicht wirklich erkannt.
Die Entwicklungshilfe oder, wie sie offiziell heißt, wirtschaftliche Zusammenarbeit, ist dafür ein beeindruckendes Beispiel. Speziell im Hinblick auf afrikanische Staaten ist die

Entwicklungszusammenarbeit unpopulär geblieben. Sie bedarf in der deutschen Öffentlichkeit immer noch bedenklichster argumentativer Kniffe: Einer dieser »Kniffe« ist die rein karitative Betrachtungsweise, die zu Spendenhöchstleistungen führt, wenn eine akute Hungersnot zu bekämpfen ist, aber nicht nach den strukturellen Ursachen der Katastrophe und den Chancen ihrer Beseitigung fragt; ein anderer ist jene, vom eigenen Exportinteresse ausgehende, strikt ökonomische Betrachtungsweise, in der die Entwicklungspolitik der Erschließung neuer Märkte für die deutsche Industrie zu dienen hat. Einmal abgesehen davon, daß die lediglich auf den eigenen Vorteil bedachte Entwicklungspolitik als Instrument der Exportförderung inzwischen die tatsächliche Leitlinie der deutschen Nord-Süd-Politik zu sein scheint, wurden diese Argumente für notwendig gehalten, weil der Gedanke weltweiter sozialer Solidarität als unvermittelbar galt, vor allem aber, weil die tatsächliche Entwicklung in den schwarzafrikanischen Staaten das Vorurteil zu belegen schien, daß in Afrika ohne die Weißen alles vor die Hunde geht.

Vermutlich hat diese weit verbreitete Bestätigung des eigenen (weißen) Überlegenheitsgefühls massiven Einfluß auf die Beurteilung der Verhältnisse in Südafrika, die heute in der deutschen Öffentlichkeit anzutreffen ist. Es ist ja sehr leicht, ein paar »ärgerliche«, aber »irgendwo natürlich auch verständliche« Auswüchse der Apartheid zu kritisieren, sonst aber mit Hinweis auf das übrige Afrika vorwurfsvoll zu fragen, ob Südafrika denn in ein paar Jahren genauso aussehen soll. Die weiße Vorherrschaft in Südafrika wird gerechtfertigt als ein System, das in erster Linie dem Besten der Schwarzen selber diene. Wer davon einmal überzeugt ist, der hat auch keine Probleme mehr, wenn er sich anmaßt, besser wissen zu wollen, was für die Mehrheit in Südafrika gut oder schlecht ist als die Betroffenen selber.

Wenn man die Politik der Bundesrepublik Deutschland gegenüber Südafrika seit 1949 im Zusammenhang betrachtet, dann fällt bis auf den heutigen Tag eine erschreckende Verweigerung auf, die eigene, die deutsche Verwicklung in das Apartheid-System zu erkennen. Die deutsche Außenpolitik hat die inneren Verhältnisse in Südafrika jahrzehntelang als Problem nicht wahrgenommen. Sie hat darum die Entwicklung politischer, wirtschaftlicher und kultureller Beziehungen zwischen den beiden Staaten auch für völlig normal gehalten und absolut nichts Tadelnswertes daran gefunden, daß es sich dabei in der Praxis lediglich um Beziehungen zur herrschenden weißen Oberschicht in Südafrika gehandelt hat und daß deren Politik als die Politik der Regierung eines befreundeten Landes offen unterstützt wurde.
Auf den ersten Blick ist die Richtung erstaunlich, die die deutsche Außenpolitik gegenüber Südafrika genommen hat. Die Außenpolitik der Bundesrepublik reklamiert für sich die Orientierung an Werten. Das Bündnis, in dem sie sich befindet, versteht sich selbst als »Wertegemeinschaft«. Ihrem Anspruch nach ist daher auch die deutsche Außenpolitik auf die Sicherung des Friedens und auf die weltweite Geltung der Menschenrechte gerichtet. In der Praxis wurde und wird dieser Anspruch überlagert von den außenpolitischen Zwängen, die sich aus der Blockbindung ergeben, und aus der Verabsolutierung von Erfahrungen und Maßstäben, die der spezifisch deutschen Situation an der Nahtstelle der Machtblöcke entsprechen. Die deutsche Außenpolitik hat sich daran gewöhnt, alle auswärtigen Fragen vor dem Hintergrund des Ost-West-Konflikts zu sehen, im Kern also machtpolitisch wie eh und je. Fragen der Menschenrechte, der Selbstbestimmung und der demokratischen Ordnungen werden je nach der jeweiligen Interessensphäre durchaus unterschiedlich betrachtet und behandelt. Ein paar Beispiele: Widerstand gegen kommunistische Beherrschung

wird regelmäßig als gerechtfertigt dargestellt (17. Juni, Ungarn, Tschechoslowakei, Polen), Widerstand gegen Kolonialdiktaturen oder gegen autoritäre bzw. totalitäre Regierungen im Schlepptau der USA wird wenigstens solange als terroristische Subversion angesehen, bis die Machtverhältnisse sich spürbar zu ändern beginnen. Die Zerschlagung der »Solidarität« in Polen wird Anlaß zu Sanktionen, die Unterdrückung der schwarzen Gewerkschaften in Südafrika wird hingenommen. Guerillakriege gegen Länder, die man als kommunistisch oder lieber noch sozialistisch bezeichnen kann, werden unterstützt: Afghanistan, Nicaragua, Angola. Der bewaffnete Widerstand des ANC und der SWAPO gegen den Rassismus und Kolonialismus im südlichen Afrika wird ebensowenig unterstützt, wie die Befreiungsbewegungen in Angola, Mosambik und dem früheren Rhodesien im Westen Unterstützung finden konnten.

Die Einteilung der Welt in ein Schwarz-Weiß-Schema, der Aufbau eines Freund-Feind-Bildes in der Weltpolitik – das hat zu einem geradezu widerwärtigen Umgang mit Menschenrechtsfragen in der praktischen Außenpolitik geführt. Die Menschenrechte werden als Totschlagargumente in der Diskussion zwischen den Blöcken, aber auch in der innenpolitischen Auseinandersetzung in der Bundesrepublik benutzt. Haust Du meine Bothas, hau ich Deine Sandinisten. Und bevor Du über Apartheid reden darfst, mußt Du erst einmal Mauer und Schießbefehl pflichtgemäß verurteilen.

Diese Aufrechnungsmentalität ist deshalb so widerlich, weil dahinter eine ausgeklügelte Methode steht: Wer über Südafrika redet und nicht gleichzeitig über Afghanistan, wer über das Selbstbestimmungsrecht für Namibia redet und nicht gleichzeitig über das Selbstbestimmungsrecht für die Deutschen in der DDR, der ist ein Sympathisant des Sowjetkommunismus und ein Terroristenfreund dazu.

Im Fall Südafrikas und der Bundesrepublik wird die blockabhängige, selektive Wahrnehmung von Menschenrechtsfragen noch durch zwei bedeutende Faktoren verstärkt: Zum einen hat das weiße Südafrika es verstanden, sich dem Westen als unverzichtbarer antikommunistischer Stützpunkt darzustellen und den Eindruck zu vermitteln, als ginge es in Südafrika darum, das Land davor zu bewahren, in kommunistische Hände und in die sowjetische Einflußsphäre zu geraten. Und da jeder Deutsche ein Experte für Geopolitik ist, werden die dazugehörigen Stichworte wie Sicherung der Schiffahrtsrouten um das Kap, Sicherung strategisch wichtiger Rohstoffe und Bollwerk gegen den kommunistischen Einfluß in Afrika an Stammtischen ebenso gerne gehört wie in Staatskanzleien. Wenn die weißen Südafrikaner speziell in der Bundesrepublik die antikommunistische Karte spielen, so wissen sie natürlich, daß sie mit einer Bereitschaft zur Aufnahme dieser Argumente rechnen dürfen, bei welcher der Verstand weitgehend ausgeschaltet ist. Mangels anderer Ideen wurde unter Adenauer der Antikommunismus die Staatsidee der Bundesrepublik Deutschland schlechthin. Allen Aufräumarbeiten der sozialliberalen Ära zum Trotz sitzt dieses Ideologiesubstitut sehr tief. Neu belebt durch die Reagansche Beschreibung der Sowjet-Union als »Reich des Bösen« spielt die Auffassung, gut sei, was gegen das Böse sei, bei der Beurteilung der Apartheid eine verhängnisvolle Rolle.

Zum zweiten ist in der Bundesrepublik die Südafrika- und Namibia-Problematik auch heute noch kein erstrangiges Thema. Ein wesentlicher Grund dafür ist die Tatsache, daß die derzeitige Regierungskoalition ihre Südafrika-Politik auf dem Stand von 1982 festgeschrieben hat, weil sie sich über Änderungen nicht verständigen kann. Aus demselben Grund weicht sie auch der öffentlichen Debatte aus. Obwohl beide Oppositionsparteien – SPD und Grüne – das

Thema seit 1983 zu einem Hauptthema ihrer Außenpolitik gemacht haben, konnte eine innenpolitische Relevanz der Problematik, die das Interesse von Wahlkampfstrategen ausgelöst hätte, bisher nicht errreicht werden. Das ist der große Unterschied zu den USA, wo die Bekämpfung der Apartheid im Hinblick auf das Stimmverhalten der schwarzen Bevölkerungsgruppe und im Hinblick auf die neue moralische Rigorosität in Teilen der amerikanischen Öffentlichkeit ein Spitzenthema der Innenpolitik ist und wo auch unabhängig von politischen Entscheidungen aufgrund rein gesellschaftlicher Interessen in der Praxis Sanktionen gegen Südafrika verhängt werden.
Es ist also eine wichtige und interessante Frage, warum in der Bundesrepublik der Schritt von der Wahrnehmung des Problems hin zur Erkenntnis der eigenen Mitverantwortung nicht vollzogen wird. Das kann nicht allein an der Ausklammerungspolitik der Regierung Kohl/Genscher liegen. Es war ja auch in der Vergangenheit kein nennenswerter Druck auf irgendeine Bundesregierung wegen ihrer Südafrika-Politik spürbar.
Die Verantwortungs-Verweigerung in der Bundesrepublik ist allgemein. Von Minderheiten abgesehen, hat bis in die jüngste Zeit hinein keine gesellschaftliche Gruppe das Apartheid-Thema zu ihrem eigenen gemacht – die Kirchen nicht, die Gewerkschaften nicht, die Wirtschaftsverbände ohnehin nicht, aber auch die Parteien und ihre Jugendorganisationen nicht. Dieses Verhalten entspricht der Indifferenz der deutschen Politik und Gesellschaft in den früheren Konflikten im südlichen Afrika – Angola, Mosambik, Rhodesien. Das Interesse an diesen Ländern entstand erst nach ihrer Unabhängigkeit und als man glaubte, sie als Beweis für sowjetischen Expansionismus vorführen zu können.
Zweifellos findet in Bonn in Bezug auf das südliche Afrika ein Verdrängungsprozeß statt. Und dieser Prozeß ist sehr

allgemein: Warum engagiert sich die deutsche Linke so vehement für Nicaragua, warum hat sie sich so leidenschaftlich im Vietnam-Krieg eingesetzt, und warum hat sie die Südafrika-Frage vernachlässigt? Könnte dieses Verhalten demselben Reflex entspringen wie die einseitige Menschenrechtspolitik der deutschen Konservativen – ist das Engagement der Linken für Nicaragua begründet, weil es eindeutig gegen die USA gerichtet ist, und das der Konservativen für Botha, weil es ebenso eindeutig gegen die Sowjet-Union gerichtet ist? In diesem Fall müßte man allerdings unterstellen, daß die deutsche Linke die Rolle der USA im südlichen Afrika noch nicht voll erfaßt hat. Das Thema Apartheid scheint in der Bundesrepublik noch nicht »Kampagnefähig« zu sein. Dem Führer der SWAPO, Sam Nujoma, fiel es bei einem Deutschlandbesuch im Herbst 1985 sehr schwer zu verstehen, warum sich in der Bundesrepublik keine Massendemonstrationen gegen das Unrecht in Südafrika und Namibia organisieren lassen, obwohl das doch sogar in den USA und in Großbritannien möglich sei.

Die Ost-West-Schablone ist allerdings nicht allein verantwortlich. Es kommt hinzu, daß in der Bundesrepublik keine Südafrika betreffende kritische Öffentlichkeit erzeugt wurde. Man soll sich nichts vormachen: Die Wirkungen der Öko-, Alternativ- und Friedensbewegung haben eine Menge mit der publizistischen Unterstützung zu tun, die sie in der linken und liberalen Publizistik gefunden haben. Von einem solchen publizistischen Rückenwind kann die organisatorisch schwache und mitgliedermäßig kleine deutsche Anti-Apartheid-Bewegung nur träumen.

Es ist nicht übertrieben, wenn man annimmt, daß die südafrikanische Propagandamaschinerie es über die Jahrzehnte geschafft hat, die öffentliche Meinung in der Bundesrepublik einseitig und massiv im südafrikanischen Sinne zu beeinflussen. Allzu schwer hatten es die Südafrikaner dabei nicht, denn sie stießen, vielleicht zu ihrer eigenen Überraschung, in der deutschen Öffentlichkeit auf eine große Zahl von Wahlverwandtschaften. Es müßte einmal das Irrationale, tief Emotionale in den deutsch-südafrikanischen Beziehungen genauer untersucht werden.

Die Buren und die Deutschen – das ist ein wahrhaft merkwürdiges Kapitel der Geschichte. Sich durchsetzen gegen eine Welt von Feinden, lieber kämpfend untergehen als auf irgendetwas verzichten, ein Ordnungsprinzip durchsetzen, koste es, was es wolle; klare und unbestreitbare Strukturen in Befehl und Gehorsam, von oben und unten, durchsetzen: Ist es das, was den Deutschen an den Buren so gefällt? Jeden Kritiker von außen als ahnungslos, jeden Kritiker von innen als Verräter abzustempeln; sich unverstanden zu fühlen von der übrigen Welt; fest an eine besondere eigene historische Sendung und einen Zustand des Ausgewähltseins zu glauben; wirtschaftliche Stärke und militärische Macht als Ausweis moralischer Überlegenheit zu betrachten – sind das Eigenschaften, bei denen sich die Deutschen in den Buren wiederfinden oder wenigstens wiederfinden möchten?

Ganze Generationen von Deutschen sind geprägt worden durch Karl-May-Lektüre, verkitschte und gefalschte Darstellungen der weißen Eroberung Afrikas, Verherrlichung des deutschen Kolonialismus, Schutz-Truppen-Romantik und Lettow-Vorbeck-Verehrung: Es muß ja nur einmal jemand die deutsche Schutztruppe in Südwest als das bezeichnen, was sie war, eine organisierte Mörderbande, es muß nur einmal einer die deutsche Kolonialpolitik in ihrer ganzen Brutalität und Ausrottungsbesessenheit darstellen: Der Aufschrei ist so, als habe man sich mindestens an einem steuerflüchtigem Nationalheiligtum des deutschen Sports vergriffen.

Die südafrikanische Propaganda wurde also in der Bundesrepublik bereitwillig aufgenommen. So formte sich ein Bild von Südafrika, das gespenstisch fern von jeder historischen Realität ist: Danach waren die Buren in ein menschenleeres Land gekommen, in das erst später afrikanische Nomadenvölker eindrangen. Die Buren machten das Land fruchtbar, eine Industrie wurde aufgebaut, und auf diese Weise konnten nicht nur die Weißen gut leben, sondern fanden auch Millionen und Abermillionen von Schwarzen Arbeitsplätze und ein gutes Auskommen für sich und ihre Familien. Natürlich muß man aufpassen, daß die Schwarzen nicht anmaßend werden und mehr verlangen als ihnen zusteht. Man muß sie hart anfassen, das sind sie gewöhnt, und das erwarten sie auch. Man muß die Schwarzen auch vor sich selber schützen, für eine Demokratie z. B. sind sie nicht reif, die Stämme würden sich gegenseitig umbringen. Die Schwarzen hängen zwar oft mit rührender Treue an ihren weißen Herren, aber irgendwie sind sie doch unheimlich, besser, man traut ihnen nicht. Vor allem sind sie scharf auf weiße Frauen. Aber Rassenkonflikte gibt es eigentlich nicht. Die Schwarzen wissen ganz genau, wie gut es ihnen in Südafrika geht, in Wahrheit haben sie Angst vor kommunistischen Aufwieglern, die sie mit Terrorakten einschüchtern und zum Aufruhr anstacheln. Wo viele Völker zusammenleben, gibt es natürlich auch Probleme – das ist in Europa genauso, an deren Lösung arbeitet man, und dazu braucht man vor allen Dingen Zeit. Die weißen Südafrikaner werden doch wohl am besten wissen, was in ihrem Land los ist. Sie haben das alles aufgebaut, soll es etwa unter den Händen der Schwarzen verkommen? Davon hat doch keiner etwas. Und im übrigen ist Südafrika das Land der letzten Paradiese, der unbegrenzten Weite, der größten Diamanten und der schönsten Nationalparks. Hier ist der Mann noch etwas wert. Hier herrscht noch Pioniergeist. Wirklich, man muß die Südafrikaner nur verstehen, und man muß auch etwas von der Mentalität der Schwarzen wissen … usw., usw. Kein

Klischee ist zu abgegriffen, keine Lüge zu billig, um in diesem rassistischen Gebräu mit verwendet zu werden. Dieses Bild von Südafrika wird nicht nur in einem Teil der Medien verbreitet, es geschieht auch in einer regen Vortragstätigkeit der organisierten Südafrika-Lobby. Besonders gerne werden dabei Persönlichkeiten des öffentlichen Lebens als Augenzeugen präsentiert: Abgeordnete, Industrielle, Publizisten, Verwaltungsbeamte, Bundeswehrangehörige, Polizisten, die gerade in Südafrika waren. Wer zu diesen Reisen einlädt, wer sie finanziert und wer das Programm festlegt, darüber erfährt die Öffentlichkeit natürlich nichts.

Das Einladungsprogramm der südafrikanischen Regierung für sogenannte »Multiplikatoren« in der Bundesrepublik dürfte zu den wirkungsvollsten Einfällen der südafrikanischen Propaganda gehören. Im Bereich des Parlaments gehen die Einladungen an solche Abgeordneten, die von ihrer Funktion her kaum je die Chance zu einer Südafrika-Reise, gegebenenfalls sogar mit Frau oder Familie, hätten. Seit 1984 werden diese Reisen sehr diskret abgewickelt, aber sie finden immer noch statt. Der Präsident des Deutschen Bundestages hat trotz Aufforderung gegen die korrumpierenden Praktiken der südafrikanischen Botschaft in Bonn nichts unternommen.

Auf der Welt ist nichts umsonst, auch eine »Informations«-Reise nach Südafrika nicht. Von den Eingeladenen wird erwartet, daß sie ihre Erfahrungen in Südafrika für ihre politische Willensbildung verwerten und, wo nötig, den »falschen« Behauptungen über Südafrika entgegentreten. Dies tun sie denn auch gern – die meisten wohl ohne Unrechtsbewußtsein, weil sie den sorgfältig ausgewählten Ausschnitt aus der Wirklichkeit in Südafrika, den man ihnen vermittelt hat, für die Wirklichkeit selber halten.

Publizistische Propaganda für Südafrika gibt es natürlich

auch auf höherem Niveau. Hier sind meist Überzeugungstäter am Werk. Der bekannteste und einflußreichste dürfte der frühere Direktor des Hamburger Weltwirtschaftsarchivs, Professor Ortlieb, sein. Wie ein Wissenschaftler seinen Ruf ruiniert, ist nicht von besonderem öffentlichen Interesse. Öffentliches Interesse muß allerdings der Fall des Präsidenten des Bundesverfassungsgerichts, Professor Zeitler, erregen, der sich noch 1985 nach Südafrika einladen ließ (nach Verhängung des Ausnahmezustandes!) und der auch schon kurz vorher an der völkerrechtswidrigen Installierung der sogenannten Interimsregierung in Namibia teilgenommen hatte, und es sich dabei gefallen ließ, als Repräsentant der SPD behandelt zu werden, die ihn dringend aufgefordert hatte, die Reise nach Windhuk abzusagen. Auch Zeitler schweigt nicht über seine Reiseerfahrungen. Er nahm noch im März 1986 an einer Südafrika-Veranstaltung der extrem konservativen Internationalen Gesellschaft für Menschenrechte teil.

An dem für die weiße Minderheit so freundlichen Bild Südafrikas haben über die Jahre natürlich auch die großen Unternehmen, die Wirtschaftsverbände und die ihnen nahestehende Presse mitgepinselt.

Die deutsche Außenpolitik war im Falle Südafrika durchaus eingebettet in eine Grundüberzeugung der bundesrepublikanischen Gesellschaft, nach der die Apartheid an sich zwar etwas Bedauerliches sei, man damit aber nichts zu tun habe, sie nicht ändern könne. Kritik mußte die Südafrika-Politik der Bundesregierungen eher von rechts fürchten – wenn ihr zum Beispiel unterstellt wurde, sie lasse sich mit terroristischen sogenannten Befreiungsbewegungen ein.

Insofern ist die deutsche Südafrika-Politik tatsächlich typisch für den Bewußtseinsstand der bundesdeutschen Gesellschaft. Das muß übrigens gerade in der Außenpolitik durchaus nicht so sein. Kein anderes wichtiges Ressort arbeitet so unkontrolliert vom Parlament und so unbelästigt von einer kritischen Öffentlichkeit wie das Auswärtige Amt. Die praktische Außenpolitik ist eine Prärogative der Regierung. In ihrem operativen Teil bleibt die Außenpolitik praktisch unsichtbar (mit Ausnahme der Aktivitäten der politischen Leitung natürlich, die aber nur einen Bruchteil der Gesamtaktivitäten darstellen). Die deutsche Außenpolitik hat im Fall Südafrika keinen Versuch gemacht, die deutsche Unterstützung der Apartheid konzeptionell oder operationell zu beenden. Sowenig wie Kirchen, Gewerkschaften und Parteien über Jahrzehnte hinweg eine individuelle Verantwortung des einzelnen Bürgers auch für die Zustände in Südafrika anerkennen mochten und folglich zu keinerlei persönlichen Konsequenzen aufriefen, so wenig wollte die deutsche Außenpolitik eine Verantwortung der Bundesrepublik für die Entwicklung im südlichen Afrika akzeptieren. Politik und Gesellschaft in der Bundesrepublik haben die moralische Dimension des Problems Apartheid nicht akzeptiert, während sie die moralische Dimension von Menschenrechtsverletzungen in anderen Teilen der Welt mit ihren Konsequenzen für die Außenpolitik sehr wohl erkannt haben.

Wie überall können auch in der Außenpolitik nicht nur die Motive, sondern auch die Mittel unmoralisch sein. Und leider sind die Moralvorstellungen auch von Land zu Land sehr unterschiedlich. Es gibt keine internationale Moral, es gibt nur internationales Recht – Völkerrecht. Der Konflikt zwischen den moralischen Ansprüchen und den subjektiven Interessen der Staaten kann nur auf der Ebene des Rechts aufgelöst werden.

Das Völkerrecht ist im Fall Südafrika sehr eindeutig. Aus der Charta der Vereinten Nationen, aus den Menschenrechtspakten, aus Resolutionen der UN-Vollversammlung und des Sicherheitsrates sowie aus Urteilen des Internationa-

len Gerichtshofs ergibt sich eindeutig, daß die Staatengemeinschaft und die Einzelstaaten das Apartheid-System als Verletzung des Friedens und der Menschenrechte und damit als Störung der internationalen Sicherheit zu betrachten und entsprechend dagegen vorzugehen haben. Aber auch hier verweigert die deutsche Außenpolitik den Sprung. Sie faßt auch ihre völkerrechtlichen Verpflichtungen selektiv auf.
Auf der anderen Seite findet sich jedoch eine bemerkenswert legalistische Betrachtungsweise, wenn die Rolle der Befreiungsbewegungen und speziell ihr bewaffneter Widerstand diskutiert wird. Alle politischen und gesellschaftlichen Kräfte in der Bundesrepublik propagierten unermüdlich die Gewaltlosigkeit als einzig akzeptable Methode. ANC und SWAPO konnten viele Jahre lang als Terrororganisationen diffamiert werden, von der CSU und Teilen der CDU noch heute. Noch die harmloseste Folge davon war, daß man bei Besuchen von SWAPO-Präsident Nujoma oder ANC-Präsident Tambo durch Kooperation mit den jeweiligen Landesjustizministern darauf achten mußte, daß nicht ein wildgewordener oder wildgemachter Staatsanwalt mit einem Haftbefehl anrückte. (Allen Ernstes plante die Bundestagsfraktion der Grünen noch 1985 einen Nujoma-Besuch so, daß er nur sozialdemokratisch regierte Bundesländer berührte!) Die gefährliche Folge der verkürzten Gewaltdiskussion war, daß ANC und SWAPO in der Bundesrepublik nicht ihrer wirklichen Rolle und Bedeutung gemäß angesehen werden und nicht die notwendige öffentliche Unterstützung finden. Die so überzeugend klingende Parole »Gegen Apartheid – aber ohne Gewalt« verkennt völlig den Kontext des Widerstands in Südafrika und Namibia. Apartheid ist Gewalt, tägliche, millionenfache Gewalt, Gewalt nach innen und nach außen, gegen einzelne und gegen Gruppen. Selbst wer dagegen mit gewaltlosen Mitteln vorgeht, wird dabei brutal durch staatliche Gewaltanwendung gehindert. Das

Gewaltverbot nur für die Gewaltopfer auszusprechen – das ist entweder Heuchelei, Flucht vor der Verantwortung oder schlichte Unkenntnis der Tatsache, daß Südafrika keine pluralistische Demokratie ist, in der das Gewaltmonopol in den Händen eines demokratisch legitimierten und kontrollierten Staates liegt. Die Opfer des Rassismus können sich ohne jede Einschränkung auf das Widerstandsrecht gegen eine ungerechte Ordnung und auf das Notwehrrecht gegen nicht legitimierte Gewalt berufen. Warum, so fragen viele schwarze Führer, wurde dieses Widerstands- und Notwehrrecht Polen, Tschechen, Ungarn, Afghanen selbstverständlich zuerkannt und uns nicht? Weil wir nur Schwarze sind? Sicher auch deshalb, und sicher auch, weil die weißen Industriestaaten des Westens sich eben doch mit weißen, westlich orientierten Machthabern am Kap anders verbunden fühlen als mit denjenigen, die von diesen Machthabern unterdrückt werden.
Die Bundesrepublik Deutschland hat zwei nationale Gedenktage, einen davon als gesetzlichen Feiertag: den 17. Juni und den 20. Juli. Beide Daten weisen auf Aktionen des Widerstands auch mit dem Mittel der Gewalt hin. Im Grundgesetz ist ein Widerstandsrecht ausdrücklich verankert. Wenn eine Bundesregierung apartheidsähnliche Zustände einführen wollte, würde dieses Widerstandsrecht ohne Zweifel in Anspruch genommen werden dürfen, ja sogar müssen. Die Frage ist also mehr als berechtigt, warum man das für Südafrika und Namibia nicht gelten lassen will. Man muß wohl zugestehen, daß die südafrikanischen Zustände von den westlichen Demokratien in einem weißen Land nicht so lange akzeptiert worden wären. Man hat sich angewöhnt, Afrika mit anderen Maßstäben zu messen. Dieses Verhalten ist – bewußt oder unbewußt – rassistisch.
Es gibt keine andere Erklärung, warum im Fall Südafrika die moralischen und rechtlichen Maßstäbe so gänzlich unbeach-

tet bleiben. Noch nicht einmal ließe sich entschuldigend oder erklärend argumentieren, daß Außenpolitik (und Außenwirtschaftspolitik) in erster Linie der Wahrnehmung der eigenen Interessen dient. Gerade eine von den eigenen Interessen ausgehende Politik hätte zu völlig anderen Verhaltensweisen kommen müssen.

Im Ernst kann wohl nicht behauptet werden, daß es im Interesse des Westens liegt, ein System zu erhalten, dessen Politik eine Gefahr für den Weltfrieden darstellt. Zwar wurde das Krisengebiet südliches Afrika bisher nicht als so brennend und gefährlich angesehen wie andere regionale Konfliktherde – Naher Osten, Golf, Mittelamerika, Südostasien. Gerade wenn aber die geopolitische Bedeutung des südlichen Afrikas wirklich so herausragend ist, wie zur Verteidigung der Apartheid immer wieder argumentiert wird, dann muß die strategische Stabilität dieser Region ein vorrangiges Ziel des Westens sein. Und niemand auf der ganzen Welt wird glauben, daß ausgerechnet das aggressive und gewalttätige Apartheid-System diese Stabilität garantieren kann.

Dasselbe gilt für den wirtschaftlichen Bereich. Für die deutsche (die amerikanische, die britische) Wirtschaft ist Südafrika ein interessanter und wichtiger Handelspartner und – bis vor kurzem jedenfalls – ein profitabler Platz für Investitionen. Außenwirtschaftliches Engagement folgt nicht ausschließlich ökonomischen Gesichtspunkten. Es muß auch nach den politischen Rahmenbedingungen fragen. Warum aber wurde Südafrika dann, bei erkennbaren Risiken aufgrund der politischen Struktur, ein so bevorzugtes Ziel wirtschaftlicher Aktivitäten des Westens? Auch dafür gibt es nur eine sinnvolle Erklärung: Südafrika schien unter den Apartheid-Bedingungen so außerordentliche Gewinnchancen zu bieten, daß man es für vorteilhaft hielt, diese Bedingungen zu erhalten. Mit anderen Worten: Mit Rassismus kann man gute Geschäfte machen. Aber eben nicht auf Dauer. Die Gier, schnelle Gewinne zu machen, übersieht die Gefahr, auf mittlere Sicht alles zu verlieren. Nein, eine kühle, rein ökonomische Interessenabwägung hat nicht vorgelegen. So anspruchslos sind die Gesetze der Kapitalverwertung nun auch wieder nicht. Es muß offen ausgesprochen werden: Das wirtschaftliche Engagement des Westens in Südafrika war nicht nur Ausdruck des Vertrauens auf die Fähigkeit des weißen Regimes, die so profitablen »Rahmenbedingungen« der Apartheid-Wirtschaft erhalten zu können, sondern auch ein Zeichen der Übereinstimmung, der Zustimmung. Fast ist man versucht, von unternehmerischer Solidarität zu reden. Aber auch nur fast, denn so etwas gibt es nicht.

Eine traurige, eine erschütternde Wahrheit muß erst auf den Tisch: Es ist der Rassismus in unserem eigenen Land, der dem Rassismus in Südafrika zum Überleben verholfen hat.

Es ist Rassismus, wenn an afrikanische Freiheitsbestrebungen ein anderer Maßstab gelegt wird als an europäische. Es ist Rassismus, wenn die Interessen der privilegierten weißen Minderheit in Südafrika bei uns für wichtiger gehalten werden als die Rechte der unterdrückten Mehrheit. Es ist Rassismus, wenn uns Südafrikas Märkte mehr bedeuten als seine Menschen. Es ist Rassismus, wenn man schwarzen Afrikanern die Fähigkeiten abspricht, die man bei weißen Afrikanern für selbstverständlich hält. (Das gilt leider im Guten wie im Schlechten, es gibt auch schwarze Unterdrücker.) Es ist Rassismus, wenn jede persönliche Verantwortung strikt geleugnet wird, wenn es um die Menschenrechte in Südafrika geht. Es ist ein ausgesprochenes Pech für die Schwarzen im südlichen Afrika, daß die Buren keine Kommunisten sind. Wären sie es, dann gäbe es nicht nur schon lange Wirtschaftssanktionen, sondern ANC und SWAPO würden mit vielen hundert Millionen Dollar und den modernsten

Waffen unterstützt. So aber verstärkt der Antikommunismus noch die auf Rassismus gegründete westliche Politik zugunsten des Apartheid-Staates. Was dabei herauskommen kann, ist genau das Gegenteil von dem, was man eigentlich will. Sollte in Südafrika ein schwarzer Rassismus entstehen und sollte die Gleichsetzung von Kapitalismus und Apartheid tatsächlich dem Kommunismus in Südafrika eine Tür öffnen, dann wird der Westen das mit seiner Politik höchstselber bewirkt haben.

Bei der rein außenpolitischen Betrachtung der Krise in Südafrika und der notwendigen Reaktion spielt die Frage der Nichteinmischung in die inneren Angelegenheiten eines anderen Landes merkwürdigerweise immer noch eine Rolle. Wohin das Prinzip der Nichteinmischung bzw. der nicht rechtzeitigen Einmischung führt, hat die Geschichte des 20. Jahrhunderts am Beispiel von Nazi-Deutschland gezeigt. Es kann der internationalen Staatengemeinschaft nicht gleichgültig sein, wenn die herrschende Schicht eines Landes die überwältigende Mehrheit der Bevölkerung von allen Formen der Selbstbestimmung ausschließt und diese Politik mit aggressiven Mitteln nach innen und nach außen durchsetzt. Die Welt ist zu klein geworden, die Beziehungen zwischen den Staaten zu eng, die gegenseitige Abhängigkeit zu groß, als daß man gegenüber Zuständen wie in Südafrika neutral bleiben könnte. Es wird hier nicht einer Einmischung im Sinne einer militärischen Intervention das Wort geredet. Es geht vielmehr darum, eine Politik zu entwickeln, die unter Vermeidung dieses Mittels, das unter den Bedingungen des Atomzeitalters eben nicht mehr nach Clausewitz als Fortsetzung der Politik gesehen werden darf, dem südafrikanischen Regime die internationale Unterstützung entzieht. Kein Land kann gezwungen werden, mit einem anderen politische, wirtschaftliche und kulturelle Beziehungen zu unterhalten. Existenz und Ausmaß von Beziehungen sind

von den eigenen Wertvorstellungen und den eigenen Interessen bestimmt. Insofern wäre der Verzicht auf Beziehungen oder die Reduzierung bzw. der Abbruch bestehender Beziehungen ohnehin keine Einmischung.
Im Fall Südafrika kommt hinzu, daß die vollständig anders gewordenen weltpolitischen Grundbedingungen seit der Existenz der Atomwaffen Friedenserhaltung und Friedenssicherung zu einem fundamentalen Prinzip der Außenpolitik jedes einzelnen Staates machen müssen. Der Apartheid-Staat ist eine Gefahr für den Weltfrieden. Er allein ist verantwortlich für den Unfrieden und die Instabilität im südlichen Afrika. Hinter diesen nüchternen Worten stehen Millionen von Einzelschicksalen, stehen Menschen, die unter Kriegen und Bürgerkriegen leiden, die um die Früchte ihrer friedlichen Arbeit betrogen werden, die als Flüchtlinge ihre Heimat verlassen müssen, die Hunger, Krankheit und Elend ausgesetzt sind.
Man kann sich sehr gut vorstellen, daß die wahrscheinlichere Gefahr für den Weltfrieden nicht aus der direkten, unmittelbaren Konfrontation von Großmächten entsteht, sondern daß sie aus einem sich langsam aufbauenden übergreifenden regionalen Konflikt wie dem im südlichen Afrika erwächst. Eine auf Friedenssicherung angelegte politische Strategie muß deshalb darauf abzielen, regionale Konflikte zu entschärfen, bevor sie sich buschfeuerartig ausbreiten können. Das wird in keinem Fall möglich sein ohne Entschärfung der Konfliktursachen, in diesem Fall ohne die Beseitigung des Herrschaftsanspruchs der Weißen in Südafrika. So betrachtet ergibt sich für die Staaten der Welt geradezu eine Verpflichtung, Maßnahmen gegen das Apartheid-System durchzuführen. Dieser Verpflichtung ist die Staatengemeinschaft auch mit einer großen Zahl von Entscheidungen der UN-Vollversammlung und des Sicherheitsrates nachgekommen. Die praktische Verwirklichung dieser Beschlüsse kann

jedoch nicht der relativ machtlosen UNO allein aufgebürdet werden. Hier beginnt vielmehr die unmittelbare Verantwortung jedes einzelnen Staates.
Die Verteidiger der Nichteinmischungsdoktrin in bezug auf Südafrika haben im Grunde nur einen einzigen Pfeil im Köcher: den Hinweis auf ebenso verabscheuungswürdige Zustände in anderen Teilen der Welt. Tatsächlich ist Südafrika nicht das einzige Land, in dem Menschenrechte systematisch mißachtet werden. Aber es gibt keinen anderen Staat, der von den Vereinten Nationen so massiv und radikal verurteilt worden wäre. Das hat nicht nur etwas mit den realen Machtverhältnissen in den UN-Organisationen und speziell im Sicherheitsrat zu tun. Der wahre Grund ist vielmehr, daß es keinen anderen Staat auf der Welt gibt, der direkt auf dem Prinzip der Verweigerung der Menschenrechte für einen Teil der eigenen Bevölkerung aufgebaut ist, dessen verfassungsmäßige Ordnung der Rassismus ist. Kein anderes Land ist auf dem moralischen Niveau einer Sklavenhaltergesellschaft stehengeblieben.
Man darf über Verletzungen der Menschenrechte nicht schweigen, gleichgültig, wo sie auftreten. Wenn aber Menschenrechtspolitik zu einem Inhalt der Außenpolitik wird, dann muß hier wie überall die Frage nach den zweckmäßigsten Mitteln – zum Beispiel der Verzicht auf wirtschaftliche Beziehungen – zu ganz verschiedenen Ergebnissen führen. Um bei diesem Beispiel zu bleiben: Im Fall der Sowjetunion haben die Wirtschaftskontakte mit dem Westen oder ausgebaute politische Beziehungen, wie sie sich etwa in der KSZE-Schlußakte widerspiegeln, eher zu einer gewissen Liberalisierung des Systems und einem Nachlassen des Druckes auf den einzelnen geführt. Im Fall Südafrika ist das nicht so. Hier haben die Wirtschaftskontakte im Gegenteil die Perfektionierung des Unterdrückungsapparats namens Apartheid erst möglich gemacht.

Die westliche Außenpolitik kann gegenüber Südafrika auch aus einem sehr speziellen Grund nicht passiv bleiben. Das weiße Südafrika betrachtet sich als Teil des westlichen Lagers.

Es kann gut sein, daß zumindest die Buren daran glauben, daß sie in Südafrika als Vorposten der freien Welt die »rote Flut« von Afrika fernzuhalten haben. Mit solchen Verbündeten wie Südafrika wird der Westen in der übrigen Welt kaum Freunde gewinnen. Seine Ideale werden unglaubwürdig, wenn er zuläßt, daß sie von Rassisten für sich in Anspruch genommen werden. Und für diese gilt: Wenn sie sich selber schon zu den freiheitlichen und rechtsstaatlichen Demokratien rechnen, dann müssen sie sich auch gefallen lassen, mit den Wertmaßstäben von Demokratien gemessen zu werden. Das nicht immer getan zu haben und sich damit begnügt zu haben, strammen Antikommunismus als Befähigungsnachweis für die Zugehörigkeit zum sich selbst so nennenden freien Westen genug sein zu lassen – das hat im südlichen Afrika den Westen schon dreimal Ansehen und Einfluß gekostet. Der NATO-Partner Portugal wurde in seinem Kolonialismus in Angola und Mosambik bis zum Moment der Selbstaufgabe unterstützt, und die weiße Minderheitsregierung im heutigen Zimbabwe, damals Rhodesien, unter Ian Smith hätte ohne die Tolerierung des Westens das Selbstbestimmungsrecht nicht so lange verweigern können. Südafrika ist kein Kolonialismus-Problem, obwohl es große strukturelle Ähnlichkeiten gibt und die ANC-These vom inneren Kolonialismus eine Menge Plausibilität enthält, aber Namibia ist ein Kolonialismus-Fall. Und hier macht der Westen unter Führung der USA denselben historischen Fehler wie schon vorher in Angola, Mosambik und Zimbabwe. Südafrika selbst kann man eher vergleichen mit Diktaturen in der Dritten Welt, denen die Treue gehalten wurde, bis die Völker sich selbst befreien konnten. Auch

Südafrika wird einmal frei sein – und die Menschen dort werden sich daran erinnern, wer in ihrem Befreiungskampf auf ihrer Seite gestanden hat und wer nicht.

2. Was Apartheid bedeutet
Das System der Unterdrückung

Was Apartheid bedeutet, ist oft beschrieben und dokumentiert worden. Die Zensurbestimmungen der weißen Machthaber in Südafrika haben nie verhindern können und werden auch künftig nicht verhindern, daß die Welt über die traurige Realität in Südafrika Bescheid weiß. Dennoch dürfte der Mehrheit der Menschen in der Bundesrepublik nicht klar sein, daß Apartheid keineswegs nur eine auf Rassenhochmut aufgebaute Regelung der Beziehungen zwischen Weißen und Menschen mit anderer Hautfarbe ist, die es Schwarzen verboten hat, mit Weißen auf derselben Parkbank zu sitzen, denselben Omnibus zu benutzen oder in dasselbe Kino zu gehen. Ebensowenig dürfte allgemein bekannt sein, daß Apartheid keineswegs eine zwingende, vernünftige Konsequenz aus dem unterschiedlichen Entwicklungsstand verschiedener Völker mit eigenen Sprachen, Kulturen und Traditionen ist, die auf dem Wege einer getrennten Entwicklung zu einem friedlichen Miteinander gebracht werden sollen. Das erste ist eine Verharmlosung: Hier werden bestimmte Symptome, die zum Teil schon verschwunden sind, für die Krankheit selber gehalten. Das zweite ist reine Propaganda, Selbstrechtfertigung der Weißen, und daher Verschleierung. Apartheid ist ein System, das es einer Minderheit von 4,8 Mio. Weißen in Südafrika erlaubt, wirtschaftliche, soziale und kulturelle Privilegien gegenüber einer Mehrheit von ca. 28 Mio. Menschen anderer Hautfarbe in Anspruch zu nehmen. Nach Apartheid-Kategorien gibt es ca. 24 Mio. Schwarze, 2,8 Mio. Mischlinge und 0,8 Mio. Asiaten. Die statistischen Probleme fangen schon mit der Einwohnerzahl an. Wirklich zuverlässig sind nur die Zahlen über die weiße Bevölkerung. Die Zahlen für die Mischlinge und die Inder gelten als annähernd korrekt, während die Zahlen für die afrikanische Bevölkerung in abenteuerlicher Weise differieren. Die deutsche Bundesregierung geht (Stand: 1. 3. 1986) von 20,7 Mio. Afrikanern aus. Diese Zahl stützt sich auf die von der Universität Stellenbosch hochgerechneten Ergebnisse der Volkszählung von 1980. Sie liegt bereits über der von der südafrikanischen Regierung bekanntgegebenen Zahl zuzüglich der in südafrikanischen Statistiken nicht erfaßten Einwohner der »unabhängigen« Homelands. Die oben angegebene Zahl von ca. 24 Mio. afrikanischen Einwohnern wird von den meisten Fachleuten für realistisch gehalten, weil davon ausgegangen werden muß, daß der Zensus von 1980 innerhalb der afrikanischen Bevölkerungsgruppe eine Fehlerquote von mehr als zehn % aufweist.

Um die Privilegien der Minderheit durchsetzen zu können, wird die Mehrheit von der Mitwirkung an allen Entscheidungen, die sie selber betreffen, ausgeschlossen. Grundrechte wie Freizügigkeit, freie Berufswahl, Versammlungsfreiheit, Vereinigungsfreiheit usw. gelten für die Mehrheit nicht. Ein ausgeklügeltes, tief gestaffeltes Staatssicherheitssystem soll garantieren, daß gegen die ungleiche und ungerechte Verteilung aller Rechte, Chancen und Güter kein effektiver Widerstand geleistet werden kann. Im Kern ist Apartheid ein politischer Unterdrückungsapparat mit dem Ziel der wirtschaftlichen Ausbeutung und sozialen Deklassierung aller Menschen, deren Hautfarbe andere Pigmentzusammensetzungen aufweist als die der Weißen. Das Gesamtsystem ist hochkomplex, durch und durch bürokratisiert und extrem legalistisch. Die Zahl der einzelnen, formalisierten »Rechtsgrundlagen« der Apartheid dürfte bei über 1 000 liegen, wobei mehr als 200 Sondergesetze das eigentliche Apartheid-(Un)Recht festschreiben.

Das System erweckt in seiner Perfektion dasselbe Grauen wie die nationalsozialistischen Rassengesetze. Es ist in dieser Form das Werk der seit 1948 in Südafrika regierenden Nationalen Partei des jetzigen Präsidenten P. W. Botha. Historisch ist die Apartheid allerdings älter. Die Rassendiskriminierung setzte an der Südspitze Afrikas unmittelbar nach der Ankunft der ersten weißen Siedler ein. Das Zeitalter der Unterdrückung in Südafrika beginnt mit der Landung des Beauftragten der Holländisch-Ostindischen Gesellschaft, Jan van Riebeeck, im Jahre 1652 und der Gründung der ersten Siedlung: Kapstadt. Die ursprünglich als Stützpunkt auf dem Seeweg nach Asien gedachte Gründung entwickelte sich schnell zu einer kolonialistischen Landnahme. Entgegen der immer noch in der Welt verbreiteten burischen Legende war das in Besitz genommene Land keineswegs menschenleer, und es war auch nicht so, daß die dort lebenden Völker der Khoi-Khoi (Hottentotten) und San (Buschleute) sich ihr Land widerspruchslos hätten wegnehmen lassen. Es kam sehr bald zu Auseinandersetzungen, die mit Ausrottung, Vertreibung oder Versklavung der ursprünglichen Kap-Völker endeten. Den wachsenden Arbeitsplätzebedarf befriedigte man außerdem durch den Import von Sklaven. Die sich ausdehnende Kap-Kolonie führte schon 1779 an ihrer Ostgrenze den ersten Krieg gegen die dort lebenden Xhosas. Der verstärkte Zuzug britischer Siedler nach der endgültigen Übernahme der Kap-Kolonie durch England im Jahr 1806 löste politische und soziale Spannungen zwischen den bisherigen, vorwiegend holländischen Siedlern – den Ahnen der heutigen Buren – und den Briten aus. Spannungen, die sich bis auf den heutigen Tag erhalten haben.

Der südafrikanische Romanautor André Brink hat in seinem Roman »Die Nilpferdpeitsche« nicht nur die Spannungen zwischen den Weißen, sondern auch das Verhältnis zwischen den Rassen jener Frühzeit in beklemmender Weise geschildert. Schon 1809 wurden die überlebenden Khoi-Khoi und San zur Arbeit auf weißen Farmen gezwungen. Sie mußten dort registriert sein, durften sich nur mit Genehmigung ihrer Herren von den Farmen entfernen und mußten dabei ein gekennzeichnetes Stück Holz oder Metall vor dem Hals tragen – später wurde daraus der »Dompas« (= Dummenpaß), den jeder Schwarze ständig bei sich zu tragen hat. Die Abschaffung der Sklaverei durch die Engländer im Jahre 1834 war der Auslöser des »Großen Trecks« der Buren aus der Kap-Kolonie in bis dahin von Weißen unbesiedelte Gebiete im Norden 1836.

Schon ein Jahr später gerieten die vordringenden Buren (nach ihrer eigenen Geschichtslegende merkwürdigerweise in menschenleeren Gebieten) in blutige Kämpfe mit den Ndebele und den Zulus. Während die Ndebele weit nach Norden zurückwichen (was die Ursache der Probleme im heutigen Zimbabwe ist), kämpften die Zulus verbissen weiter, bis sie 1879 im Zulukrieg endgültig besiegt wurden. Im Grunde ist es unbedeutend, welche afrikanischen Völker wann in das Gebiet des heutigen Südafrikas gekommen sind. Da die Behauptung, die Buren hätten menschenleeres Land übernommen, für die Apologeten der Apartheid jedoch eine schwer einsehbare, aber so wichtige Rolle spielt, muß auf archäologische Befunde hingewiesen werden, die Bantu-Kulturen im heutigen Südafrika schon für das 10. und 11. Jahrhundert belegen. Die unabhängigen Burenrepubliken Natal (nur sehr kurz), Transvaal und Oranje-Freistaat (beide bis 1902) wurden trotz telegrafischer Solidaritätsadresse des deutschen Kaisers (einer der historischen Gründe für die merkwürdige Verbundenheit zwischen Deutschen und Buren) in den Burenkriegen ins britische Empire einverleibt. Dabei ging es um den Besitz der inzwischen entdeckten reichen Gold- und Diamanten-Lagerstätten. Als Vorwand diente allerdings ausgerechnet die in den Burenrepubliken praktizierte Rassendiskriminierung! Zu dieser Zeit gab es bereits die besonderen Apartheid-Formen des späteren Industriezeitalters: Eingeborenenreservate (wohin man überschüssige schwarze Arbeitskräfte abschob) und Arbeitslager (wo man von ihren Familien getrennte Kontraktarbeiter kasernierte). Auch die arbeitsrechtliche Diskriminierung der Job-Reservation war bereits vorhanden. Politische Gleichberechtigung für Nichtweiße gab es weder unter den Buren noch unter den Engländern.

Selbst das Kernstück des heutigen Apartheid-Konzepts reicht weit zurück. 1913 verbot die inzwischen entstandene Südafrikanische Union (ein Dominion des British Empire) durch das Eingeborenen-Land-Gesetz den Schwarzen (mit wenigen Ausnahmen in der Kap-Region) den Landerwerb außerhalb von Eingeborenen-Reservaten. Als Reservate waren 7,3 % der Gesamtfläche Südafrikas ausgewiesen. Dieses Gesetz wurde 1936 noch verschärft: Die Ausnahmen vom Landerwerbsverbot wurden aufgehoben, die Reservatsflächen auf 13 % angehoben. Eingeschränkt wurde ferner das Wohnrecht schwarzer Arbeiter und ihrer Familien auf weißem Farmland.

Es zeigt sich also, daß schon vor der »Machtübernahme« der Buren oder »Afrikaaner« mit dem Wahlsieg von 1948 nicht nur die im gesamten – damals noch von den Kolonialmächten beherrschten – übrigen Afrika übliche Rassendiskriminierung, sondern auch eine echte Apartheid-Struktur vorhanden war. Dennoch hatte die Rassendiskriminierung in Südafrika von Anfang an einen entschlosseneren, härteren Charakter als sonstwo in Afrika. Man kann sie noch nicht einmal mit den früheren (?) Zuständen in den amerikanischen Südstaaten vergleichen. Die Buren, die sich schon lange als ein weißer afrikanischer Stamm betrachten, hatten ihren Rassismus auf einem bizarren ideologischen Fundament gegründet: Die streng calvinistischen Buren fanden für die Unterdrückung der Schwarzen eine theologische Rechtfertigung im Alten Testament. Sie setzten sich mit dem auserwählten Volk gleich und begründeten durch Analogien über Jahrhunderte hinweg die Verpflichtung anderer Völker, ihnen zu dienen. Die maßgebliche Holländisch Reformierte Kirche (NGK) gebraucht diese Argumentation heute öffentlich nicht mehr, die daraus abgeleiteten Konsequenzen auch im eigenen kirchlichen Bereich verteidigt sie jedoch weiterhin. Die religiöse Wurzel der Apartheid spielt für das Selbstverständnis der Buren immer noch eine große Rolle. Man kann das offenkundige Unrecht leichter verdrängen und die Kritik von außen besser ertragen, wenn das eigene Handeln als Erfüllung göttlicher Gebote interpretiert wird. Die Vervollkommnung des Systems der Apartheid in der Ägide der Nationalen Partei, die auch den Begriff Apartheid in ihrem Programm von 1946 zum erstenmal verwendet hat, war die Erfüllung eines Wahlversprechens. Im Wahljahr 1948 waren die sozialen Verhältnisse in Südafrika so, daß sich die Nachkommen der »Vortrekker« gegenüber der englischsprachigen Bevölkerung mehr und mehr benachteiligt sahen. Die Afrikaaner waren durchaus nicht alle reich, es gab vielmehr weit verbreitete Arbeitslosigkeit und Armut. Das Rezept der Nationalen Partei bestand nun darin, für die angestauten sozialen Frustrationen ein rassistisches Ventil anzubieten: Der Lebensstandard der weißen Bevölkerung sollte dadurch angehoben und auf hohem Niveau gehalten werden, daß man sie vom Wettbewerb mit den Angehörigen anderer Bevölkerungsgruppen auf dem Arbeitsmarkt freistellte. In der Praxis konnte das Versprechen allerdings nur durch eine ungeheure Aufblähung des Staatsapparats verwirklicht werden: 37% aller weißen Beschäftigten sind im öffentlichen Dienst tätig (oder untätig, wie interne südafrikanische Systemkritiker sarkastisch zu bemerken pflegen).

Der Population Registration Act 30/1950 ist bis heute die Grundlage der Rassenklassifizierung in Südafrika. Die Definitionen in diesem Gesetz lauten:

- »Weißer bezeichnet eine Person, die der Erscheinung nach offenkundig eine weiße Person ist oder die als solche allgemein anerkannt wird, was aber niemanden einschließt, der der Erscheinung nach zwar offenkundig eine weiße Person ist, aber allgemein als Coloured anerkannt ist...
- Eingeborener (Native) bezeichnet eine Person, die tatsächlich ein Angehöriger einer eingeborenen (aboriginal) Rasse oder eines Stammes Afrikas ist oder als solche allgemein anerkannt wird...
- Coloured bezeichnet eine Person, die weder eine weiße Person ist noch ein Eingeborener.«

Das Gesetz wurde im Laufe der Jahre durch verschiedene Ergänzungsgesetze weiter »verfeinert«. Zum Beispiel wurden 1959 die »Coloureds« in sieben einzelne ethnische Gruppen unterteilt. Der Begriff Eingeborener (Native) wurde durch den Begriff Bantu ersetzt, dieser schließlich 1978 durch den Begriff Schwarze (Black).

Gegner der Apartheid, die als Besucher nach Südafrika kommen oder sich mit südafrikanischen Verhältnissen befassen, haben naturgemäß Schwierigkeiten, wenn sie sich dieser Apartheid-Definition bedienen sollen. Es hat sich daher sowohl in Südafrika selbst als auch in der übrigen Welt als eine Art Sprachregelung durchgesetzt, von Schwarzen zu sprechen, wenn man diejenigen meint, die nicht die Privilegien der Weißen genießen. (So meint auch in diesem Buch der Ausdruck Schwarze regelmäßig die Gesamtheit der nicht-weißen Bevölkerung. »Schwarze« nach der Apartheid-Definition werden als Afrikaner bezeichnet.) Damit soll gleichzeitig auch der Versuch der Regierung Botha unterlaufen werden, nach der Devise »Teile und Herrsche« unter-

schiedliche Grade der Diskriminierung zwischen den einzelnen Gruppen zu schaffen und so eventuell Verbündete unter den Farbigen und Indern zu gewinnen.
Die gesetzlich vorgeschriebene Rassenklassifizierung wurde in der für den Burenstaat üblichen bürokratischen Manier durch Schaffung besonderer Klassifizierungs-Ämter und Berufungsinstanzen durchgeführt. Bis auf den heutigen Tag werden Verfahren durchgeführt, in denen die rassische Klassifikation in Einzelfällen geändert wird. 1982 wurden z. B. 996 Menschen in eine andere Rassengruppe versetzt. Diese Verfahren sind so grotesk wie das ganze System. Berühmt geworden ist ein erst 1981 abgeschlossener Fall, wo drei kleine Kinder jahrelang von der Polizei in Haft gehalten wurden, weil sich die Behörden über ihre rassische Einordnung nicht einigen konnten!
Die strikte Rassentrennung als ein wesentliches Element der Apartheid wurde bisher kontrolliert durch ein System von Vorschriften, in dessen Zentrum seit 1952 die Paßgesetze standen. Die Afrikaner (über 16 Jahre) wurden damit verpflichtet, ständig ein sogenanntes »Reference-Book«, praktisch eine Identitätskarte, bei sich zu tragen, aus dem nicht nur die üblichen Personaldaten, sondern auch Aufenthaltsgenehmigungen, Steuerzahlungen, Arbeitsverhältnisse usw. hervorgehen. Aufgrund dieser Vorschrift konnte sichergestellt werden, daß Schwarze sich nur dort aufhalten durften, wo das Apartheid-System sie gerade brauchen konnte. Verstöße gegen die Paßgesetze wurden als Vergehen geahndet und haben die betroffene Bevölkerung kriminalisiert. In keinem Land der Welt ist der Bevölkerungsanteil, der mit dem Gefängnis Bekanntschaft machen mußte, so groß wie in Südafrika. Eine Untersuchung des Johannesburger Instituts für Rassenbeziehungen gibt für 1973/74 z. B. 475 929 Verhaftungen an, für 1978/79 noch 306 850 und für 1982 »nur« 206 022. Danach ist die Zahl wieder gestiegen, für 1984 wird

wieder eine Zahl von über 300 000 genannt. Die Verhaftungen führen in der Regel zu Haftstrafen, weil die Afrikaner die Geldstrafen nicht bezahlen können. Die Gesamtzahl der wegen Paßvergehen bestraften Afrikaner dürfte über 12 Mio. liegen. Die übervölkerten Gefängnisse Südafrikas (100 000 Strafgefangene pro Tag im Jahr 1981) waren zu 40 % mit Menschen belegt, die gegen die Paßgesetze verstoßen hatten. Noch im Jahr 1985 berichtete Bischof Tutu, daß er in Johannesburg regelmäßig von weißen Polizisten angehalten wurde und seinen Paß vorzeigen mußte, obwohl die Polizisten ihn selbstverständlich erkannten. Die von der südafrikanischen Regierung weltweit als große Reform angekündigte Abschaffung dieser Gesetze führt dennoch nicht zu einem Ende der Diskriminierung: In den neuen Pässen ist ebenfalls ein Vermerk über die Rassenzugehörigkeit enthalten.

Die Paßgesetze dienten vor allem der Zuzugskontrolle. Sie waren die Voraussetzung für die Trennung der Wohngebiete und für die »große« Lösung der Apartheidproblematik im Sinne der weißen Minderheit, die Ausbürgerung der Afrikaner in sogenannte Homelands. Diese beiden Systeme müssen im Zusammenhang gesehen werden. Prinzipiell ist die Lage so, daß in Südafrika 87 % des Landes für das »weiße« Südafrika reserviert sind, die übrigen 13 % bilden die Territorien der Homelands. Im »weißen« Südafrika sind »prescribed areas« eingerichtet worden, die ein Schwarzer nur mit Genehmigung betreten darf, wobei die Genehmigung nicht länger als 72 Stunden gelten soll. Da aber nicht alle Schwarzen ihren Wohnsitz in den Homelands haben können und zur Sicherstellung der Bedürfnisse des Arbeitsmarkts auch nicht dürfen, wurde mit dem »Group Areas Act« sichergestellt, daß die im weißen Südafrika ständig lebenden Angehörigen anderer Rassengruppen nicht etwa Freizügigkeit genießen, sondern in getrennten Wohngebieten leben müssen. Die Trennung der Wohngebiete gilt für alle, es darf also auch kein Weißer in einem schwarzen Wohngebiet leben. Die Praxis der Wohngebietsregelung ist so, daß die Städte insgesamt weiße Gebiete sind und die Wohngebiete der Farbigen, Inder und Afrikaner am Rand liegen, wobei die afrikanischen Wohngebiete überbevölkerte und unterversorgte Ghettos sind – Slums, in denen auch ohne das besondere politische System in Südafrika Haß und Gewalt entstehen müssen. Die Vergleichszahlen für den öffentlichen Wohnungsbau in Südafrika weisen das übliche Gefälle auf. Permanente Wohnrechte im weißen Südafrika genießen nur Schwarze, die besonders strenge Auflagen erfüllen – z. B. seit zehn Jahren ununterbrochen bei demselben Arbeitgeber beschäftigt sind. Aber selbst ein Schwarzer, der diese Bedingungen erfüllt, kommt nicht etwa automatisch in den Besitz des Dauer-Wohnrechts – er wird einfach dadurch in seinem rechtlosen Zustand gehalten, daß die Arbeitsverträge immer nur für eine befristete Zeit (mit kurzen Pausen zwischen den einzelnen Verträgen) abgeschlossen werden, so daß die »ununterbrochene« zehnjährige Tätigkeit nicht zustande kommt. Diese Methode hat sich als besonders wirksam erwiesen, um zu verhindern, daß sogenannte Wanderarbeiter in den Genuß von Wohnrechten kommen können. Die Wanderarbeiter, vor allen Dingen aus den Homelands, bleiben auf diese Weise auch von ihren Familien getrennt. Sie werden stattdessen in primitiven Wohnheimen untergebracht.

In der reichhaltigen Rechtfertigungsliteratur zugunsten der Apartheid werden immer wieder die Wohnverhältnisse in den Townships mit den Wohnverhältnissen in anderen afrikanischen Ländern verglichen, und es heißt, den Schwarzen in Südafrika gehe es doch viel besser, das könne man schon auf den ersten Blick sehen. Dieser Eindruck wird Besuchern auch ganz bewußt vermittelt: Indem z. B. in Soweto nur das

kleine Gebiet Selection Park gezeigt wird, in dem die (hauchdünne) schwarze Oberschicht lebt. Oder es werden in jüngster Zeit gebaute Häuser als typisch vorgeführt, wobei verschwiegen wird, daß alle diese Häuser zwei- oder dreifach überbelegt sind. Von den Tatsachen abgesehen, also selbst, wenn es anders wäre, ist das ganze Argument nicht viel wert, weil es kaltschnäuzig unterstellt, daß den Schwarzen eine größere Wohnung genügen würde, um sie vom Kampf um ihre politischen Rechte vollständig abzubringen.
Die Trennung der Wohngebiete hat zwei weitere wichtige Folgen:

- Das Zusammenpferchen einer großen Zahl arbeitsfähiger, meist junger Männer in Wohnheimen, in denen ethnische Separierungen vorgenommen und durch Gewährung kleinerer Privilegien für wenige zusätzliche Spannungen erzeugt werden, muß zu gewaltsamen Auseinandersetzungen führen. Diese Auseinandersetzungen werden von der weißen Regierung dann als »Stammesgegensätze« interpretiert und als Beweis für die Notwendigkeit der Trennung der ethnischen Gruppen mißbraucht.
- Die Ausdehnung der vorgeschriebenen Wohngebiete, die ursprünglich nur für Afrikaner eingerichtet wurden, auf Inder und Farbige geschah vor allem deshalb, weil auf diese Weise die weiße Geschäftswelt von der lästigen Konkurrenz dieser beiden ökonomisch sehr flexiblen und aktiven Gruppen in den Zentren der Städte befreit wurde.

Der Schlußstein des gesamten Rassentrennungsgebäudes und zugleich das zentrale Element der politischen Unterdrückung und ökonomischen Ausbeutung ist das Homeland-Konzept. Hervorgegangen sind die Homelands aus den Reservaten, den späteren Bantustans, die von vorneherein so klein und unfruchtbar waren, daß sich die dort lebenden

Menschen nicht mit eigenen Mitteln ernähren konnten, sondern gezwungen waren, Arbeit im weißen Südafrika zu suchen. Diese Lage hat sich auch für die Homelands nicht geändert. Sie sind lebensunfähige Gebilde und noch nicht einmal in allen Fällen in der Lage, die Menschen tatsächlich aufzunehmen, die ihnen zugewiesen wurden. Das Teuflisch-Genialische an dem Homeland-Konzept ist, daß es die Rassenfrage in den Augen der Weißen aufhebt. Alle Afrikaner gehören zu einem Homeland – in Südafrika genießen sie folglich keine staatsbürgerlichen Rechte mehr, sobald die Homelands für unabhängig erklärt werden. Südafrika ist dann ein rein weißes Land – mit zahlreichen Gastarbeitern, die aber bekanntlich auch in den europäischen Ländern kein Wahlrecht haben. Der zentrale Punkt ist also die Unabhängigkeit der Homelands. In vier von zehn Fällen ist das bereits erreicht. Transkei, Ciskei, Bophutatswana und Venda sind als unabhängig erklärt worden, als nächstes soll Kwa Ndebele folgen, dann die anderen Kwazulu, Qwa-Qwa, Gazankulu, Lebowa und Kangwane. Die Territorien der Homelands sind nicht einmal immer zusammenhängend. Kwazulu besteht z. B. aus mehr als 40 Teilstücken. Die Einrichtung der Homelands geschah auf der Grundlage einer Fiktion. Die fiktive Vorstellung war, daß jeder Afrikaner tatsächlich seine wirkliche Heimat in einem dieser Homelands hat. Dabei sind die Territorien und die Zuordnung der einzelnen Gruppen weder historisch noch ethnisch noch sprachlich-kulturell gerechtfertigt. Die Territorien wurden allein nach den Landansprüchen der Weißen zugeschnitten. Wenn man einmal durch Südafrika fährt, braucht man keine Grenzposten, um erkennen zu können, wann man sich in einem Homeland befindet. Sobald die Gegend unfruchtbar wird, fängt das Homeland an.

1980 waren 20 Mio. Afrikaner einem Homeland zugewiesen. Tatsächlich lebten dort 11 Mio. Menschen mit einem

unverhältnismäßig hohen Anteil nicht erwerbsfähiger Bevölkerung. Die den sogenannten unabhängigen Homelands zugewiesenen etwas mehr als 8 Mio. Afrikaner verloren ihre Staatsangehörigkeit. Sie wurden ausgebürgert und sind nun »Ausländer im eigenen Land«. Wenn das Homeland-Konzept zu Ende geführt ist, werden die Weißen in Südafrika das Ende der Apartheid verkünden. Sie werden sagen, daß die Völker Südafrikas in Freiheit und Unabhängigkeit leben, und sie werden eine Form von Zusammenarbeit dieser Staaten unter weiß-südafrikanischer Führung etablieren. Im verbleibenden Weiß-Südafrika ist dann eine weiße Mehrheit garantiert. Die Homeland-Politik wurde mit großer Brutalität durchgeführt. Das Instrument dafür waren (und sind) die Zwangsumsiedlungen. Millionenfach wurden die Menschen aus ihren angestammten Wohngebieten vertrieben – da halfen auch von weißen Behörden ausgestellte Besitztitel auf Land überhaupt nichts – und in die Homelands geschafft, wo sie nun ein kümmerliches Dasein fristen müssen. Bisher sind von den Zwangsumsiedlungen 3,5 Mio. Menschen betroffen, zusätzlich verloren 800 000 Menschen im Zuge der Einrichtung der getrennten Wohngebiete ihre ursprüngliche Heimat.
Die Homelands – ob unabhängig oder nicht – stehen völlig unter der Kontrolle Südafrikas und sind durch und durch abhängig. Wie gespenstisch irreal das ganze Programm ist, zeigt das Beispiel des Homelands Qwa-Qwa, dem ganze 480 Quadratkilometer zugewiesen sind. 1970 lebten auf diesem Gebiet 23 000 Menschen. Zehn Jahre später nach Zwangsumsiedlungen waren es 232 000 Menschen. Im selben Jahr hatte das Homeland de jure jedoch schon mehr als 2 Mio. Einwohner. Im Fall der »Unabhängigkeit« Qwa-Qwas werden die 90 % der Staatsbürger, die im »weißen« Südafrika leben, dort zu rechtlosen Ausländern. Die Homeland-Idee verbindet für Südafrika unschätzbare Vorteile:

- Der politische Druck nach Gleichberechtigung verschwindet, weil es in Südafrika keine Afrikaner gibt;
- die Afrikaner bleiben als billiges Arbeitskräftepotential erhalten, verursachen keine sozialen Folgekosten und können je nach Bedarf aus den Homelands abgerufen bzw. in sie abgeschoben werden.

Bisher hat kein Staat außer Südafrika die angeblich unabhängigen Homelands anerkannt. Es gibt aber erste Erfolge. Das Homeland Bophutatswana konnte sich 1986 auf der Hannover-Messe präsentieren. Die Lufthansa informiert Südafrika-Reisende darüber, daß das »Königreich Lesotho« (ein souveräner Staat) und die »Republiken Transkei, Ciskei, Bophutatswana und Venda« ringsum von südafrikanischem Territorium umgeben sind!

Vor dem Hintergrund der Homeland-Politik war der Ausschluß der Afrikaner aus der Verfassungsreform von 1984 nur konsequent. Diese Verfassungsreform, die unverständlicherweise von vielen westlichen Regierungen als »Schritt in die richtige Richtung« gewürdigt wurde (auch von der Bundesregierung) hat Südafrika praktisch in eine Präsidialdiktatur mit ständigem Notstandsrecht verwandelt. Den Farbigen und Indern wurden politische Beteiligungsrechte zugestanden, die weit unterhalb der Gleichberechtigung liegen. Die Verfassung stellt sicher, daß die Macht im Lande bei der weißen Mehrheitspartei bleibt. Anderthalb Jahre Erfahrung mit der neuen Verfassung genügten dem Führer der weißen Opposition, van Zyl Slabbert, sein Parlamentsmandat niederzulegen, um jetzt außerparlamentarisch gegen die Apartheid zu kämpfen. Auch das weiße Parlament ist in seinen Rechten so beschnitten, daß Weiß-Südafrika nach westlichen Maßstäben keine parlamentarische Demokratie mehr darstellt.

Mit der Verfassungsreform wurde noch einmal klargemacht, daß das Botha-Regime seine »totale Strategie« als Antwort auf den befürchteten »total onslaught« (totalen Angriff) fortsetzt. Sie hat deshalb verschärften Widerstand ausgelöst und die Krise angeheizt, in der sich das Apartheid-Regime befindet.

Das Gesamtsystem der Apartheid wird vervollständigt durch die Arbeitsgesetze, die Erziehungsgesetze und die Sicherheitsgesetze. Vor allem die Sicherheitsgesetze sind es, die Südafrika zum Polizeistaat gemacht haben. Für die Mehrheit der Bevölkerung existieren keine Grundrechte. Jede Form von Widerstand wird von eigens geschaffenen Strafgesetzen erfaßt. Hauptinstrumente sind die Gesetze zur Bekämpfung des Kommunismus und der berüchtigte Internal Security Act, der ständig verschärft wird und der Polizei nahezu unbegrenzte Vollmacht bei gleichzeitiger Freistellung von Strafverfolgung zuerkennt. Was Terrorismus oder Kommunismus ist, bestimmt die Polizei. Die Meinungsfreiheit ist insgesamt abgeschafft, der Zensur-Apparat läuft auf Hochtouren. Im Strafsystem lebt das Mittelalter weiter: Mißliebige Personen werden mit dem »Bann« belegt, eine Kontaktsperre unter Verzicht auf Inhaftierung.

Die Apartheid-Verteidiger in der Bundesrepublik – allen voran Franz-Josef Strauß und seine Herolde im Bundestag – behaupten nun, die »große Apartheid« (Homeland-Politik) sei die richtige Antwort auf die besondere südafrikanische Situation, während die eigentliche Rassentrennung, die »kleine Apartheid«, abgeschafft sei. Tatsächlich sind in der kleinen, der sogenannten petty apartheid eine Reihe von Bestimmungen aufgehoben oder gemildert worden. In der Praxis hat sich nicht viel geändert:

- Die Rassenintegration in der Gastronomie beschränkt sich auf die Luxushotels, die sich die Schwarzen ohnehin nicht leisten können. Außerdem gilt hier das erhellende Wort des ANC-Präsidenten Oliver Tambo: »Wir haben nicht 74 Jahre lang gekämpft, um mit den Weißen ein Glas Bier trinken zu können.«

- »Immorality Act« und »Mixed Marriage Act«, also das Verbot sexueller Beziehungen und Eheschließungen über die Rassengrenzen hinweg, wurden zwar aufgehoben – aber wie soll ein gemischt-rassiges Paar zusammenleben können?
- Generell ist die petty apartheid nicht abgeschafft, sondern durch Ausnahmegenehmigungen, die jederzeit widerrufbar sind, kosmetisch korrigiert worden. Im übrigen entwickelt das weiße Südafrika viel Phantasie, um die Rassentrennung auch dort aufrechtzuerhalten, wo es sie rechtlich nicht mehr gibt.

Soweit die Regierung Botha ein schlüssiges Konzept erkennen läßt, verfolgt sie eine Politik

- die das Problem der politischen Beteiligung durch Ausbürgerung der größten Bevölkerungsgruppe lösen will,
- die den Druck im eigenen Land und aus dem Westen durch Veränderungen in den Bereichen abfangen will, die für das Apartheid-System nicht wesentlich sind,
- die sich im Rahmen einer totalen Strategie militärisch durch Aufrüstung und ökonomisch durch forcierten Aufbau einer autarken Kriegswirtschaft auf einen langanhaltenden Bürgerkrieg vorbereitet,
- und die außenpolitisch die Nachbarländer, besonders die hoch abhängigen BSL-Länder (Botswana, Swasiland, Lesotho), durch militärische und ökonomische Destabilisierung im Falle ernsthafter Maßnahmen von außen als Geiseln nehmen kann.

Gegen diese Politik wächst der Widerstand im In- und Ausland. Der Widerstand ist nicht neu.

Der African National Congress (ANC) wurde schon 1912 gegründet. Als er sich nach 50 Jahren entschloß, auch den bewaffneten Kampf aufzunehmen, wurde er verboten. Sein Führer Nelson Mandela ist seit dieser Zeit ein Gefangener. Dennoch ist seine Autorität heute größer denn je. Der ANC stellt ideologisch keine Einheit dar, sondern hat – wie bei afrikanischen Befreiungsbewegungen üblich – ein breites Spektrum. Daß er vom Osten materiell unterstützt wird, nachdem er diese Unterstützung im Westen nicht gefunden hatte, bedeutet nicht, daß der ANC der Arm Moskaus in Südafrika ist. Ohne den ANC wird es keinen Frieden in Südafrika geben. Er dürfte heute die wichtigste Stimme der Nicht-Weißen sein. Die andere Befreiungsbewegung, Panafricanist Congress (PAC), eine Abspaltung des ANC, spielt praktisch keine Rolle mehr.

In Südafrika selbst sind es vor allem die United Democratic Front (UDF), ein Zusammenschluß von mehr als 700 Basisgruppen der verschiedensten Art, die Organisationen des Black Consciousness Movement, die im südafrikanischen Kirchenrat vertretenen Kirchen und die katholische Kirche sowie die schwarzen Gewerkschaften, die den Widerstand tragen. Sie alle fordern vom Westen umfassende Wirtschaftssanktionen. Sie werden in letzter Zeit verschärft verfolgt. Besonders die Führer der UDF und der Gewerkschaften müssen immer wieder mit Verhaftungen rechnen, wovor auch das Tragen eines geistlichen Gewands in dieser »christlichen Nation«, wie sie sich in der Verfassung selbst nennt, keinen Schutz bietet.

3. Südafrika heute
Ein geteiltes Land

Südafrika ist schon lange kein ruhiges Land mehr. Das Bild des Friedens und der beinahe idyllischen Zustände, das Touristen und Besuchern vorgegaukelt wird, hat nie gestimmt. Natürlich ist es auch heute noch möglich, dieses große Land zu bereisen und nur das zu sehen, was man sehen will. Heute herrscht in Südafrika Bürgerkrieg. Es geht nicht mehr darum, das große Blutvergießen zu vermeiden, es geht darum, das Blutvergießen zu beenden. Die Revolution steht nicht unmittelbar vor der Tür. Dafür ist die Macht der Weißen zu groß. Trotz ihrer zahlenmäßigen Minderheit sind sie in der Lage, die Kontrolle auszuüben, die sie für notwendig halten. Die Mittel, die dafür zur Verfügung stehen, sind erst zu einem geringen Teil eingesetzt worden. Da sich die Regierung Botha offenbar entschlossen hat, auf die Weltmeinung keine Rücksicht zu nehmen, muß auch damit gerechnet werden, daß die Unterdrückung noch zunimmt und die Repression immer stärker und brutaler wird.

Der Schlüssel zur Lösung der Probleme im südlichen Afrika liegt bei den Weißen. Und ebenso liegt bei ihnen die Verantwortung für alles, was bereits geschehen ist. Die Weißen in Südafrika sind noch nie ein geschlossener monolithischer Block gewesen.

Der Gegensatz zwischen Buren und Engländern ist fast 200 Jahre alt, und er ist keineswegs verschwunden. Zwar war es ein Ziel der Nationalen Partei, diesen traditionellen Gegensatz zu überwinden und eine auch ideologisch geschlossene

Abwehrfront der Weißen gegen die »schwarze Gefahr« aufzurichten. Das ist aber nicht ganz gelungen. Nur zu einem Teil sind die mehr liberal eingestellten Weißen in das Lager der »Afrikaaner« übergegangen. Dafür aber zeigt dieses Lager inzwischen selber schwere Risse. Das hoffnungsvolle Zeichen, daß immer mehr Weiße in Kirchen, Bürgerrechtsorganisationen und an Universitäten offenen Widerstand gegen das Apartheid-System leisten, kann die Tatsache nicht verdecken, daß in der weißen südafrikanischen Gesellschaft insgesamt eine Verschiebung nach rechts eingetreten ist. Das hat vorwiegend soziale Gründe. Südafrika zeigt innerhalb seiner Grenzen zwei völlig unterschiedliche Gesichter. Es ist zum einen ein hochentwickelter Industriestaat der Ersten Welt und zum anderen ein in der Entwicklung besonders weit zurückgebliebenes Land der Dritten Welt. Das Ergebnis ist, daß in Südafrika die komplexen Probleme so unterschiedlicher Gesellschaften gleichzeitig auftreten. Der Industriestaat ist denselben ökonomischen Zwangsläufigkeiten und technischen Notwendigkeiten unterworfen wie jeder andere. Die strukturellen Probleme moderner Industriegesellschaften treten auch in Südafrika auf. Gleichzeitig sind die Menschen mit typischen Entwicklungsproblemen der Dritten Welt konfrontiert. An erster Stelle ist hier die enorme Wachstumsrate der afrikanischen Bevölkerung zu nennen. Der jährliche Geburtenzuwachs beträgt 3,2 % – wenn dieser Trend anhält, wird das Zahlenverhältnis zwischen Weiß und Schwarz, das heute bei 1 : 5 liegt, in 20 Jahren bei 1 : 8 liegen. Allein aus dem Bevölkerungswachstum ergibt sich der Zwang, jährlich 300 000 neue Arbeitsplätze zu schaffen. Es besteht nicht die geringste Aussicht, daß die südafrikanische Wirtschaft schnell aus ihrer tiefen Krise herauskommen und die notwendigen Wachstumsraten erreichen kann. Im Gegenteil: Die langfristigen Trends sind für die Weißen ungünstig. Das Rückgrat der südafrikanischen Wirtschaft ist der Bergbau. Mit den Exporterlösen der Bergbauprodukte finanziert sich der Apartheid-Staat. Tendenziell nimmt der Bedarf an diesen Rohstoffen, von einigen seltenen Spezialitäten abgesehen, aber eher ab. Neue Konkurrenten sind auf dem Weltmarkt entstanden. Neue Verfahren werden entwickelt, mit denen mineralische Rohstoffe ersetzt werden können. Bisher gebräuchliche Werkstoffe werden durch andere ersetzt. Mit diesen Problemen müssen sich alle Rohstoffproduzenten auseinandersetzen, Südafrika besonders. Der andere langfristige Trend ist eher von politischen Bedingungen bestimmt. Die Zeit der profitablen Geldanlage in Südafrika ist vorbei. Ausländische Investoren, aber auch inländische Kapitalanleger, bewerten das Anlagerisiko in Südafrika heute wesentlich skeptischer als vor einigen Jahren.

Die Wachstumsdynamik ist gebrochen. Das Zusammenwirken der politischen und ökonomischen Faktoren führt zu einer Spirale nach unten. Die ungelösten politischen Probleme beeinflussen die Wirtschaft, die wirtschaftliche Schwäche schafft neue politische und soziale Spannungen. Streiks, Boykotts, Sabotage von innen, staatlich angeordnete oder gesellschaftlich erzwungene Sanktionen von außen erzeugen das schlechteste Investitionsklima, das sich nur denken läßt. In dem Maße aber, wie auch die Weißen von den Folgen der Wirtschaftskrise erfaßt werden, wächst auch die Furcht vor den Ansprüchen der Schwarzen auf soziale und ökonomische Teilhabe. In Südafrika wiederholt sich ein schon aus der europäischen Geschichte bekanntes Verhaltensmuster. Wirtschaftlich unter Druck geratene Mittelschichten orientieren sich politisch nach rechts. Selbst die Schein-Reformen der Regierung Botha werden zunehmend abgelehnt: Für die einen gehen sie nicht weit genug, für die anderen, die zahlenmäßig die wesentlich größere Gruppe darstellen, gehen sie viel zu weit.

In der südafrikanischen Wirtschaft hatte man diese Gefahr schon lange kommen sehen. Einzelne Unternehmen und die Wirtschaftsverbände vertreten seit vielen Jahren ein Konzept, das auf wirtschaftliche und soziale Gleichberechtigung der Rassen hinausläuft, aber die letzte politische Kontrolle in den Händen der Weißen lassen will. Dieses Konzept hat heute keine Chance mehr, und es ist fraglich, ob es jemals eine hatte. Es ist schwer vorstellbar, daß sich die Schwarzen mit dem Abbau der wirtschaftlichen Diskriminierung zufriedengegeben und auf die volle politische Gleichberechtigung verzichtet hätten. Denkbar ist aber, daß ein rechtzeitiges Eingehen auf die liberaleren, durchaus von kapitalistischem Eigennutz und keineswegs von Nächstenliebe bestimmten Reformwünsche der Wirtschaft den Übergang zu anderen politischen Strukturen erleichtert hätte. Aber das ist vorbei. Die Regierungen der Nationalen Partei, die ihre traditionelle Wählerbasis eben nicht in der britisch beherrschten Industrie bzw. im gehobenen Bürgertum hat, sahen sich durch die gegebene politische Struktur nicht gezwungen, Reformen einzuleiten, als mit Reformen vielleicht noch etwas zu retten war.

Wahrscheinlich ist, daß sie diese Struktur als willkommenen Vorwand benutzt haben, Reformforderungen aus dem In- und Ausland abzuwehren. Im Gespräch mit ausländischen Besuchern räumen Politiker der Nationalen Partei durchaus ein, daß Reformen dringend nötig seien, aber, so sagen sie, ihren Wählern habe man diese Einsicht bisher nicht vermitteln können. Haben sie es je versucht?

Pieter Willem Botha, der zu seinem und Südafrikas Unglück an die Macht kam, als die schon gefährlich zugespitzte Lage einen weit vorausblickenden, mutigen und durchsetzungsfähigen politischen Führer verlangte, war auch deshalb unfähig, Mehrheiten für eine wirkliche Reformpolitik zusammenzubringen, weil seine Politik an dem Mythos der

Einheit des »Afrikaanerdoms«, des Afrikaanertums, orientiert ist. Für ihn muß es traumatisch sein, daß es unter seiner Führung zu einer extrem konservativen Abspaltung von der Nationalen Partei kam und daß jetzt eine weiße Widerstandsbewegung, in Zielen und Auftreten unverhüllt faschistisch, seine Partei und seine Politik bekämpft. Südafrika ist praktisch heute schon eine Präsidialdiktatur. Die Nachwahlergebnisse der jüngsten Zeit zeigen bedeutende Verschiebungen der Wählergunst zugunsten der extrem rechten Parteien an.

Die wesentliche und entscheidende Veränderung, die in Südafrika in den letzten Jahren festzustellen ist, hat sich im Bewußtsein der Menschen vollzogen. Die Schwarzen sind sich nicht nur ihrer Situation bewußt geworden, sie haben vor allen Dingen erfahren, daß auch sie Macht haben – wirtschaftliche Macht als Arbeiter, die streiken können, als Verbraucher, die weiße Geschäfte boykottieren können, als Einwohner, die die Zahlung der Mieten und Gebühren verweigern können, als Diskriminierte, die durch hunderttausendfache Verweigerung Teile des diskriminierenden Systems zum Einsturz bringen können, als Christen und Gewerkschafter, die internationale Solidarität mobilisieren können – und als Widerstandskämpfer, die sich wehren können. Sie sind von einer ungeheuren, ansteckenden Siegeszuversicht erfüllt. Sie sind nicht mehr bescheiden. Zugeständnisse, die jetzt gemacht werden und vor einigen Jahren noch zur Beruhigung der Lage hätten führen können, lenken sie heute von ihrem umfassenden Anspruch auf volle Gleichberechtigung nicht mehr ab. Sie fürchten den weißen Mann nicht mehr. Jeder Phase der Einschüchterung folgt um so entschlossenerer Widerstand.

Der Versuch der Weißen, unter den Afrikanern, vor allem aber unter den Farbigen und Asiaten, Verbündete zu gewinnen, ist fehlgeschlagen. Von der weißen Regierung abhän-

gige Lokalverwaltungen wurden hinweggefegt, die Wahlen zu den parlamentarischen Vertretungen der Farbigen und der Inder wurden zu mehr als 80% boykottiert, der schwarze Mittelstand hat sich nicht gegen die schwarze Mehrheit gestellt. Die Behauptung, dies alles sei nur die Folge von Terror, den Schwarze gegen Schwarze richten, läßt sich bei genauer Betrachtung nicht halten. Ebensowenig ist das alles das Werk einer Untergrundorganisation oder – wie deutsche Konservative, vermutlich im Blick auf Gefahren, die sie im eigenen Lande sehen, gerne behaupten – die Frucht der angeblichen Existenz eines revolutionär eingestellten akademischen Proletariats unter den Schwarzen.
Daß es Gewalt von Schwarzen gegen Schwarze gibt, ist unbestreitbar und enthält eine besondere Tragik. Es kann nicht verwundern, daß diese Gewaltausbrüche von den Machthabern in ihrem Sinne interpretiert werden: Zum einen sollen kommunistische Agenten am Werk sein, die ein im Grunde zufriedenes Volk aufwiegeln, und zum anderen müssen die angeblichen Stammesgegensätze als Erklärung herhalten und gleichzeitig als Beweis für die These dienen, daß die Schwarzen zur Demokratie nicht fähig seien.
Die Wahrheit ist, daß die Gewalt unter den Schwarzen aus Haß, Wut und Verbitterung auf und über diejenigen entsteht, die als Kollaborateure des verhaßten Regimes gesehen werden.
Das explosive Klima der Gewalt in Südafrika hat allerdings noch eine andere, auf lange Sicht sogar noch gefährlichere Seite – die Auswirkungen auf das Verhalten der jungen schwarzen Generation vor allen Dingen in den städtischen Wohngebieten. Über diese Jugend gibt es sehr unterschiedliche Ansichten. Der Generalsekretär der katholischen Bischofskonferenz in Südafrika bezeichnet die schwarze Jugend als »das Beste, was wir haben«. Andere wichtige Repräsentanten, darunter auch Desmond Tutu, sehen in der

wachsenden Radikalisierung eine der schwersten Gefahren für die Zukunft, weil ein Zeitpunkt schon bald erreicht sein könnte, wo diese jungen Schwarzen auf niemanden mehr hören.

Für jeden Weißen ist es schwer, fast unmöglich, darüber ein sicheres Bild zu gewinnen. Die Barriere zwischen Schwarz und Weiß ist so hoch geworden, daß viele junge Schwarze überhaupt keinem Weißen mehr trauen.

Offenkundig ist jedoch, daß die Gewaltausbrüche in den Townships in vielen Fällen keiner im engeren Sinne politischen Strategie folgen, daß sie auch nicht organisiert sind, sondern daß sich die Frustration über ein Leben in der Ghettosituation, über fehlende Bildungs- und Berufschancen in Zerstörungswut und gewalttätigem Aktivismus entlädt. Man muß die Hoffnungslosigkeit, die Trostlosigkeit der Existenz dieser Menschen gesehen haben, um begreifen zu können, warum sie sich nicht mehr anders äußern wollen und können, als durch Haß auf alles und Kampf gegen alles, was sie für ihre Lage verantwortlich machen. Wenn Gewalt so tiefsitzende soziale Ursachen hat, wird eine politische Lösung der Konflikte in Südafrika, so unwahrscheinlich sie auch erscheinen mag, diese Verhaltensweisen allein nicht ändern können.

Die sozialen Ursachen der Krise müßten beseitigt werden, und das wird angesichts der unglaublichen Vernachlässigung dieses Problems viel Zeit in Anspruch nehmen. Nicht einmal eine schwarze Mehrheitsregierung könnte verhindern, daß die Enttäuschungen bleiben, vielleicht sogar größer werden. Vor diesem Hintergrund erscheinen auch die seit Frühjahr 1986 laufenden internationalen Kontakte, in denen es um eine Art befristeten Gewaltverzicht zwischen dem ANC und der weißen Regierung geht, wenig erfolgversprechend. In den Townships, besonders den allerschlimmsten Elendsgebieten, sind die sozialen Strukturen – Familien- und Stammesbindungen – weitgehend schon zerbrochen oder in Auflösung befindlich. Wenn junge »Kämpfer« sich mit Insignien des ANC schmücken und dessen Parolen skandieren, dann heißt dies noch lange nicht, daß sie einem Aufruf des ANC zur Mäßigung folgen würden.

Dem ANC ist dieses Problem sehr bewußt. Mit vollem Recht bezeichnet er sich als eine gemäßigte Kraft. Aber auch er ist natürlich starkem Druck ausgesetzt. Aus dem Lager des Black Consciousness Movement mußte er sich schon vorhalten lassen, zum Handlanger des Imperialismus geworden zu sein. Der für Südafrika so typische Wettlauf mit der Zeit hat auch hier eingesetzt.

Insgesamt ist die Bewußtseinslage der Schwarzen dadurch geprägt, daß sie sich nicht mehr mit kleinen Schritten zufriedengeben. Sie fordern das Ganze. Daß die Apartheid fallen wird, das betrachten sie als eine historische Gesetzmäßigkeit. Niemand ist bereit, über Reformen der Apartheid zu verhandeln. Zur Diskussion steht vielmehr die Frage nach den politischen Strukturen Südafrikas nach Abschaffung der Apartheid.

Das ist auch den nachdenklicheren Weißen inzwischen bewußt. Allen Durchhalteparolen und allem immer wieder verkündeten Durchsetzungswillen zum Trotz wissen die meisten Weißen – ohne schon so weit zu sein, es auch öffentlich zuzugeben –, daß das Apartheid-Konzept gescheitert ist. Die Uhr der weißen Herren ist unwiderruflich abgelaufen. Kapitalflucht und Emigration sprechen eine deutliche Sprache. Seit einigen Jahren gibt die südafrikanische Regierung die Ein- und Auswanderungszahlen nicht mehr bekannt. Die europäischen diplomatischen Vertretungen in Südafrika berichten, daß ein ständiger Strom von Weißen in die Botschaften und Konsulate fließt – Menschen, die für alle Fälle schon einmal ihren europäischen Paß in Ordnung haben wollen bzw. sich um einen europäischen

Paß bemühen. Nach einer Mitteilung der Kommission der Europäischen Gemeinschaft leben in Südafrika allein zwischen 1,3 und 1,8 Mio. Weiße mit der Staatsangehörigkeit eines EG-Staates, in vielen Fällen Doppelstaatler, weil Weiße nach fünfjährigem Aufenthalt im Lande automatisch die südafrikanische Staatsangehörigkeit erhalten. Die Zurückweisung dieser Einbürgerungs-Automatik führt dazu, daß Aufenthaltsgenehmigungen nicht verlängert werden. In Südafrika leben 40 000 Deutschstämmige und 60 000 deutsche Staatsangehörige, darunter 20 000 Doppelstaatler – für die auch die südafrikanische Wehrpflicht gilt.
Im Herbst 1985 hat eine repräsentative Umfrage unter den südafrikanischen Weißen, durchgeführt von dem Meinungsforschungsinstitut »Mark-en Meningsopnemes«, mit aller wünschenswerten Deutlichkeit gezeigt, daß die Weißen ihr Machtmonopol bereits aufgegeben haben. Auf die Frage »Denken Sie, daß Machtteilung mit Schwarzen unabwendbar ist?« gab es folgende Antworten: 67,3 % sagten Ja, und nur 14,9 % antworteten mit Nein. 17,8 % wollten sich nicht festlegen. Der traditionelle Unterschied in den politischen Auffassungen zwischen der englischsprachigen Bevölkerung und den Buren trat auch dabei offen zutage. Die »Brits« stimmten der Frage mit 81,6 % zu, die Buren aber immerhin auch mit 59,1 %, und nur 20,5 % äußerten sich dagegen. Markanter war der Unterschied bei der Frage nach dem Tempo der »Reformen« der Regierung Botha. Für ein Drittel der Buren ist das Reformtempo zu schnell – bei den Südafrikanern englischer Herkunft fanden 60,8 %, daß die Entwicklung zu langsam vorangehe.
Das wahrscheinlich interessanteste Ergebnis dieser Umfrage brachten die Antworten auf die Frage, ob das Apartheid-System nicht bereits Vergangenheit sei. 80,5 % der Buren sagten, die Apartheid sei bereits aufgegeben (unter den ultrarechten Buren sogar 84 %), während die anderen Wei-

ßen nur zu 35,4 % der Meinung waren, die Politik der Regierung Botha habe die Apartheid bereits hinter sich gelassen.

Wie weit der Weg ist, den die weißen Südafrikaner noch zurückzulegen haben, ergibt sich aus der Frage, was sie unter der mehrheitlich für unvermeidbar gehaltenen Machtbeteiligung konkret verstehen. 24 % sprachen sich für die Zulassung der Afrikaner zum Parlament und deren Mitsprache an den das ganze Land betreffenden Entscheidungen aus. 19 % bevorzugten eine eigene afrikanische Parlamentskammer neben den bereits nach Rassen getrennten Häusern für Weiße, Mischlinge und Inder, wobei die nichtweißen Häuser des Parlaments jedoch keinen maßgeblichen Einfluß ausüben können. Für das politische Ziel der Schwarzen, völlige politische Gleichberechtigung, optierten ganze 17 %, 6 % sprachen sich für eine Regelung aus, die keiner Gruppe die Vorherrschaft erlaubt und weitere 6 % unterstützten das Modell eines föderativen Staatsaufbaus.

In der Unsicherheit dieser Antworten spiegelt sich die Unsicherheit und Konzeptionslosigkeit der Regierung wider. Die Regierung Botha weiß nicht, wohin sie will. Sie hat einen Prozeß eingeleitet, der in ihren eigenen Augen und in der Wahrnehmung durch ihre Wähler einige Säulen des Apartheid-Systems zum Einsturz gebracht hat. Und nun ist sie erstaunt, daß auch die anderen Säulen nicht mehr halten.

Sie erlebt einen aus der Geschichte wohlbekannten Mechanismus: Einzelreformen, die ein fundamentales Prinzip in Frage stellen, reichen nicht aus, um die Ansprüche derjenigen zu befriedigen, die auf völlige Veränderung dringen. Im Gegenteil: Die halbherzigen Korrekturen schaffen steigende Erwartungen, und die Kluft zwischen Anspruch und Wirklichkeit wird immer größer. Die tatsächliche Bedeutung der Bothaschen Reformen liegt darin, daß sie auf der schwarzen Seite den revolutionären Anspruch erst recht in Gang

gebracht und daß sie auf der weißen Seite für Orientierungslosigkeit und Verunsicherung gesorgt haben.
Es ist deshalb eine große Frage, ob die von den Freunden des Apartheid-Staates gebetsmühlenhaft vorgetragene Behauptung wirklich noch stimmt, die Weißen Südafrikas würden lieber kämpfend untergehen als demokratische Zustände zu dulden. Es kann ebensogut sein, daß die Entwicklung der letzten Jahre die »Moral« der Weißen gebrochen hat und daß sie die Apartheid nicht mehr als etwas ansehen, das den letzten Einsatz lohnt. Man muß den Buren schon noch mehr Irrationalität als sie zeigen, ja geradezu einen Selbstvernichtungstrieb unterstellen, um glauben zu können, daß sie in letzter Konsequenz das tun werden, was ihnen aus einschlägig bekannten politischen Kreisen der Bundesrepublik geraten worden ist, sich nämlich zu verschanzen und um sich zu schießen.
Das Bewußtsein des durchschnittlichen Weißen in Südafrika ist heute von Angst bestimmt. Es ist eine elementare, existentielle Furcht davor, alles zu verlieren, was ihm bisher ein relativ bequemes und sorgenfreies Leben ermöglicht hat. Der südafrikanische Rassenkonflikt ist deshalb so deprimierend und bar fast jeder Hoffnung auf friedliche Überwindung, weil er in seinem Kern längst zu einem sozialen Konflikt geworden ist. Es ist nicht die weiße Oberschicht, die sich vor der Zukunft fürchtet. Die Angehörigen dieser Schicht werden sich immer zu helfen wissen und haben auch genug internationale Kontakte.
Es sind die Angehörigen der weißen Mittelschicht und die wieder zahlreicher werdenden armen Weißen, die sich bedroht fühlen. Auch unabhängig von der Diskussion um die künftigen politischen Strukturen ahnen diese Weißen, daß die Industrialisierung Südafrikas langfristig den Keim zur Selbstzerstörung des ganzen Systems gelegt hat. Nachdem die Mehrheit der Weißen widerwillig die Attitüde

abgelegt hat, in den Schwarzen Wesen irgendwo zwischen Mensch und Tier zu sehen, sind sie noch lange nicht bereit anzuerkennen, daß die Schwarzen Menschen sind genauso wie sie.

Die Apartheid hat ein System sozialer Beziehungen, eine strikte Trennung von oben und unten nach Rassenmerkmalen geschaffen, das ohne Apartheid und den dazu gehörenden Unterdrückungswillen nicht überleben kann. Der Strohhalm, an den die Weißen in Südafrika sich klammern, ist der Faktor Zeit. Ebenso argumentieren die Gegner einer Politik des Westens, die Südafrika zum schnellen Wandel bewegen könnte: Die Weißen brauchten Zeit, Südafrika habe die sozialen Voraussetzungen nicht, Bürgerrechte für alle im Land lebenden Menschen zu gewähren. Natürlich macht man sich bei dieser Argumentation mehr Gedanken und mehr Sorgen um den Lebensstandard der Weißen als um die Beendigung der Unterdrückung der Schwarzen. Die Weißen haben Zeit gehabt, sehr viel Zeit. Jetzt rinnt sie ihnen durch die Finger, und wer ihnen im Westen erzählt, es sei möglich, den sozialen Konflikt zu entschärfen, bevor der politische Konflikt voll ausbricht, der trifft zwar auf viel Zustimmung, aber nur deshalb, weil Menschen sich ihre Lebenslügen immer gern bestätigen lassen.

Die Wahrheit ist, daß für die Weißen in Südafrika der Preis täglich steigt, den sie für ihr Überleben werden zahlen müssen. Ein nicht-rassistisches Südafrika ohne tiefgreifende Veränderungen der jetzigen Vermögens- und Einkommensstruktur, ohne weitreichende Verstaatlichungen und ohne eine massive Landreform ist schon nicht mehr vorstellbar.

Verfassungsmäßige Garantien, die den Weißen den Status einer politisch und wirtschaftlich privilegierten Minderheit erlauben werden, wird es nicht geben. Den Schutz einer demokratischen, rechtsstaatlichen Verfassung werden die Weißen nur als einzelne genießen können. Sie haben ihre

Chance gehabt. Aber sie haben ihre Macht und die wirtschaftliche Kooperation mit dem Westen nicht dazu gebraucht, soziale Gerechtigkeit herzustellen, sondern das Unrecht zu zementieren und so zu organisieren, daß es auch dann noch eine zeitlang überleben kann, wenn alle Hilfe von außen ausbleibt. Der Zeitkredit der Weißen ist verbraucht, und niemand kann ihn verlängern. Der soziale Sprengstoff in der südafrikanischen Gesellschaft kann leicht durch ein paar Zahlen illustriert werden:

Bei einem afrikanischen Bevölkerungsanteil von 71,7% (gegenüber 15,8% Weißen) verfügt die stärkste Bevölkerungsgruppe lediglich über 31,9% der Kaufkraft (55,4% der Kaufkraft repräsentieren die Weißen). Die ökonomische Bedeutung der Afrikaner für die südafrikanische Wirtschaft wächst: 1970 lag ihr Kaufkraftanteil bei 23,3%. Langfristige Prognosen (soweit solche noch möglich sind) gehen davon aus, daß um das Jahr 2000 herum die afrikanische und die weiße Kaufkraft mit je 41–42% etwa gleich groß sein werden. Der Hauptgrund dafür liegt jedoch nicht in den etwas höheren Zuwächsen bei Löhnen und Gehältern in der afrikanischen Bevölkerungsgruppe – hier war das Wachstum von 1980–1984 nominal 93% gegenüber 83% bei den Weißen –, auch nicht in der stärkeren Verwirklichung des Prinzips gleicher Lohn für gleiche Arbeit (weil nur sehr wenige Weiße die gleiche Arbeit verrichten) und auch nicht in der Abschaffung der »Job reservation« (die im größten und für den schwarzen Arbeitsmarkt wichtigsten Wirtschaftszweig, dem Bergbau, immer noch besteht) – der Grund für dieses Gleichziehen liegt vielmehr in dem überproportionalen Bevölkerungswachstum von 3,2% auf der afrikanischen Seite und nur 1,7% auf der weißen Seite.

Das bedeutet nichts anderes, als daß die sozialen Probleme sich noch verschärfen: Der höhere Kaufkraftanteil der Afrikaner wird sich auf soviel mehr Menschen verteilen, daß ihr

Lebensstandard insgesamt sinkt. Die wohl billigste Propagandalüge zugunsten der Apartheid ist das auch in der Bundesrepublik gerne gebrauchte Argument, den Afrikanern in Südafrika gehe es doch laufend besser. Die Wahrheit ist, daß die einkommensschwächsten Schichten, also die Afrikaner, in den letzten Jahren schon von der Rezession besonders hart betroffen wurden, weil die Einkommenszuwächse unter den Inflationsraten lagen. Die Preis- und Einkommensentwicklung in Südafrika ist so, daß die Befriedigung der Grundbedürfnisse Essen, Wohnen und Kleidung einen immer höheren Einkommensanteil verschlingt. Die Afrikaner müssen heute bereits mindestens 50 % ihres verfügbaren Einkommens für Nahrungsmittel ausgeben, in bestimmten Regionen wesentlich mehr. Die Ausgaben für Kleidung liegen in dieser Bevölkerungsgruppe bei 25 %. Der Rest reicht in der Regel nicht für Transport, Mieten und Gebühren. Wie überall, so trifft auch in Südafrika die Rezession die wirtschaftlich Schwächsten am stärksten. Die tatsächlichen Zahlen zeigen, daß auch die Einkommensdisparitäten größer werden. Die durchschnittlichen monatlichen Nominallöhne haben sich von 1980 bis 1984 so entwickelt (in Rand):

	1980	1982	1984
Gesamtbevölkerung	365	520	683
Afrikaner	189	271	364
Weiße	767	1093	1402

Im Ergebnis: Im Jahr 1980 verdienten Weiße im Durchschnitt monatlich 578 Rand mehr als Afrikaner, im Jahr 1984 war die Differenz bereits auf 1 038 Rand gestiegen. Es liegt auf der Hand, daß die Afrikaner keine finanziellen Reserven bilden können. Insofern ist der wirtschaftliche Druck, den sie von innen her ausüben können, sehr begrenzt. Streiks können nicht sehr lange durchgehalten werden, und Kaufboykotte setzen voraus, daß die schwarzen Verbraucher auf schwarze Unternehmen ausweichen können. Eine nennenswerte schwarze Ökonomie entwickelt sich nur im Schnekkentempo. Das ganze System konserviert die frühkapitalistische Wirtschaft: Das Kapital befindet sich fast ausschließlich in den Händen der Weißen, und ihnen gegenüber steht die Masse der Bevölkerung mit Einkommen am Rande des Existenzminimums oder darunter. Bei solchen Befunden kann der Ruf nach mehr Zeit für eine ausgeglichenere soziale Entwicklung als Voraussetzung zur staatsbürgerlichen Gleichheit nur noch als Zynismus verstanden werden.

Die Regierung Botha hält sich viel darauf zugute, daß die Nationale Partei die sozialen Bedingungen für die Schwarzen enorm verbessert habe. P. W. Botha selber malträtiert ausländische Besucher mit langen Statistiken, die zeigen sollen, daß es in Südafrika pro Kopf der schwarzen Bevölkerung mehr Krankenhausbetten und weniger Säuglingssterblichkeit gibt als im übrigen Afrika. Er zählt gerne auf, was im Erziehungssystem und im Wohnungsbau zugunsten der Schwarzen geschehen ist – ein Gesamtbetrag seit 1948, der unter den jährlichen Verteidigungsausgaben liegt. Die Tatsache, daß Schwarze aus den Nachbarländern sogar illegal nach Südafrika kommen, um dort zu arbeiten, wertet Botha als Beweis für die Attraktivität seines Staates. Von Unterdrückung könne doch keine Rede sein, sonst kämen die Schwarzen doch nicht auch noch freiwillig in ein so abscheuliches Land.

Argumente von dieser Qualität sind von der Substanz her wie Luftballons: Sie platzen, wenn man sie mit einem spitzen Gegenstand berührt, in diesem Fall, wenn man auf die südafrikanische Version von der Statistik als Steigerung der Lüge hinweist. Die von der südafrikanischen Regierung verbreiteten Zahlen beziehen sich auf die Bevölkerung Südafrikas ohne die Einwohner der für unabhängig erklärten vier Homelands Transkei, Ciskei, Bophutatswana und Venda, deren offizielle Einwohnerzahl heute bei 9 Mio. liegt. Die soziale Situation in den Homelands wagt noch nicht einmal P. W. Botha als Argument für seine Politik zu benutzen.

Zu grausam und zu offenkundig ist die Wirklichkeit. Es kann nicht bewiesen werden, daß die materielle Lage der Schwarzen in Südafrika besser wäre als sonst in Schwarzafrika – wenn man Größe und Reichtum des Landes in die Rechnung einbezieht, geht es ihnen sogar schlechter.

Die fadenscheinigen Rechtfertigungsversuche der Regierung Botha und ihrer Nachbeter in Washington, London, München und Bonn sind allerdings ein weiteres deutliches Anzeichen für die tiefgehende Erschütterung des Selbstverständnisses der Weißen in Südafrika. Auch der religiöse Halt ist nicht mehr das, was er einmal war. Natürlich beherrscht immer noch ein penetrantes, bigottes und pharisäerhaftes Christentum das öffentliche Leben der Weißen Südafrikas. Man betrachtet sich immer noch als eine christliche Nation. Aber selbst im Gebälk der (weißen) reformierten Kirchen nistet inzwischen der Zweifel. Mit Recht wird jedoch darauf hingewiesen, daß Südafrika trotz Urbanisierung und Industrialisierung nicht das Ausmaß von Säkularisierung erlebt hat wie westliche Industriestaaten. Zumindest unter den Buren halten die Moralvorstellungen der Kirche und die gesellschaftlichen Dogmen der Nationalen Partei den einzelnen Menschen fest im Griff. Es gehört viel Mut, Willenskraft und Eigenständigkeit dazu, sich von den eng verfilzten weltlichen und geistlichen Mächten Südafrikas zu emanzipieren. Aber auch hier spürt der aufmerksame Beobachter das schlechte Gewissen der Repräsentanten von Staat und Amtskirche. Anders als früher sind sie nicht mehr davon überzeugt, daß sie für eine gute Sache kämpfen und daß Gott wirklich auf ihrer Seite steht.

Zur Lage in Südafrika sagte Frühjahr 1986 der wichtigste weiße Schriftsteller des Landes, Breyten Breytenbach, in Pretoria: »Dieses Land ist reif für die Würmer.« Wenn Menschen auf schwankendem Boden stehen, reagieren sie oft mit nach außen zur Schau gestellter lärmender Selbstsicherheit. Damit wollen sie weniger die Außenwelt als vielmehr sich selber beruhigen. Die von vielen Europäern bewunderte Stärke und Kampfbereitschaft der Buren erinnert sehr an das Pfeifen eines ängstlichen Kindes im Finsteren. Allerdings, es geht von dieser kollektiven Selbsttäuschung ein ungeheurer Konformitätsdruck aus. Wer die beschränkte, egozentrische Sicht der angegriffenen eigenen Gruppe nicht übernimmt, wird der Feigheit oder des Verrats bezichtigt – so lange, bis für alle die Probe aufs Exempel kommt.

Wie berechtigt die Angst der Weißen vor einer Zukunft ohne Apartheid ist, läßt sich kaum abschätzen, weil die Zukunft auch sehr davon abhängt, wie sich die Weißen im Prozeß des Wandels verhalten. Ein Südafrika ohne Apartheid muß nicht unbedingt einem wirtschaftlichen Chaos entgegentreiben. Ein konstruktives Verhalten der Weißen könnte das sehr wohl verhindern. Das Beispiel Zimbabwe wird zwar immer wieder zur Abschreckung zitiert, aber tatsächlich ist dieses Land ja deshalb schnell in eine Krise geraten, weil es von fast der Hälfte der Weißen im Stich gelassen wurde. Die maßgeblichen schwarzen Führer Südafrikas wollen keinen Exodus der Weißen. Sie bestreiten ihnen auch ihr Existenzrecht nicht. Dabei stimmt es noch nicht einmal, daß die Weißen schon so lange in Südafrika sind. Die eigentliche weiße Besiedlung hat erst vor hundert Jahren eingesetzt. Die Hälfte der jetzt in Südafrika lebenden Weißen ist überhaupt erst nach 1945 eingewandert.

Die tägliche Erfahrung und die zur Verfügung stehenden sozialwissenschaftlichen Forschungsergebnisse zeigen deutlich, daß die führende politische Kraft in einem befreiten

Südafrika der ANC sein würde. Der ANC kann auch nicht auf einzelne Stämme reduziert werden. Selbst unter den Zulus hat er mehr Anhänger als der schwarze Hoffnungsträger der Weißen, Ghatsa Buthelezi.

Die gründlichste Untersuchung über die politischen und gesellschaftlichen Vorstellungen der Schwarzen in Südafrika findet sich in der Studie »Südafrika – Friedlicher Wandel?« von Hanf, Weiland und Vierdag.

Die zugrundeliegende statistische Erhebung unter den städtischen Schwarzen fand im Jahr 1977 statt, ein Jahr nach Soweto. 1979 schrieb Theodor Hanf in einer zusammenfassenden Darstellung dieser Studie: »Weiße Südafrikaner pflegen mit Überzeugung zu versichern: ›Wir kennen unsere Schwarzen‹. Die Ergebnisse der Erhebung zeigen freilich, daß diese Überzeugung unbegründet ist: Die Schwarzen sind anders, als die meisten Weißen glauben – oder glauben wollen.«

Schon damals fanden Hanf und seine Mitarbeiter heraus, daß die Grundannahme der »modernen« Apartheid falsch ist, die Annahme nämlich, daß es deutlich voneinander unterschiedliche schwarze Völker gibt und daß die Angehörigen dieser Völker jeweils ein ethnisches Sonderbewußtsein haben. Von dieser Annahme (oder Wunschvorstellung) ausgehend ist das Homeland-Konzept entwickelt worden. Danach sollte jeder Afrikaner in Südafrika – gleichgültig, wo er lebte – seine eigentliche Heimat in einem bestimmten Homeland sehen. Der tiefere Sinn dieser Theorie und der daraus abgeleiteten Vertreibungs-, Umsiedlungs- und Ausbürgerungspraxis war es natürlich, das Entstehen eines stammesübergreifenden schwarzen südafrikanischen Nationalismus zu verhindern. In der Apartheidpropaganda spielt die angebliche Unfähigkeit der Schwarzen, in Frieden miteinander zu leben, bis heute eine zentrale Rolle. In seinem aus mancherlei Gründen denkwürdigen Gespräch mit Willy

Brandt im April 1986 in Kapstadt behauptete P. W. Botha, erstens gebe es kein südafrikanisches Volk, und zweitens gebe es keine Gewalt von Weißen gegen Schwarze. In Südafrika lebe wie in Europa eine Vielzahl von Völkern zusammen, und wie man Deutsche und Franzosen nicht in einem Staat vereinen könne, so gehe das auch in Südafrika nicht. Die großen Unterschiede zwischen den schwarzen Völkern führten immer wieder zu Gewaltakten, und das Eingreifen der Weißen diene lediglich dazu, Schwarze vor Schwarzen zu schützen!
Die Studie von Hanf weist nun nach, daß diese Vielvölkertheorie schon 1977 nicht mehr stimmte. Die überwiegende Mehrheit der Afrikaner betrachtet demnach nicht ein Homeland, sondern ihren Wohnort als Heimat. Sie lehnen weder Eheschließungen über ethnische Grenzen hinweg ab, noch ziehen sie den Kontakt mit eigenen Stammesangehörigen stammesübergreifenden Kontakten vor. Die Stammeszugehörigkeit des Nachbarn war schon damals 95 % der Befragten völlig gleichgültig.
Starke Stammesbindungen fand Hanf nur noch bei 15 % der städtischen Afrikaner. Diese Gruppe allerdings setzt sich aus schlecht Verdienenden und Neuankömmlingen zusammen. Je länger ein Afrikaner in einer Stadt lebt, desto unwichtiger wird die Stammeszugehörigkeit. Die Apartheid-Politik hat das Gegenteil von dem erreicht, was sie erreichen wollte: Es hat sich kein ethnisches Sonderbewußtsein entwickelt, sondern die gemeinsam erlebte Rechtlosigkeit und Unterdrükkung hat Stammesunterschiede als unwesentlich erscheinen lassen. »Über drei Viertel«, so schreibt Hanf, »sind der Auffassung, daß die Angehörigen der Schwarzen, der Mischlings- und der indischstämmigen Gruppen ein schwarzes Volk bilden – verglichen mit den Weißen ...«. Das Bewußtsein schwarzer Einheit ist da, und es ist auch jemand da, der es politisch repräsentiert.

Was nun die gesellschaftspolitischen Vorstellungen angeht, so stellt sich heraus, daß für die Schwarzen Südafrikas das Argument, ihnen gehe es besser als den Schwarzen im übrigen Afrika, irrelevant ist, gleichgültig, ob es überhaupt stimmt oder nicht. Die Schwarzen in Südafrika vergleichen die Bedingungen ihrer Existenz mit denen der Weißen in Südafrika und erklärten zu 94,2 %, sie hätten das Recht, das Gleiche zu besitzen wie die Weißen. Ihre Vorstellungen von dem, was in Südafrika anders werden müßte, waren sehr konkret – und sehr materiell: mehr Arbeitsplätze, bessere Löhne, bessere Wohnungen, bessere Infrastruktur, bessere Bildungseinrichtungen. Laut Hanf stellten dabei nur 8 % die bestehende kapitalistische Wirtschaftsordnung in Frage, was er damit erklärt, daß Alternativen damals überhaupt nicht bekannt waren. Dieses Bild dürfte heute schon wesentlich anders sein, und die künftige schwarze Führungsschicht Südafrikas denkt in den Kategorien des demokratischen Sozialismus. Der Vorrang wirtschaftlicher Veränderungen war zu beobachten bei den wirtschaftlich besonders Schwachen. Besser verdienende Afrikaner – insgesamt ein Fünftel – verlangten massive politische Änderungen. Auch dieser Befund zerstört eine der wesentlichen Annahmen der Apartheid-Politik, daß es nämlich möglich sei, unter den wirtschaftlichen Aufsteigern bei Nicht-Weißen kollaborierende Eliten heranzuziehen, die den Weißen das unangenehme Geschäft der Kontrolle und der Manipulation der jeweiligen Bevölkerungsgruppe jedenfalls teilweise abnehmen könnten. Die Erkenntnisse über die schwarzen Meinungen zu den politischen Strukturen eines Südafrika ohne Apartheid zeigte 1977 erstaunlich gemäßigte Einstellungen.
Die Afrikaner waren damals noch nicht rassistisch. Mehr als zwei Drittel sprachen sich dafür aus, daß Inder, Mischlinge und Weiße dieselben politischen Rechte haben sollten wie sie. 89 % lehnten darüber hinaus einen autoritären Führer-

staat ab, und drei Viertel der Befragten wollten eine kritische Oppositionspartei. Das demokratische Bewußtsein korrelierte mit höherem Bildungs- und Einkommensniveau, antidemokratische Einstellungen fanden sich bei den Befragten mit schlechterem sozialen Status und festerer Stammesbindung.

82,5 % der Befragten wollten ein gleiches, freies und allgemeines Wahlrecht für alle Menschen, die in Südafrika leben. Ein Hinweis auf verfehlte Chancen ist das damalige Ergebnis, daß die Hälfte der Afrikaner bereit war, die Macht mit den Weißen in einem Bundesstaat so zu teilen, daß keine Gruppe die andere beherrschen kann. Was kommen würde, war aber schon zu sehen: je jünger und gebildeter die Befragten, desto eindeutiger die Festlegung auf einen nichtrassistischen Einheitsstaat unter schwarzer Führung. Ein Vorbote der künftigen Entwicklung war auch die Feststellung, daß die Auffassung, ohne Kampf und Gewalt werde die Lage der Schwarzen niemals zu verbessern sein, sich bei einem Viertel der Befragten schon durchgesetzt hatte und daß dieses Viertel aus der meinungsführenden Schicht der Studenten und Schüler, der am stärksten Urbanisierten und der Befragten mit der höchsten Bildung und den höchsten Einkommen bestand.

Die prophetischen Worte der deutschen Wissenschaftler von damals blieben natürlich unbeachtet. Sie schrieben:

»Die wichtigsten Annahmen, auf denen die gegenwärtige Politik der südafrikanischen Regierung beruht, haben sich also in der empirischen Untersuchung als irrig erwiesen. Weder sind die städtischen Schwarzen weiterhin im Stammesdenken befangen, noch sind sie bereit, den wirtschaftlichen und politischen Status quo zu akzeptieren. Sie erweisen sich hingegen als geeignete Partner für eine demokratische Konfliktregelung, als tolerant und als kompromißbereit. Ihre Mehrheit ist – noch – zu friedlichem Wandel bereit. Wunschdenken und Fehleinschätzung der Schwarzen, wie es sich weiterhin bei der Regierung und den sie stützenden Weißen findet, muß jedoch schwerwiegende Folgen nach sich ziehen. Verstädterung, wirtschaftlicher Aufstieg und Jugend erwiesen sich als die Faktoren, die bei den Schwarzen Militanz fördern. Je länger Wandel auf sich warten läßt, um so sicherer ist das Anwachsen der militanten Gruppe. Nur wenn dieser Wandel bald erfolgt, wird er friedlich und demokratisch erfolgen können.«

Seit Erhebung dieser Daten haben die Spannungen in Südafrika ständig zugenommen. Das Erlebnis der Ausnahmezustände von 1985 und 1986 hat die schwarze Bevölkerung in ihrer Überzeugung bestärkt, daß von der weißen Regierung keine Bereitschaft zu einem grundlegenden Wandel erwartet werden kann. Eine neuere Untersuchung, durchgeführt 1985 von der Community Agency for Social Enquiry in Zusammenarbeit mit dem Institut für Black Research, belegt die Grundtendenzen der Hanf-Studie: 90 % der Schwarzen in den Städten treten für »ernsthafte Verhandlungen zwischen der Regierung und den wahren Führern der schwarzen Bevölkerung« ein.

70 % fordern ausländischen Druck auf die südafrikanische Wirtschaft, 66 % begrüßen direkte Aktionen durch Sanktionen in Südafrika. Die Bereitschaft zum Kampf auch mit Gewalt ist stark gestiegen: 36 % sprachen sich für den bewaffneten Kampf aus, 28 % verteidigten Gewalt gegen schwarze »Kollaborateure«. Auf die Frage nach den »wahren« oder »authentischen« Führern wurden genannt: ANC 31 %, Bischof Tutu 16 %, UDF 14 %, Inkatha (Buthelezi) 8 %. In einer anders formulierten Frage – keine Namensvorgabe, Personen oder Organisationen konnten genannt werden – war das Bild noch deutlicher. Mandela 50 %, Tutu 35 %, Buthelezi 14 %.

Was die künftige Ordnung Südafrikas angeht, hat sich ebenfalls eine Klärung der Standpunkte ergeben: 80 % der Befragten forderten eine nichtrassistische Demokratie in einem südafrikanischen Einheitsstaat. Ganze 20 % waren bereit, für eine Übergangszeit eine föderative Lösung hinzunehmen. Und ideologisch schließlich hat die Botha-Strategie auch ihre Wirkungen gehabt: Drei Viertel aller Befragten Schwarzen, gleichmäßig verteilt in allen nur denkbaren Gruppen, wollen ein sozialistisches Südafrika im Gegensatz zu einem kapitalistischen.

Zahlenangaben über die Opfer der Gewalt in Südafrika seit dem verstärkten Auftreten von Unruhen im September 1984 schwanken. Nach offiziellen Mitteilungen sind nach der Verhängung des Ausnahmezustands im Juli 1985 bis Januar 1986 insgesamt 980 Menschen in unmittelbarem Zusammenhang mit dem Rassenkonflikt getötet worden, davon 628 durch Mitglieder der Ordnungskräfte. Während 352 Menschen Opfer sogenannter »Schwarzer Gewalt« wurden. Das Südafrikanische Institut für Rassenbeziehungen (SAIRR) spricht von 740 Toten allein im Jahr 1985, davon 454 nach Verhängung des Ausnahmezustandes am 21.7.1985. Nach staatlichen Angaben waren unter den Opfern 25 Mitglieder der Ordnungskräfte. Die Zahl der Verletzten von September 1984 bis Januar 1986 betrug nach offiziellen Angaben 4 129, davon 2 229 durch Aktionen der Ordnungskräfte. Unter den Verletzten sollen 534 Mitglieder der Ordnungskräfte gewesen sein.

Verhaftungen nach dem Ausnahmerecht in der Zeit vom 21.7.1985 bis 6.3.1986 wurden 7996 vorgenommen, nach oppositionellen Angaben davon allein 7 361 bis Ende 1985. Aufgrund der »normalen« Sicherheitsgesetze kam es im Jahr 1985 zu weiteren 3 637 Verhaftungen. Es gibt keine Angaben darüber, in wieviel Fällen gegen unter dem Ausnahmerecht verhaftete Personen Anklage erhoben wurde. Die meisten Festnahmen dürften reine Verdachts- oder Präventionsfestnahmen gewesen sein, was sich auch daraus ergibt, daß die Haftzeiten in den meisten Fällen nur Tage oder Wochen dauerten und sich am Tag der Aufhebung des Ausnahmezustandes nur noch etwa 330 Personen in Haft befanden. Nach dem 1986 erneut verhängten, landesweit geltenden Ausnahmezustand stieg die Zahl der Verhafteten drastisch an. Im Juni und Juli 1986 dürften allein annähernd 10 000 Verhaftungen vorgenommen worden sein, wobei die Opfer gezielt unter den aktiven Gewerkschaftlern, Kirchenvertretern und Bürgerrechtlern gesucht wurden.

Der während des Ausnahmezustandes 85/86 entstandene Sachschaden liegt nach offiziellen Angaben bei 160 Mio. DM. Es wurden 3 940 Gebäude zerstört oder beschädigt, darunter 1 153 öffentliche Einrichtungen. Im Laufe des Jahres 1986 ist die Gewalteskalation weiter fortgeschritten. Der neuerlich verhängte Ausnahmezustand, diesmal über das ganze Land, zeigte deutlich, daß die Regierung glaubt, mit ihren auch im Normalzustand schon polizeistaatlichen Vollmachten nicht mehr auszukommen. Sie hat das Land nicht mehr unter Kontrolle.

Die Erfahrung des Ausnahmezustandes von 1985/86 beweist, daß diese Maßnahme den gewünschten Erfolg nicht erreicht. Man muß vielmehr davon ausgehen, daß das brutale und für die Beteiligten in jedem Fall rechtlich risikolose Vorgehen der »Ordnungskräfte« das Ausmaß der Gewalt noch gesteigert hat.

Der psychologisch schwerwiegendste Faktor in der Bilanz der Kämpfe liegt in der Erfahrung, daß die Polizei in zahlreichen Fällen auch auf Kinder und Jugendliche geschossen hat. »Wir haben nicht gewußt, daß man auf unsere Kinder schießen würde«, stellen die Sprecher der Schwarzen fest und fügen hinzu, daß der Kindermord an erster Stelle für das tiefe Gefühl von Haß und Verbitterung verantwortlich ist, das heute in den südafrikanischen Townships herrscht.

Es gibt kein einheitliches Südafrika mehr. Die Kluft zwischen Schwarz und Weiß ist so groß geworden, daß man von zwei Gesellschaften sprechen kann, die innerhalb derselben Grenzen leben, aber nicht mehr zusammen. Die Apartheid hat ihr Ziel erreicht, aber anders, als es von ihren Erfindern gedacht war. Die Bürgerrechtsorganisation »Black Sash« nennt Südafrika »a land divided« – ein geteiltes Land.

4. Der Konflikt im südlichen Afrika
Pretoria und die Frontstaaten

Die Regierung Botha hat in den letzten Jahren eine Reihe schwerwiegender und schwer verständlicher Fehler gemacht. Sie hat sowohl ihre innenpolitische als auch ihre wirtschaftliche und außenpolitische Position völlig falsch eingeschätzt. Innenpolitisch ist der Versuch gescheitert, durch einige Modifizierungen am System der Apartheid das System als solches zu erhalten. Wirtschaftlich ist das Land in eine schwere, allen verfügbaren Anzeichen nach auch langanhaltende Rezession geraten. Außenpolitisch ist die südafrikanische Regierung so isoliert wie noch nie.

Die erste Fehleinschätzung war der Regierung mit der Verfassungsänderung unterlaufen. Die Gewährung eingeschränkter politischer Mitspracherechte für Mischlinge und Inder war nicht als Fortschritt angesehen worden, sondern als Beweis der Entschlossenheit, die größte Bevölkerungsgruppe in einem rechtlosen Zustand zu belassen und dafür Verbündete unter den anderen Gruppen zu gewinnen. Die zweite Fehleinschätzung war der Versuch, die Hegemonie über die Region südliches Afrika durch ein System von Verträgen und Vereinbarungen mit den schwarzafrikanischen Nachbarstaaten zu sichern und auf diese Weise den gefährlichsten Gegner, den ANC, auszutrocknen. Die außenpolitische Offensive Pretorias hat den ANC vielmehr gezwungen, früher als geplant seine Aktivitäten wieder nach Südafrika selber zu verlegen. Die Vereinbarungen mit Mosambik und Angola als den Staaten, die am stärksten unter dem südafrikanischen Druck zu leiden haben, wurden von den Südafrikanern selber desavouiert: Ihre militärische Einwirkung auf beide Länder blieb bestehen. Die Rebellenbewegung RNM operierte in Mosambik weiter mit südafrikanischer Unterstützung. Dasselbe gilt für die auch von Präsident Reagan geschätzte UNITA.

Militärische Kommandounternehmen tief nach Angola hinein, ständige Präsenz südafrikanischer Truppen in Südangola – krasser hätte die Regierung in Pretoria nicht demonstrieren können, daß es ihr nicht um Frieden in der Region geht, sondern um totale Kontrolle. Speziell der Vertrag mit Mosambik ist vom Westen vollkommen falsch interpretiert worden. Zu den besonders törichten Einfällen von Bundeskanzler Kohl gehört das Glückwunschtelegramm, das er nach dem Akkord von Nkomati an P.W. Botha geschickt hat. Das Nkomati-Abkommen dient allein den Sicherheitsinteressen Südafrikas. Es enthält im Kern eine gegenseitige Verpflichtung, subversive Akte gegen den anderen Staat, die vom eigenen Territorium ausgehen, zu unterbinden. Dieser Verpflichtung ist Südafrika allerdings nicht nachgekommen, während Mosambik seinen Teil erfüllt hat. Die südafrikanische Sicherheitspolitik stellt sich auf einen Guerillakrieg im eigenen Land ein, und ihr Ziel ist es, der Guerilla das logistisch wichtige Hinterland in den Nachbarstaaten zu nehmen. Die militärische Option ist – ein wenig anders als bei der SWAPO – im ANC nicht die vorherrschende. Der ANC glaubt, auf bewaffneten Kampf nicht verzichten zu können, aber er beschränkt sich nach wie vor auf Sabotageaktionen gegen strategisch wichtige Einrichtungen. Individuellen Terror lehnt er – im Gegensatz zu europäischen separatistischen Bewegungen – strikt ab. Sogenannte »weiche« Ziele werden nicht angegriffen.

Die territoriale Integrität und Souveränität der Nachbarstaaten kümmert Pretoria wenig. Die weiße Regierung nimmt für sich das Recht grenzüberschreitender Selbstjustiz in

Anspruch. Militärische Überfälle auf die Hauptstädte von Mosambik, Lesotho und Botswana dienten offiziell der Ausschaltung von ANC-Stützpunkten, deren Existenz zweifelhaft war. In Wirklichkeit ging es um eine Warnung. Die Regierungen dieser Länder, die militärisch praktisch wehrlos sind, sollten begreifen, daß die südafrikanische Armee überall in der Region jederzeit zuschlagen kann. Die amerikanische Attacke auf Libyen im April 1986 lieferte Botha zugleich die Rechtfertigung für den bisher gröbsten Verstoß gegen die internationale Friedenspflicht und das Völkerrecht. Die Bombenangriffe auf Ziele in oder in der Nähe der Hauptstädte von Botswana, Zimbabwe und Sambia im Mai 1986 wurden ebenso gerechtfertigt wie die amerikanische Libyen-Aktion: Die Regierungen dieser Länder hätten sich der Unterstützung des Terrorismus schuldig gemacht.

Die überragende Dominanz Südafrikas in der gesamten Region ergibt sich aus der wirtschaftlichen und militärischen Überlegenheit. Die schwarzafrikanischen Staaten sind in unterschiedlichem Ausmaß wirtschaftlich von Südafrika abhängig: Lesotho, Swaziland und Botswana fast vollständig. Lesotho wickelt seinen Außenhandel beim Export zu 88 % und beim Import zu 94 % mit Südafrika ab, Botswana exportiert 7 % zum großen Nachbarn und importiert 88 %, Swaziland exportiert zu 20 % nach Südafrika und importiert zu 87 %. Für die anderen Länder zeigt sich folgendes Bild (in Prozent):

	Export nach RSA	Import aus RSA
Angola	0	11
Malawi	4	40
Mosambik	3	1
Sambia	3	4
Zimbabwe	24	22
Tansania	0	0

Die Kennziffern für diese Länder könnten leicht über die tatsächlich bestehende Abhängigkeit hinwegtäuschen, weil diese Zahlen nichts über die industriellen Verflechtungen bzw. die Kontrolle der Wirtschaft dieser Länder durch südafrikanisches Kapital aussagen. Südafrikanische Unternehmen sind vor allem in Zimbabwe massiv engagiert, aber auch in Botswana, Sambia und Malawi. Teilweise sind es ganze Sektoren der Wirtschaft dieser Länder (Bergbau, verarbeitende Industrie), die von Südafrika aus kontrolliert werden.
Schwerwiegende wirtschaftliche Abhängigkeiten folgen auch aus dem System der Wanderarbeit. Die Einkommen von schwarzen Arbeitern aus Lesotho, Botswana und Swaziland, die vor allen Dingen für den südafrikanischen Bergbau angeworben werden, sind für die Staatshaushalte und die Pro-Kopf-Einkommenssituation dieser Länder ausschlaggebend. Der allmähliche Abbau ausländischer Arbeitskräfte in Südafrika schafft daher unmittelbar für diese Nachbarn Probleme. Ein starkes Druckmittel besitzt Südafrika schließlich noch in Gestalt seines hochentwickelten Transportsystems. Südafrika verfügt allein über drei Viertel des Eisenbahnnetzes im südlichen Afrika, hat die besten Straßen und die leistungsfähigsten Tiefseehäfen. Die schwarzafrikanischen Länder sind auf die Benutzung der südafrikanischen Transportwege und Häfen für ihren Export angewiesen. Die mosambikanischen Häfen Maputo und Beira, der tansanische Hafen Darressalam und der angolanische Hafen Lobito sind von der Kapazität her nicht ausreichend, wenn die Exportgüter überhaupt bis zu diesen Häfen kommen, weil Bahn- und Straßenverbindungen schlecht sind und darüber hinaus das Ziel von Sabotageakten der von Südafrika unterstützten Rebellenorganisationen.
Die schwierige wirtschaftliche Lage der Frontstaaten geht direkt auf die südafrikanische Destabilisierungspolitik

zurück. Der Generalsekretär der SADCC (Southern African Development Coordination Conference), einer Selbsthilfeorganisation der Staaten der Region zur Verringerung der Abhängigkeit von Südafrika, schätzt den unmittelbaren Schaden, den die Volkswirtschaften dieser Länder durch die südafrikanische Destabilisierung bisher erlitten haben, auf 16 Milliarden Dollar. Aus diesem Grunde verlangen die Frontstaaten auch so dringend wirtschaftlichen Druck des Westens auf Südafrika. Ihnen ist bewußt, daß sie selber keine Druckmittel besitzen. Aber sie sind bereit, die auch für sie zunächst schwer absehbaren Folgen eines Wirtschaftsboykotts auf sich zu nehmen – in der Überzeugung, daß nur so der Würgegriff Pretorias, in dem sie sich befinden, gelockert werden kann. Den Frontstaaten vorzuwerfen, daß sie zwar Sanktionen verlangen, aber ihren Handel mit Südafrika nicht aufgeben wollen, zeugt von völliger Unkenntnis der Abhängigkeitsverhältnisse in der Region. Der Widerstand, den diese Länder leisten, verlangt ihnen täglich große Opfer ab. Vom Westen wird nur ein Bruchteil dieser Opfer verlangt.
Die südafrikanische Haltung gegenüber den Nachbarn ist nur als zynisch zu bezeichnen: Zuerst werden diese wirtschaftlich und politisch geschwächt, und dann wird diese Schwäche der Weltöffentlichkeit als Beweis für die Behauptung aufgetischt, daß Schwarze nicht in der Lage seien, eine effiziente Volkswirtschaft zu betreiben. Soll es denn bei uns in ein paar Jahren so aussehen wie in Zimbabwe, wird Kritikern der Apartheid immer wieder entgegengehalten. Das Erstaunlichste daran ist aber, daß dieses Argument von Wirtschaftlern und Politikern im Westen besonders gerne übernommen wird.
Pretorias dritte Fehleinschätzung schließlich war die internationale Reaktion auf die Zuspitzung der Lage und die Verhängung des Ausnahmezustandes im Jahre 1985. Preto-

ria hat vor allen Dingen die öffentliche Meinung seiner wichtigsten Verbündeten USA und Großbritannien nicht beachtet. Aus unterschiedlichen Gründen ist die Apartheid in beiden Ländern ein innenpolitisches Thema: in den USA wegen der 15 % schwarzer Wähler, in Großbritannien wegen der engen Verbindungen mit Südafrika und wegen des Commonwealth (das Südafrika übrigens schon früh verlassen mußte).

Die massivste Anti-Apartheid-Stimmung herrscht in den USA. Selbst Präsident Reagan, der mit der Politik des »constructive engagement« im südlichen Afrika die südafrikanische Stellung faktisch gestärkt hatte, konnte im Herbst 1985 nicht umhin, eine Reihe von Sanktionen zu verhängen. Die US-amerikanischen Medien haben Südafrika zu einem Schwerpunkt ihrer Berichterstattung gemacht. Zahlreiche Bürgerinitiativen unter Mitwirkung prominenter Personen aus allen Lebensbereichen demonstrieren und kämpfen gegen die Apartheid – und setzen Politik, Wirtschaft und Banken unter Druck. Die amerikanische Entwicklung ist für Botha deshalb so gefährlich, weil der Ruf nach Maßnahmen aus beiden politischen Lagern der USA kommt. In Großbritannien haben alle drei Oppositionsparteien eine eindeutige Haltung gegen die Apartheid eingenommen, und da die Tage der Regierung Thatcher gezählt sind, muß Pretoria auch das in seine Rechnung einbeziehen. Die Südafrika-Politik der Regierung Thatcher findet selbst in konservativen Medien keine Unterstützung. Selbst die Queen hat Unmut geäußert (und gesorgt, daß er öffentlich bekannt wurde), weil sie nicht einsehen will, warum der Bestand des Commonwealth, dessen nominelles Oberhaupt sie ist, für ein Land gefährdet werden soll, das dem Commonwealth nicht einmal angehört.

Der Druck auf die weiße Regierung wächst. Zum ersten Mal sind ihre Verteidiger und Anhänger in westlichen Hauptstädten in die Defensive geraten. Und so zeichnet sich eine Konstellation ab, die als einzige noch eine geringe Hoffnung bietet, daß nämlich die Kombination aus innerem und äußerem Druck so stark wird, daß Pretoria seine Politik ändern muß.

Die regionale Konfliktsituation im südlichen Afrika, die die schwarzafrikanischen Entwicklungsländer zu Verteidigungsausgaben zwingt, die sie unter normalen Bedingungen vermeiden würden, hätte durch ein massiveres wirtschaftliches Engagement des Westens wenigstens teilweise eingedämmt werden können. Die sozialliberale Bundesregierung war diesem Ansatz auch gefolgt und sah in den Frontstaaten einen politisch begründeten Schwerpunkt der Entwicklungszusammenarbeit – mit Ausnahme von Mosambik und Angola, die Schwierigkeiten mit der von Bonn verlangten Berlin-Klausel hatten bzw. haben. Nachdem Mosambik die Klausel schließlich anerkannt hatte, blieb die tatsächliche Hilfe weit hinter dem Erwarteten und Notwendigen zurück. Angola sieht darin keine besondere Ermutigung, es seinerseits mit Bonn zu versuchen. Nach der Wende in Bonn betrachteten sich die Frontstaaten als ungeliebte Partner. Die Bonner Hilfe geht zurück, ausländische Investitionen sind außerordentlich selten. Die Enttäuschung sitzt tief. Im Ergebnis verfügt die Bundesrepublik im südlichen Afrika über keinen nennenswerten Einfluß mehr.

5. Ein spätes Erwachen
Regierung und Parteien

Die Beziehungen zwischen der Bundesrepublik Deutschland und Südafrika lassen sich in verschiedene Phasen unterteilen:
- die erste Phase umfaßt die Zeit der CDU-CSU-geführten Bundesregierungen bis 1966;
- die zweite Phase beginnt mit der Großen Koalition und endet Mitte der siebziger Jahre;
- die dritte Phase umfaßt die Zeit bis zum Scheitern der sozialliberalen Koalition;
- die vierte Phase schließlich beginnt mit dem Amtsantritt der Regierung Kohl 1982.

Südafrika gehörte zu den ersten Ländern, die mit Deutschland wieder Handel trieben, diplomatische Beziehungen wurden schon 1951 aufgenommen. Immer noch weisen südafrikanische Regierungsmitglieder auf die Beteiligung ihrer Piloten an der Berliner Luftbrücke hin. Relativ schnell wurden auch die beschlagnahmten deutschen Vermögen in Südafrika zurückgegeben.

Für die Regierungen Adenauer und Erhard war Südafrika ein befreundetes Land. Die Rassenpolitik wurde nicht zur Kenntnis genommen und wenn, dann ausdrücklich begrüßt. So ließ Heinrich Lübke, der spätere Bundespräsident, 1959 in Südafrika verlauten, er wisse »die Rassenprobleme hier in guten Händen«. Noch 1960 entschuldigte sich die Bundesregierung für einen Boykottbeschluß des DGB. Das Auswärtige Amt ließ den südafrikanischen Botschafter wissen, es bedaure die Propagierung eines Boykotts »gegen ein mit der Bundesrepublik befreundetes Land«. Es wies in einer offiziellen Erklärung auf die südafrikanische Unterstützung der Wiedervereinigung und die intensiven Handelsbeziehungen hin. Das wenige Tage später geschehene Massaker von Sharpeville kommentierte die damalige Bundesregierung nicht. Ein Südafrika-Problem existierte für die Bundesrepublik nicht. Die Beziehungen bestanden exklusiv zur weißen Bevölkerungsgruppe, deren Verhalten stillschweigend gebilligt oder mit offener Sympathie begleitet wurde. Dafür war nicht nur die Haltung der südafrikanischen Regierung zum (angeblichen) Hauptziel der Politik der Bundesregierung – der Wiedervereinigung – verantwortlich, sondern vor allem wohl die traditionellen Einstellungen gegenüber den Afrikanern, die im eurozentrischen Weltbild bestenfalls mit einem paternalistischen Wohlwollen betrachtet wurden. Die damaligen Bundesregierungen verspürten auch weder von innen noch von außen nennenswerten Druck, sich mit dem Entstehen der Apartheid als eines die Rassendiskriminierung nur noch als Instrument benutzenden Unterdrückungs- und Ausbeutungssystems zu befassen.

In der Großen Koalition mit Willy Brandt als Außenminister setzte eine erste Neuorientierung ein. Maßgeblich dafür war die stärkere weltpolitische Rolle, die die Bundesrepublik als bereits aufgeblühte Wirtschaftsmacht zu spielen begann. Maßgeblich war aber auch der afrikanische Dekolonisierungsprozeß, der Bonn in einen ernsten Interessenkonflikt brachte. Man war an guten Beziehungen zu den afrikanischen Staaten interessiert, exekutierte aber weiter die Hallstein-Doktrin, der es um die Vermeidung der internationalen Anerkennung der DDR ging. Das war mit den neuen afrikanischen Staaten nicht gut möglich, solange die Beziehungen zu Südafrika ihren betont freundschaftlichen Charakter hatten.

Willy Brandt versuchte, sich aus diesem Dilemma zu befreien (und er hielt diese Position auch als Bundeskanzler bei), indem er die politischen Kontakte reduzierte, die Wirtschaftsbeziehungen jedoch ausdrücklich ausklammerte. So trat die Bundesrepublik 1967 dem Übereinkommen zur Beseitigung jeder Form von Rassendiskriminierung bei, das in der Hauptsache gegen Südafrika gerichtet war. Auch regierungsamtliche Kritik an der Apartheid war immer häufiger und in scharfer Tonlage zu hören. Die Abkoppelung des Kerns der Beziehungen, des Handels, von der Politik im allgemeinen begründete Willy Brandt sehr prinzipiell. Er wies auf die Exportinteressen der Bundesrepublik hin und erklärte den afrikanischen Botschaftern in Bonn am 15. 5. 1968: »Wir haben die Erfahrung machen müssen, daß man Handel und Politik nicht ohne Not koppeln soll. Deshalb sind wir für den Ausbau der Wirtschaftsbeziehungen selbst zu solchen Staaten, mit denen wir erhebliche politische Kontroversen haben.«

An dieser Stelle wird der große Zusammenhang deutlich, in dem Brandt damals auch die Südafrika-Politik sah. Er, als wichtigster Vertreter einer realistischen, an den wirklichen deutschen Interessen orientierten Außenpolitik, sah die Außenwirtschaftspolitik sehr wohl als politisches Instrument. Als solches – nämlich als Beitrag zur Normalisierung der Beziehungen zu Osteuropa – war sie aber nur einsetzbar, wenn sie »entpolitisiert« wurde. (Dieser Denkansatz hat die Diskussion über Sanktionen in der SPD bis in die allerjüngste Zeit hinein bestimmt, und es ist kein Zufall, daß gerade Egon Bahr sich mit jeder Form von Wirtschaftssanktionen sehr schwer tut.) Mit anderen Worten: Man konnte den Außenhandel im Fall Südafrika nicht gut Menschenrechtsgesichtspunkten unterordnen, wenn man ihn mit Osteuropa gerade entwickeln wollte. In dieser Sicht trafen sich Brandt und Bahr mit der FDP, die ebenfalls für einen ideologiefreien unbehinderten Außenhandel eintrat, allerdings aus ökonomischen, nicht aus außenpolitischen Gründen. Die vorsichtige politische Distanzierung von Südafrika zwischen 1966 und 1974 behinderte den Ausbau der Wirtschaftskontakte in keiner Weise. Schon Anfang der siebziger Jahre geriet die SPD als führende Regierungspartei deswegen in einen Rechtfertigungszwang. Seitdem wird die Idee »Wandel durch Handel« propagiert, die ebenfalls teilweise der Ostpolitik entlehnt ist. Die Regierungskontakte blieben auch während der Kanzlerschaft von Willy Brandt relativ dicht, wenn auch mit dem Schwerpunkt auf Wirtschaft. Wirtschaftspolitiker der sozialliberalen Koalition waren häufig in Südafrika zu Gast, und am Rande ist interessant, daß Karl Schiller nach seinem Ausscheiden aus der Bundesregierung eine Aufgabe beim südafrikanischen Rupert-Konzern übernommen hat.

Die dritte Phase setzte schon am Ende der Brand/Scheel-Ära ein. 1973 war die Bundesrepublik den Vereinten Nationen beigetreten. Die Beziehungen zu den schwarzafrikanischen Staaten waren auch wirtschaftlich interessant geworden. In der Bundesrepublik formierte sich die Anti-Apartheid-Bewegung. Der alte Konflikt war wieder da, und es reichte nicht mehr, den Afrikanern politisch unverbindliche Beruhigungspillen zu verabreichen. Hans-Dietrich Genscher merkte dies in seinem neuen Amt als Außenminister als erster. Seine Kontakte mit afrikanischen Außenministern am Rande der UNO, seine Begegnungen mit schwarzen Führern in Bonn und seine Afrika-Reise im Jahr 1975 brachten ihn zu dem Ergebnis, daß eine Revision der deutschen Afrika-Politik unverzichtbar war. Genscher band die Bundesrepublik in die internationale Politik des verschärften Drucks und der verschärften Isolierung Südafrikas ein. Seine Verurteilung der Apartheid ließ an Deutlichkeit nichts zu wünschen übrig, wie selbst die kritische und engagierte SPD-Abgeordnete Lenelotte von Bothmer einräumte. Das Thema Sanktionen rührte Genscher jedoch nicht an, darin in

Übereinstimmung mit Bundeskanzler Helmut Schmidt, der auch während seiner Aufenthalte in Afrika diese Möglichkeit strikt ausschloß.

Als Außenminister sah Genscher wohl ziemlich klar, daß seiner Politik die letzte Konsequenz fehlte, als FDP-Vorsitzender stand er jedoch unter dem Druck des Wirtschaftsflügels seiner Partei – und das nicht nur in der Südafrika-Frage, wo die Konflikte unter der Decke blieben. Öffentlich sichtbar wurden die Differenzen zwischen dem FDP-geführten Auswärtigen Amt und dem FDP-geführten Wirtschaftsministerium während der Diskussion über eine neue Weltwirtschaftsordnung und beim Versuch der Stabilisierung der Rohstoffexporterlöse.

Genschers Außenpolitik war innenpolitisch stark auf Konfliktvermeidung angelegt. Im Fall Südafrika gelang ihm das nicht. Die Opposition wählte die Südafrika-Politik als wichtiges Angriffsziel auf die Außenpolitik der sozialliberalen Koalition, und so hatte sich Genscher mehr der Kritik von rechts als der von links zu erwehren.

Seine persönlichen Erfahrungen mit der südafrikanischen Regierung im Zusammenhang mit der Namibia-Initiative (siehe Kapitel: Das koloniale Erbe) brachten ihn mehr und mehr zu einer geradezu feindseligen Einstellung gegenüber dem südafrikanischen Regime. Zunehmend sah er auch die gefährliche Rolle der Regierung Botha im Ost-West-Konflikt. Den Mitte der siebziger Jahre entstehenden sowjetischen Einfluß im südlichen Afrika schätzte Genscher dramatisch ein und schloß sich in der Angola-Krise der These von der »Unteilbarkeit der Entspannung« an. Dies war gegen die Sowjetunion gerichtet, schloß aber die Erkenntnis nicht aus, daß die südafrikanische Politik es zusätzlich schwer machen würde, den sowjetischen Einfluß einzudämmen oder gar zurückzudrängen.

Mit dem Scheitern der Namibia-Initiative und dem zeitweiligen Erfolg der südafrikanischen Regierung, der Welt den Eindruck zu vermitteln, das Land sei ruhig, schwand das Thema aus dem Zentrum der Bonner Außenpolitik und war bereits ein Randthema, als es 1982 zum Regierungswechsel kam.

Seit dieser Zeit ist die deutsche Afrika-Politik insgesamt gelähmt, obwohl die Ereignisse in Südafrika selber dafür sorgten, daß das schon fast vergessene Thema an die Spitze der weltpolitischen Tagesordnung geriet. Genscher bemühte sich, nach außen hin Kontinuität zu bewahren (das mußte er, weil in seiner Rechtfertigung der »Wende« die Außenpolitik keine aktuelle Rolle spielt. In seinem Ressort war natürlich keine Wende nötig. Er verwies lediglich auf die außenpolitischen Differenzen innerhalb der SPD, die tatsächlich über kurz oder lang die Regierungsfähigkeit von Helmut Schmidt gefährdet hätten). Genschers These von der Kontinuität stieß von Anfang an auf erbitterten Widerstand des neuen Koalitionspartners CSU und dessen Afrika-Experten Franz-Josef Strauß. Die Einmischungs- und Pressionsversuche von Strauß sind unzählbar. Er setzt dazu seine Bonner Kabinettsmitglieder ein, die aber offenbar nicht so richtig spuren. Vor der Koalitionsbildung 1982 verlangte Strauß die Entfernung des Südafrika-Referenten im Auswärtigen Amt, Vergau, und des hoch engagierten Botschafters in Pretoria, Eickhoff. (Beides wurde mit Zeitverzögerung vollzogen.)

Als das Bundeskabinett Ende 1983 eine Große Anfrage der SPD zur Politik im südlichen Afrika beriet, kommentierte Strauß den Antwortentwurf in einem Fernschreiben mit folgenden Injurien: »Irreführende Terminologie«, »Hohn auf die Wirklichkeit«, »gespenstisch irreal«, »Vorurteile«, »Unkenntnis der wirklichen Verhältnisse«, »Schildbürgerstreich«, »der übliche Unsinn«, »Marotte Genschers«, »schlechterdings wirklichkeitsfremd«, »hanebüchener Unsinn« und schließlich »ein schlechter Witz«. Er beklagte »Demütigungen der CSU« und bot schließlich an: »Im Zweifelsfall könnte man bei mir – Franz-Josef Strauß – geeigneten Nachhilfeunterricht erhalten.«

Das Strategiepapier der CSU zu den Koalitionsverhandlungen im März 1983 behandelt die Südafrika-Politik in seltener Ausführlichkeit. In der Quintessenz tritt die CSU für Abschaffung der Rassendiskriminierung, aber Fortbestand der weißen Oberherrschaft ein, während die Regierungspolitik längst auch die volle politische Gleichberechtigung der Schwarzen unterstützt. Dieser Konflikt in der Bonner Koalition ist bis auf den heutigen Tag nicht ausgetragen. Er führte zu den absurdesten Situationen in der Regierung und im Bundestag, vor allem aber zu einer Lähmung der deutschen Politik, als Handlungsfähigkeit besonders geboten war. Kohl und Genscher hatten offenbar beschlossen, das »heiße Eisen« Südafrika zu neutralisieren. Der Auseinandersetzung mit der Opposition wichen sie deshalb aus. Seit Mitte 1985 verschärft sich Genschers Ton wieder, weil die Regierung Botha es selbst der CSU schwer macht, sie noch uneingeschränkt zu unterstützen. Es ist aber nur der Ton. In der Sache hat sich bis Sommer 1986 nichts bewegt. Noch wird der Streit in den Kulissen ausgetragen.

Mit dem Ausklammern war es vorbei, als im September 1985 die Außenminister der EG ein ganzes Bündel von Maßnahmen gegen die südafrikanische Rassenpolitik beschlossen. Über die Zustimmung der Bundesregierung zu diesen Maßnahmen entwickelte sich innerhalb der Regierungskoalition ein peinliches Hin und Her, das nur mit nichtssagenden Formelkompromissen beigelegt werden konnte. Im Zuge dieser Auseinandersetzung kam es jedoch in einem Telefonat zwischen Kohl und Strauß zu einer schwerwiegenden Festlegung des Bundeskanzlers. Kohl hat demnach ganz im Sinne von Strauß und der südafrikanischen Regierung das

Wahlrecht für die Schwarzen in Südafrika als »unverantwortlich und undurchführbar« bezeichnet. Damit stellte sich der Bundeskanzler in der zentralen Frage der Südafrika-Problematik gegen die schwarze Mehrheit und auf die Seite der weißen Regierung. Die offizielle Linie der Bundesregierung war bis dahin (und ist es offiziell noch heute), zu den Modalitäten des von ihr für notwendig gehaltenen friedlichen Wandels nicht Stellung zu nehmen, sondern lediglich für einen Dialog zwischen den verschiedenen Gruppen in Südafrika einzutreten.
Eine Analyse der Äußerungen Genschers und des Auswärtigen Amtes seit Mitte 1985 zeigt, daß Genscher sich Schritt für Schritt der von der Opposition in Bonn vertretenen Auffassung annäherte, daß es in diesem Dialog nicht um Reformen der Apartheid gehen kann, sondern daß die Abschaffung der Apartheid Voraussetzung für einen sinnvollen Dialog über die künftige Ordnung Südafrikas ist. Hier schwelt also innerhalb der Bundesregierung – und in diesem Fall zwischen dem Bundeskanzler und dem Außenminister selber – ein grundsätzlicher Konflikt. Kohls Festlegung vom September 1985 hindert die Bundesregierung, den Anschluß an die internationale Sanktionsdiskussion gegenüber Südafrika zu finden. Sie kann ja die Frage nicht beantworten, was mit Sanktionen überhaupt erreicht werden soll, wenn der Regierungschef das Kernstück der Apartheid, um deren Abschaffung es doch angeblich geht, für richtig hält.
Da aber der Bundesregierung nichts anderes übrigbleiben wird, als im Hauptstrom der westlichen Südafrika-Politik mitzuschwimmen, wird die Entscheidung schnell kommen. Genscher hat offenkundig auch bereits vorgebaut. Aus der FDP sind erste Sanktionsvorstellungen bereits geäußert worden, die gescheiterte Howe-Mission läßt der EG keine Rückzugsmöglichkeit mehr, das amerikanische power-play

um die Südafrika-Sanktionen neigt sich ebenfalls dem Ende zu: Am Ende könnte Genscher es tatsächlich geschafft haben, Strauß ins Leere laufen zu lassen. Die Kontinuität ist formal – und natürlich darf Kontinuität auch nicht zu einem Selbstzweck erhoben werden, denn in diesem Fall würde sie zum Stillstand der Politik führen. Die Außenpolitik muß auf neue Entwicklungen reagieren, und es läge durchaus in der Kontinuität der Bonner Außenpolitik seit 1966, dem weißen Regime in Südafrika die Unterstützung in jeder Form zu entziehen.

Im Zusammenhang mit den Verhaltensweisen der Bundesregierungen seit 1949 ist die Frage interessant, in welcher Weise die bestehenden diplomatischen Beziehungen mit der südafrikanischen Regierung die Politik der Bundesrepublik beeinflußt haben. Für die fünfziger und sechziger Jahre bis in die beginnenden siebziger hinein, muß die Rolle der deutschen Vertretung in Pretoria außerordentlich negativ beurteilt werden. Die Botschafter der Bundesrepublik waren durchweg Apologeten des Apartheid-Systems, sie waren – was im diplomatischen Dienst erstaunlich oft vorkommt – mehr die Vertreter der Interessen des Gastlandes bei der eigenen Regierung als umgekehrt. Für die Frühzeit der Beziehungen erklärt sich das leicht mit der personellen Kontinuität der »Wilhelmstraße« mit dem neu aufgebauten Auswärtigen Dienst der Bundesrepublik. Diese personelle Kontinuität springt ins Auge, wenn man die Besetzung der deutschen Vertretungen in Südafrika vor allem in den fünfziger Jahren betrachtet. Später waren es dann die übergeordneten Ost-West-Gesichtspunkte, die die Berichterstattung aus Südafrika zugunsten der Weißen verzerrt haben. Es paßt ins Bild, daß zwei frühere Botschafter in Pretoria, Strätling und Sonnenhol, auch nach ihrer Pensionierung noch in der deutschen Südafrika-Lobby aktiv sind.

Seit Mitte der siebziger Jahre sieht das Bild positiver aus, was vor allen Dingen den Botschaftern Eick und Eickhoff zuzuschreiben ist. Die gelegentlich erhobene Forderung nach Verringerung der diplomatischen Präsenz oder der Abbruch der Beziehungen erscheint bei nüchterner Abwägung der Interessen und Möglichkeiten nicht sinnvoll. Die südafrikanische Seite würde sich von einer symbolischen Geste dieser Art nicht sonderlich beeindrucken lassen, aber die heute noch vorhandenen ziemlich umfassenden Informations- und Kontaktmöglichkeiten würden ebenso versiegen wie die Einflußmöglichkeiten in einzelnen humanitären Fällen und die Chance zur demokratischen Solidarität mit den Schwarzen durch Beteiligung westlicher Diplomaten an den Begräbnissen von Gewaltopfern. Mehr als für Reduzierung und Abbruch der Beziehungen spricht zumindest in diesem Stadium der Entwicklung für eine intensivere Nutzung der diplomatischen Beziehungen im Sinne eines vertrauensvollen Dialogs mit der Bevölkerungsmehrheit. Der sogenannte »kritische Dialog« mit den weißen Machthabern hat in der Praxis nicht stattgefunden, der wichtigere, vertrauensbildende Kontakt mit der schwarzen Mehrheit erreicht nicht die notwendige Dichte, weil die deutsche Botschaft in Pretoria für diese Aufgabe personell nicht ausgestattet ist. Hier wäre also sogar personelle Verstärkung angezeigt – dies auch im Hinblick darauf, daß die südafrikanische Botschaft in Bonn ihrerseits mit großem Personal- und Sachaufwand eine wirkungsvolle politische Öffentlichkeitsarbeit betreibt.

Freilich ist die Frage der diplomatischen Beziehungen nicht dogmatisch zu sehen. Es ist eine Entwicklung vorstellbar, vielleicht sogar wahrscheinlich, in welcher der Verzicht auf diplomatische Beziehungen in den Augen der Schwarzen das deutlichere und bessere Signal darstellt, als die Aufrechterhaltung von Beziehungen auch unter einer entschiedeneren Anti-Apartheid-Zielsetzung als heute.

Der Bundestag als Ort, wo außenpolitische Auseinandersetzungen ausgetragen werden sollen, war seit 1949 ein Spiegelbild der Regierungspolitik. Desinteresse und Unkenntnis bestimmten die ersten Jahrzehnte. Debatten fanden nicht statt. Erst in den siebziger Jahren bildete sich in der SPD und in der FDP eine Gruppe von Abgeordneten heraus, die die Südafrika-Politik der Regierungen kritisch hinterfragten und sich mit der unterdrückten Mehrheit in Südafrika solidarisierte. Ein Denkmal verdient die SPD-Abgeordnete Lenelotte von Bothmer, die viele Jahre lang als einzige konsequent für eine andere Südafrika-Politik eintrat, später folgten ihr Uwe Holtz und Peter Corterier.

Die Afrika-Debatten der siebziger Jahre, die von der CDU/CSU ausgingen, waren im Kern Ost-West-Debatten. Es ging nicht um die Menschen in Südafrika und Namibia, sondern um den ideologischen Feldzug gegen die Sowjetunion.

In der zehnten Legislaturperiode, seit der Bundestagswahl 1983, ist das Thema Südafrika von der SPD und von den GRÜNEN zu einem Schwerpunkt ihrer Opposition im außenpolitischen Bereich gemacht worden, was sich in einer großen Zahl von Debatten und Anfragen im Bundestag niedergeschlagen hat.

Bundesregierung und Bundestag als institutionelle Träger der Außenpolitik waren natürlich nie unbeeinflußt von den gesellschaftlichen Entwicklungen. Das sehr, sehr späte Erwachen, die unglaublich verzögerte Wahrnehmung der südafrikanischen Probleme findet sich also auch bei Parteien, Kirchen und Gewerkschaften.

Den weitesten Weg hat die SPD zurückgelegt. Von ihrer Tradition her antikolonialistisch und antirassistisch eingestellt, hat sie doch lange Zeit gebraucht, bis sie bereit war, ihre eigenen Grundwerte auch zum Maßstab ihrer Südafrika-Politik zu machen. Bis zum Regierungseintritt 1966 sind zahlreiche Äußerungen der SPD belegt, die den »Ras-.

senterror« in Südafrika verurteilen, auch der Vergleich mit dem Nationalsozialismus findet sich damals schon. In den ersten Jahren ihrer Regierungszeit ließ die SPD das Thema zurücktreten, seit Mitte der siebziger Jahre ist es jedoch Dauerthema auf Parteitagen und in Publikationen.

Die SPD-Position war immer von der Notwendigkeit uneingeschränkter demokratischer Rechte für alle Menschen in Südafrika ausgegangen und stand und steht deshalb auch hinter der Möglichkeit einer schwarzen Mehrheitsregierung. Obwohl Egon Bahr als Bundesgeschäftsführer der SPD in einem Interview davon sprach, man müsse für Südafrika ein gänzlich neues Modell entwickeln, hat die SPD auf den Entwurf eines solchen Modells verzichtet. Natürlich zeigten sich zunehmend Differenzen zwischen der Regierungspolitik und der Parteimeinung – so verlangte der SPD-Bundesparteitag 1979 z.B. die Kündigung des von der eigenen Regierung abgeschlossenen Doppelbesteuerungsabkommens. Die SPD war es auch, die den Kontakt zu den Befreiungsbewegungen ANC und SWAPO aufnahm und beiden über die Friedrich-Ebert-Stiftung auch materielle Hilfe leistete.

In der Opposition seit 1982 hat die SPD die Halbherzigkeiten und Widersprüche ihrer Südafrika-Politik beseitigt. Sie tritt jetzt für Sanktionen gegen Südafrika ein, unterhält intensive Beziehungen besonders zum ANC, dessen Präsident Oliver Tambo im April 1986 auf Einladung von Willy Brandt nach Bonn kam, und setzte mit der Reise von Willy Brandt nach Südafrika im selben Monat ein deutliches Zeichen ihrer Solidarität.

Willy Brandt selber hat in Südafrika freimütig eingeräumt, daß er sich in der Beurteilung der Apartheid früher geirrt habe. Er habe geglaubt, man könne den friedlichen Wandel in Südafrika durch Einwirken auf die weiße Regierung herbeiführen. Sein Auftreten und seine Äußerungen in Süd-

afrika bildeten die letzte Etappe vor dem Abschluß eines langen Meinungsbildungsprozesses auf dem Bundesparteitag 1986 in Nürnberg.
Die Unionsparteien haben in der Südafrika-Politik den Punkt erreicht, wo sie ihre Position überdenken müssen. Erste Anzeichen in Interviews und Stellungnahmen der sogenannten »Genscheristen« in der Bundestagsfraktion sind schon erkennbar. Selbst über Sanktionen wird nachgedacht. Von der früher üblichen vorbehaltlosen Unterstützung der Positionen Pretorias hat sich zumindest die CDU inzwischen abgesetzt. Beiden Parteien – CDU und CSU – wird es schwerfallen, das Ausmaß ihrer aktiven Unterstützung für das Apartheid-Regime vergessen zu machen. Bis in die allerjüngste Zeit hinein sind Stellungnahmen aus allen Rängen der Unionsparteien belegt, die kritiklos die offiziellen Verlautbarungen der südafrikanischen Propaganda übernehmen. Verharmlosen, Beschwichtigen, Ableugnen war jahrzehntelang der Tenor aller Äußerungen. Wenn man sie analysiert, schälen sich drei hauptsächliche Argumentationslinien heraus:

1. Die Unionsparteien verstehen unter Apartheid lediglich rassische Diskriminierung in Wirtschaft und Gesellschaft. Folglich sehen sie das Problem durch die Abmilderung der »petty apartheid« als weitgehend gelöst an.
2. Die Unionsparteien sehen Südafrika im Kontext ihrer Beurteilung des Ost-West-Verhältnisses und übernehmen dabei die Argumente der weißen Südafrikaner für den Fortbestand weißer Kontrolle.
3. Den Befreiungsbewegungen wird die Legitimität des Widerstandes aberkannt. Sie werden als Handlanger Moskaus und Terroristen angesehen. Der Vorwurf der Gewaltanwendung richtet sich nur an die Befreiungsbewegungen.

Für die CDU entsteht mit der Unterordnung der Menschen-

rechtsfrage in Südafrika unter die der angenommenen strategischen Implikationen schwarzer Mehrheitsherrschaft ein schweres Glaubwürdigkeitsproblem. Generalsekretär Heiner Geißler, der die weltweite Menschenrechtskampagne der CDU entwickelt hat, sieht dieses Problem. Seine Bundesgeschäftsstelle hat deshalb 1986 eine Dokumentation zur Menschenrechtssituation in Südafrika veröffentlicht, die insgesamt eine erstaunlich massive Verurteilung des Regimes enthält. Geißlers Strategie geht offenbar dahin, die CDU von der Seite der weißen Südafrikaner wegzurücken und an die Seite sogenannter gemäßigter Schwarzer zu bringen. Hoffnungsträger der Union in diesem Sinne ist der Zulu-Häuptling und Ministerpräsident von Kwazulu, Ghatsa Buthelezi. Und damit steuert die CDU auf denselben verhängisvollen Fehler zu, den sie schon in Zimbabwe gemacht hatte, als sie auf Bischof Abel Muzorewa setzte. Buthelezi hat Rückhalt nur noch bei den rückständigen ländlichen Zulus. Seine politische Hausmacht INKATHA ist bei der Mehrheit der Schwarzen gefürchtet und verhaßt. Buthelezi und INKATHA werden von der Mehrheit der Schwarzen in Südafrika als Instrumente der weißen Minderheitsregierung eingestuft. Die CDU-Vorliebe für Buthelezi wird vollends unverständlich, wenn man Anspruch und Wirklichkeit in der Frage der Gewaltanwendung untersucht. Die angeblich gewaltlos operierende INKATHA unterhält Terrorkommandos (»Zulu-SS«), die gegen politisch andersdenkende Schwarze nicht nur mit Einschüchterung vorgehen, sondern vor Mord und Totschlag nicht zurückschrecken.
Man kann nicht ausschließen, daß Buthelezi als Repräsentant des größten afrikanischen Stammes im Lande im künftigen Südafrika eine politische Rolle spielen wird – aber nicht die entscheidende. Geißler (und mit ihm offenbar die Bundesregierung) setzen auf das falsche Pferd.
Aber selbst diese Option ist für die Unionsparteien schwie-

rig, weil an ihrem rechten Rand ein manifester Rassismus überlebt hat, der in der Wahrnehmung von außen das Gesamtbild bestimmt.
Die FDP hat erst spät begonnen, sich mit Südafrika zu beschäftigen, im Grunde parallel zu den Aktivitäten ihres Parteivorsitzenden als Außenminister. Die kritischen Positionen machten dabei immer kurz vor der wesentlichen Frage Halt. Das Primat der Außenwirtschaftspolitik ist unbestritten. Die FDP unterhält seit Ende der siebziger Jahre relativ enge Beziehungen – auch im Rahmen der Liberalen Internationale – mit der weißen südafrikanischen Oppositionspartei PFP (Progressiv Federal Party), wobei sich die weltanschauliche Gemeinsamkeit nach Einschätzung der PFP-Führung auf Teile der Wirtschaftspolitik beschränkt. Die FDP hat weitgehend die Lösungsvorschläge der PFP übernommen. Der einsame Kämpfer für eine Teilung Südafrikas in einen schwarzen und einen weißen Staat, Klaus von der Ropp, ist zwar FDP-Mitglied, handelt aber auf eigene Rechnung und Gefahr. Erstaunlicherweise hat der neue Betätigungsfelder suchende Graf Lambsdorff den absurden, in der internationalen und internen südafrikanischen Diskussion längst zu den Akten gelegten Teilungsvorschlag im Juli '86 wieder hervorgekramt.
Die GRÜNEN hatten auch in Bezug auf Südafrika keine Vergangenheit zu bewältigen. Ihre Aktivitäten im Bundestag sind Ausdruck uneingeschränkter Solidarität mit der schwarzen Mehrheit.
Die enge personelle Verflechtung der GRÜNEN mit den Solidaritätsgruppen und Teilen der Anti-Apartheid-Bewegung führte fast zwangsläufig dazu, daß die Bundestagsfraktion der GRÜNEN vorwiegend Themen aufgriff, die im gesellschaftlichen Bereich diskutiert wurden. Einen besonderen Schwerpunkt legte sie auf die Fragen der militärisch relevanten Zusammenarbeit zwischen der Bundesrepublik

und Südafrika. Die zahlreichen Anträge der GRÜNEN im Bundestag zu einzelnen Aspekten der Apartheid und ihrer Unterstützung durch die Bundesrepublik ergeben insgesamt noch kein klares und umfassendes Bild von der Südafrika-Politik der GRÜNEN. Offenbar strahlen die ideologischen Gegensätze innerhalb der Solidaritätsbewegung auf die GRÜNEN aus. Eine so klare Verbindung zum ANC als der maßgeblichen Kraft des Widerstands, wie die SPD sie gesucht hat, streben die GRÜNEN nicht an. Zumindest starke Teile bevorzugen die Organisationen des Black Consciousness oder sogar des heute maoistisch orientierten PAC. Wie auf anderen politischen Feldern auch, zeigen die GRÜNEN in der Südafrika-Politik eine hohe Bereitschaft zu außerparlamentarischen Aktivitäten und gesellschaftlichen Kampagnen, wobei zunehmend Koordinierungserfolge feststellbar sind. Wenig erfolgreich war dagegen eine ungewöhnliche Demonstration einer Gruppe von grünen Bundestagsabgeordneten im September 1985: Die Parlamentarier ketteten sich in einem Dienstzimmer in der deutschen Botschaft in Pretoria an. Diese Aktion, ohne persönliches Risiko, weil auf exterritorialem Gebiet ausgeführt, konnte keinem recht plausibel gemacht werden, und es wurde schnell der Mantel des Schweigens darüber gebreitet.

Alles in allem dürfte die Südafrika- und Namibia-Politik eher zu den Feldern der Gemeinsamkeit zwischen den beiden Oppositionsparteien gehören. Eine politische Zusammenarbeit welcher Art auch immer und wann auch immer würde daran nicht scheitern.

6. Wenn der Kassierer kommt
Die deutsche Wirtschaft und Südafrika

Einmal im Jahr – meistens im April oder Mai – pflegte sich in Kapstadt oder Pretoria die Creme der deutschen Wirtschaft in Südafrika mit Ministern der Regierung Botha und Vertretern der regierenden Nationalen Partei zu treffen. Die Herren – es waren immer nur Herren – erörterten dies und das, wie es für die Geschäfte beider Seiten nützlich war, und trennten sich wieder. Die Treffen wurden diskret behandelt, denn sie hatten ein regelmäßiges Nachspiel: Ein Kassierer kam. Er kam in Gestalt des NP-Abgeordneten für den Wahlkreis Pretoria/Waterkloof, George Marais, und trieb bei den deutschen Unternehmern eine Art Steuer ein – für die Parteikasse. Parteispenden zur Pflege der politischen Landschaft im Apartheid-Staat. Politische Herrenausstattung für die Nationale Partei. Organisiert wurden die diskreten Treffen bis 1985 von der Deutsch-Südafrikanischen Handelskammer. Im Jahr 1986 wurde das System geändert: Diesmal gab es die Einladung zum Spitzengespräch nur gegen Vorkasse. Nach Eingang der Zahlungen wurden BMW, Siemens, Bayer, Steinmüller, Deutsche Bank, Dresdner Bank und Commerzbank nach Kapstadt gebeten. Mercedes-Benz hatte ebenfalls gezahlt, war aber 1986 in Kapstadt nicht dabei.

Der Vorgang illustriert die tatsächliche Einstellung der deutschen Wirtschaft zur Apartheid. Deutlicher kann man sich nicht mit dem Gesamtsystem identifizieren als durch Spenden an diejenigen, die es erfunden haben und unter allen Umständen bewahren wollen. Zweifellos legt die deutsche

Wirtschaft heute keinen Wert mehr auf »unnötige Rassendiskriminierungen«, obwohl man vor wenigen Jahren in Südafrika von deutschen Managern noch 150prozentige Treuebekundungen zur Rassentrennungspolitik hören konnte. Was die deutsche Wirtschaft aber auch im Notstandsjahr 1986 noch nicht fertiggebracht hat, ist die klare und eindeutige Absage an die Apartheid insgesamt. Gefordert werden »Reformen«, inzwischen auch mehr, als Botha sie bietet – als wenn erfolgreiche und gebildete Manager mit langjähriger Südafrika-Erfahrung nicht wüßten, daß Reform der Apartheid nicht Abschaffung der Apartheid meint, sondern im Gegenteil die Anpassung der Methoden zur Aufrechterhaltung der totalen politischen Kontrolle der Minderheit über die Mehrheit an veränderte gesellschaftliche Bedingungen.

Wer ist das – die deutsche Wirtschaft in Südafrika?

Von kleineren Unternehmen abgesehen, die von deutschen Einwanderern gegründet wurden und als südafrikanische Firmen betrachtet werden müssen, kam die deutsche Wirtschaft relativ spät nach Südafrika. 1965 beliefen sich die deutschen Direktinvestitionen erst auf 85,9 Mio. DM, für 1976 werden 967 Mio. DM genannt, und für 1984 wird der Bestand der Direktinvestitionen von der Bundesbank mit 2 040 Mio. DM angegeben. 1985 dürfte eine weitere Steigerung gebracht haben, z. B. durch eine Kapitalerhöhung bei Daimler-Benz Südafrika in Höhe von 150 Mio. DM. Über die Direktinvestitionen, die Zahl der deutschen Unternehmen und die Zahl der bei ihnen Beschäftigten gehen die Zahlenangaben in allen einschlägigen Studien weit auseinander. Die verläßlichste Statistik, die der Deutschen Bundesbank, erfaßt nur Tochtergesellschaften mit einer deutschen Beteiligung von mindestens 25 % und einer Bilanzsumme von mindestens 500 000 DM. Die Statistik erfaßt nur das direkt aus Deutschland transferierte Kapital in Buchwerten, enthält also nicht die beträchtlichen Re-Investitionen aus den in Südafrika erzielten Gewinnen. Der tatsächliche Wert der deutschen Investitionen in Südafrika wurde schon 1980 auf über 10 Mrd. DM geschätzt. Wie sehr hier die Angaben auseinander gehen, zeigt folgendes Beispiel:

Die Bundesbankstatistik beziffert 1975 den Gesamtbestand der Direktinvestitionen mit 538,2 Mio. DM, während nach vom BDI berichteten südafrikanischen Schätzungen das deutsche Anlagevermögen in Südafrika bereits 1974 mehr als 3,5 Mrd. DM wert war. Es scheint gerechtfertigt, den statistischen Investitionsbestand mit dem Faktor 5 oder 6 zu multiplizieren, um den tatsächlichen Wert der deutschen Kapitalanlagen erfassen zu können.

In der Bundesbank-Statistik sind 311 südafrikanische Beteiligungsgesellschaften deutscher Unternehmen für Ende 1984 erfaßt. »Die Zeit« berichtet im September 1985 von 283 Firmenniederlassungen. Im Sommer 1985 hat die UNO einen Bericht über »Nachteilige Auswirkungen politischer, militärischer, wirtschaftlicher und anderer Formen der Unterstützung für das rassistische und kolonialistische Regime Südafrikas auf die Menschenrechte« vorgelegt. Dieser Bericht enthält eine nach UNO-Angaben auf den neuesten Stand gebrachte Liste von ausländischen Firmen, »die Südafrika unterstützen«. Damit sind allerdings nicht nur solche Firmen gemeint, die mit eigenen Niederlassungen in Südafrika arbeiten. Diese Liste enthält 467 Namen deutscher Firmen. Die immer noch grundlegende Studie von Wolff Geissler und Gottfried Wellner »DM-Investitionen in Südafrika« (1983) identifiziert 362 deutsche Unternehmen mit zahlreichen Beteiligungen in Südafrika. Die Zahl der deutschen Unternehmen, die im Südafrika-Handel tätig sind, wird auf über 7 000 geschätzt, davon über 5 000 mit Repräsentanten in Südafrika. An der Berichterstattung über die Einhaltung des EG-Kodex beteiligen sich 47 Unternehmen. Die größten deutschen Unternehmen in Südafrika sind (Stand 1985):

Firma	Kapital	Beschäftigte	Deutscher Anteil %
Siemens	370 Mio. Rand	6500	52
Volkswagen	300 Mio. Rand	6000	100
Hoechst	200 Mio. Rand	1335	100
Mercedes-Benz	713 Mio. Rand	5400	50,1
BMW	250 Mio. Rand	2500	100
Bosch	25 Mio. Rand	1000	66
Steinmüller	70 Mio. Rand	3000	51
ZF Friedrichshafen	75 Mio. Rand (83)	395	26
Bayer	unbekannt	1671	74
AEG Telefunken	unbekannt	446	100
MAN	100 Mio. Rand	1700	100
CONCOR	unbekannt	11200	39,2
Hochtief			27,2
Swiss Holding			12
Mannesmann	9,5 Mio. Rand	716	100
Krupp	6,0 Mio. Rand	100	100
Bewit GmbH	unbekannt	330	40
Allianz	218 Mio. Rand	–	100

Bei der Entwicklung der deutschen Direktinvestitionen zeigt sich ein auffälliger Trend: Von 1965 bis 1975 haben sich die Investitionen verachtfacht und sind damit schneller gewachsen als die Investitionen anderer Industriestaaten in Südafrika. Die Wachstumsrate liegt ebenfalls über der durchschnittlichen Wachstumsrate aller deutschen Auslandsinvestitionen. Dasselbe Bild zeigt sich von 1978–1982:

ein Anstieg der Direktinvestitionen in Südafrika um 160,6 % gegenüber dem Anstieg aller Auslandsinvestitionen um 109,6 %.

Die Zahl der Beschäftigten in deutschen Unternehmen nach der Bundesbank-Statistik hatte ihren Höchststand 1982 und 1984 mit 51 000. Mitte 1986 war die Wirtschaftskrise in Südafrika voll auf die Arbeitsplätze in deutschen Unternehmen durchgeschlagen. Sie beschäftigten nur noch 40 000 Arbeitnehmer, davon etwa 60 % Schwarze. Wieviel Arbeitsplätze die deutschen Investitionen in Südafrika tatsächlich geschaffen haben, ist schwer abzuschätzen. Es liegt auf der Hand, daß man sie nicht – wie es in der Bundesrepublik gelegentlich geschieht – als eine Art Entwicklungshilfe für die Schwarzen Südafrikas betrachten kann. Bei 30 % schwarzer Arbeitslosigkeit (in den Homelands über 50 %), wobei ohnehin nur ein Drittel der schwarzen Bevölkerung als erwerbsfähig eingestuft wird, sind 24 000 Arbeitsplätze nicht viel, auch dann nicht, wenn man noch die indirekt geschaffenen Arbeitsplätze in den Zulieferbetrieben einrechnet. Desmond Tutu befaßte sich 1981 mit den ausländischen Investitionen und ihrer angeblich wohltätigen Wirkung für die Schwarzen. Er sagte: »Jene, die in Südafrika investieren, sollten dies bitte mit offenen Augen tun. Sie dürfen sich nicht mit der Annahme täuschen, sie täten damit etwas zum Wohle der Schwarzen. Zumindest diesen Humbug sollten wir jetzt loswerden. Diese Leute stützen eines der bösartigsten Systeme seit dem Nationalsozialismus. Sie sollten wenigstens wissen, was sie tun. So sehen Schwarze das.«

Möglich ist sogar eine negative Auswirkung der deutschen Investitionen auf den südafrikanischen Arbeitsmarkt. Die deutschen Investitionen konzentrieren sich auf die Automobilindustrie (25,9 %), die Elektrotechnik (22,9 %), die chemische Industrie (17 %) und den Maschinenbau. Mit diesen Investitionen kamen moderne, arbeitssparende Technolo-

gien nach Südafrika. Es ist anzunehmen, daß die ausländischen Investitionen (bei US-amerikanischen konnte es in Einzelfällen nachgewiesen werden) zu einer verschärften strukturellen Arbeitslosigkeit in Südafrika beigetragen haben. Hierfür eine bemerkenswerte Kennziffer: Wenn man die Entwicklung der deutschen Direktinvestitionen und der dadurch geschaffenen Arbeitsplätze indexiert (1977 = 100), so steigen die Direktinvestitionen bis 1984 auf einen Index von 387, die Arbeitsplätze lediglich auf 145,7. Noch deutlicher das Bild von 1982 bis 1984: Der Investitionsindex stieg in dieser Zeit um 102,8 Punkte, die Zahl der Arbeitsplätze blieb jedoch gleich. Mit anderen Worten: Seit Jahren nimmt die deutsche Wirtschaft in Südafrika nur noch Rationalisierungsinvestitionen vor. Der arbeitsplatzvernichtende Effekt ist so augenfällig, daß sich das Standardargument gegen Investitionsabzug – der Verlust schwarzer Arbeitsplätze – als die Heuchelei enthüllt, die es auch ist.
Der Wirtschaftswissenschaftler Steve Gelb von der Johannesburger Witwatersrand-Universität gibt den Anteil der in allen ausländischen Unternehmen in Südafrika direkt Beschäftigten mit 2–3 % an. Den Arbeitsmarkteffekt schätzt er für die schwarze Bevölkerung in Südafrika insgesamt negativ ein. Der mit den ausländischen Investitionen verbundene Technologietransfer hat nach Gelbs Berechnungen die schwarze Arbeitslosigkeit vergrößert.
Die Erhaltung von schwarzen Arbeitsplätzen war jedenfalls nicht das Motiv für den Aufbruch der deutschen Wirtschaft nach Südafrika. Der Boom setzte vielmehr ein, als sich die überdurchschnittliche Rendite südafrikanischer Investitionen herumgesprochen hatte. Die Kapitalverzinsung ausländischer Investitionen in Südafrika lag in der Mitte der siebziger Jahre zwischen 10,3 und 20,6 %. Und man darf nicht verschweigen, daß die für die Kapitalverwertung so besonders günstigen »Rahmenbedingungen« des Südafrika-

Geschäfts die deutschen Unternehmen angezogen haben wie der Honig die Fliegen. In Südafrika war der Unternehmer noch absoluter Herr im Haus und brauchte weder Löhne noch Sozialleistungen als besonders auffälligen Kostenfaktor zu befürchten. Wäre es anders gewesen, hätte man der Wirtschaft 1977 keinen Verhaltenskodex aufzwingen müssen.
Aus der zweiten Hälfte der sechziger und der ersten Hälfte der siebziger Jahre liegen Äußerungen von Repräsentanten der deutschen Wirtschaft über die Gründe ihres Engagements in überwältigender Fülle vor. Der Tenor ist Begeisterung über die phantastischen Gewinnchancen in Südafrika und eine geradezu hymnische Zustimmung zu den geltenden ökonomischen und gesellschaftlichen Bedingungen. Man sieht die glänzenden Augen förmlich vor sich, und der Schluß ist zulässig, daß die deutschen Manager auch deshalb so gerne nach Südafrika gegangen sind, weil sie dort eine Wirtschafts- und Gesellschaftsordnung vorfanden, die ihrem Weltbild entsprach. Zwei Äußerungen aus dieser Zeit verdienen wegen ihrer Kaltschnäuzigkeit und ihrer ideologischen Borniertheit dem Schicksal des Vergessenwerdens entrissen zu werden. Die aufschlußreichste dieser Äußerungen stammt vom damaligen Vorstandsmitglied der Dresdner Bank, Helmut Haeusgen, der nach »Afrika-Post« 18, 1971 in Johannesburg verlauten ließ, daß, seit Gehälter und Löhne und auch andere Kosten wie z. B. die Sozialversicherung offensichtlich zu einer Maximalhöhe anstiegen, die deutsche Industrie mehr und mehr Ausschau nach geeigneten Ländern in Übersee halte. Ein weiterer Faktor, der die Kapitalanlagen nach Südafrika ziehen könnte, sei der, daß, während sozialistische Tendenzen in Europa gewisse Unruhe hervorgerufen hätten, Südafrika immer noch als ein dauerhafter Schutz für Kapital angesehen werde, das sichere und lohnende Anlagen garantiere. So viel auch zur ökono-

mischen Weitsicht von Dresdner-Bankiers. Einen womöglich noch tieferen Einblick in die Kriterien für Investitionsentscheidungen bietet eine Erklärung des langjährigen BDI-Spitzenmannes Professor Gustav Stein in Johannesburg 1973: Er schrieb der deutschen Wirtschaft in Südafrika die »besondere Aufgabe zu, im Zusammenwirken mit der deutschen Politik vorbildlich in der Auseinandersetzung mit den östlichen Ideologien auf sozialem und menschlichem Gebiet zu wirken«. Die Möglichkeit, ein Vorbild gegenüber der südafrikanischen Rassenpolitik zu entwickeln, kam dem BDI-Mann nicht in den Sinn. Es war ein wahrer Investitionsrausch in diesen Jahren. Um was es ging, hat keiner so schön beschrieben wie der (streng christliche) »Rheinische Merkur« 1971: Südafrika – »Goldgrube für Investoren«.

Das wars. Und es war eine Goldgrube unter anderem deshalb, weil man den schwarzen Arbeitern Hungerlöhne zahlen konnte, weil man sich nicht mit Gewerkschaften über bessere Arbeitsbedingungen herumschlagen mußte und weil es die den Profit so unangenehm belastenden »sozialistischen« Tendenzen à la Haeusgen eben nicht gab. Die deutschen Investoren wußten ganz genau, warum sie sich nicht in die Karten schauen lassen wollten und viele Jahre lang jede Auskunft über die von ihnen bezahlten Mindestlöhne verweigerten. Ein düsteres Kapitel der deutschen Wirtschaftsgeschichte tut sich hier auf – und wen wundert es wohl noch, daß sich darin die Namen einer Reihe von solchen Firmen finden, die schon in der Zeit des Nationalsozialismus mit Hilfe von Zwangsarbeitern schöne Gewinne erzielt hatten.

Die Deutschen haben an der Apartheid verdient. Und die sozialliberale Bundesregierung hat den Profit noch vergrößert, indem sie 1975 ein Abkommen zur Vermeidung der Doppelbesteuerung mit Südafrika abschloß – und das rückwirkend für zehn Jahre. Die Verhandlungen hatten sich so

lange hingezogen, weil es Probleme wegen der ursprünglich gewollten Einbeziehung Namibias gab.
Inzwischen sieht das Bild anders aus. Wo nichts mehr verdient wird, nützt auch das schöne Doppelbesteuerungs-(Vermeidungs-)Abkommen nichts mehr. Auch in den deutschen Firmen denkt man darüber nach, wie lange sich das Südafrika-Geschäft wohl noch lohnen wird. Bis Ende Juni 1986 hat noch kein Großer in Südafrika den Laden dichtgemacht – im Gegensatz zu US-amerikanischen und europäischen Firmen, die bereits in großer Zahl Südafrika verlassen haben, von Coca-Cola bis Apple. Nach einer Umfrage der FAZ vom Herbst '85 wollen die deutschen Unternehmen durchhalten. Das deutlichste, arroganteste, unpassendste und schädlichste Signal zugleich setzte das Kronjuwel der deutschen Industrie, Daimler-Benz, mit einer Kapitalerhöhung von 150 Mio. DM für die südafrikanische Tochter im Herbst 1985.
Nachdem die deutschen Unternehmen in der südafrikanischen Wirtschaft für besonders lauwarm gehalten wurden, was ihren politischen Standort angeht (den sie angeblich nicht haben), äußern sie sich jetzt deutlicher und erklären, daß die südafrikanische Wirtschaft ihren heutigen Stand ohne Abschaffung der Apartheid nicht halten könnte. Ach ja, und Daimler-Benz (Konzernumsatz 1985: 52,4 Mrd., Gewinn 1985: 1,6 Mrd. DM) hat im Frühjahr 1986 zur Verbesserung der sozialen Lage der schwarzen Arbeitnehmer 4 Mio. DM bereitgestellt. Es leuchtet kein guter Stern über Südafrika.
Investitionen in Südafrika müssen nicht in jedem Fall das Apartheid-System stützen. Von den reinen Zahlen her ist das deutsche Engagement nicht überwältigend – die Deutschen halten zwischen 10–15 % der ausländischen Direktinvestitionen in Südafrika. Aber sie sind in Bereichen tätig, die für das Überleben des Apartheid-Systems besonders wichtig sind. Das ist auch das Ergebnis der UNO-Studie von 1985.

Unter dem wachsenden Druck der Öffentlichkeit schlugen vier Spitzenverbände der deutschen Wirtschaft (BDI, DIHT, BGA und Bankenverband) in einer gemeinsamen Erklärung vom 25.6.1986 plötzlich ganz neue Töne an. Zwar lehnen sie Sanktionen und den Rückzug privaten Auslandskapitals weiterhin ab, aber sie sagen auch: »Ziel aller Bemühungen muß die Überwindung der Apartheid sein«. »Soziale Zukunftsinvestitionen« in Bildung und Ausbildung, Qualifizierung und soziale Sicherheit sollen jetzt geleistet werden – jetzt, wo sich kaum noch jemand dafür interessiert. Jetzt rächt es sich, daß man in den sechziger und siebziger Jahren, als soziale Zukunftsinvestitionen noch angebrachter waren als heute, lieber hohe Gewinne nach Hause gebracht hat. Fraglich ist auch, ob die Kurskorrektur des deutschen Managements noch ausreicht, um die deutschen Betriebe davor zu bewahren, Angriffsobjekte für den bewaffneten Widerstand in Südafrika zu werden. Deutliche Warnungen vor allem an die Unternehmen, denen eine Zusammenarbeit mit der südafrikanischen Rüstungs- und/oder Atomindustrie vorgeworfen wird, hat der ANC mehrfach publiziert. Und die United Democratic Front erklärte am 2.8.1985 in einem Memorandum direkt an die Adresse der ausländischen Investoren: »Nachweislich unterstützt Ihre kontinuierliche Teilnahme an der südafrikanischen Wirtschaft die Apartheid und ermutigt die kriegerische und gewalttätige Politik der Botha-Regierung. Sind Sie weiterhin gewillt, ein Parteigänger des Völkermordes zu sein?«
Der Verlust der deutschen Investitionen in Südafrika entspräche (1984) einem Verlust von 1,4 % aller deutschen Auslandsinvestitionen.
Neben den Direktinvestitionen in Südafrika und dem Kapitaltransfer sind die Handelsbeziehungen zwischen Südafrika und der Bundesrepublik ein weiterer entscheidender Hinweis auf die Dichte der ökonomischen Verflechtung.

Gesamtwirtschaftlich ist für Südafrika der Handel mit der Bundesrepublik sogar wichtiger als die Direktinvestitionen (obwohl der damit erreichte Umsatz wertmäßig die Ein- und Ausfuhren übersteigt).

Die Analyse der Handelsbeziehungen zwischen der Bundesrepublik und Südafrika führt zu teils überraschenden Erkenntnissen:

1. Die Bundesrepublik ist für Südafrika regelmäßig der wichtigste oder zweitwichtigste Handelspartner. 20,5 % der südafrikanischen Einfuhren kamen 1982 aus der Bundesrepublik, 10,8 % der südafrikanischen Ausfuhren gingen in die Bundesrepublik. Damit stand die Bundesrepublik beim südafrikanischen Import an erster Stelle, beim Export an vierter Stelle.
2. Für die Bundesrepublik ist Südafrika als Handelspartner von geringer Bedeutung, solange nur das Volumen des Handels betrachtet wird. Die Ausfuhren nach Südafrika machten 1985 nur 0,87 % des gesamten Exports aus, die Einfuhren aus Südafrika betrugen 0,68 % der Gesamteinfuhr. Im Handel mit den Auslands-Handelskammer-Ländern liegt Südafrika beim deutschen Export an 17. Stelle, hinter Saudi-Arabien, vor dem Iran, beim Import liegt es an 19. Stelle, hinter Griechenland, vor Irland.
3. Südafrika ist keineswegs der wichtigste Handelspartner der Bundesrepublik in Afrika. Insgesamt ist die handelspolitische Bedeutung der OAU-Staaten für Bonn um ein vielfaches höher als die Südafrikas, aber auch einzelne Länder sind wichtiger. Das Volumen des deutschen Außenhandels mit Nigeria lag 1985 über dem Volumen des Südafrika-Handels, dicht hinter dem Südafrika-Volumen folgen bereits Libyen und Ägypten. Es ist zu erkennen, daß Südafrika in absehbarer Zeit als deutscher Handelspartner in Afrika erst an vierter Stelle stehen wird.

4. Der Handel zwischen der Bundesrepublik und Südafrika befindet sich in einer rasanten Talfahrt. Der Export aus der Bundesrepublik ging von 1984 bis 1985 von 6,649 Mrd. DM um 24,82 % auf 4,999 Mrd. DM zurück. Der Import stieg im selben Zeitraum geringfügig von 2,973 Mrd. um 6,39 % auf 3,163 Mrd. DM (bei einer Gesamtausfuhr 1985 von 537 Mrd. DM und einer Gesamteinfuhr von 463 Mrd. DM).

Die Talfahrt bei den Ausfuhren nach Südafrika setzte sich 1986 im ersten Jahresdrittel beschleunigt fort. In den ersten vier Monaten des Jahres 1986 sind die deutschen Ausfuhren nach Südafrika im Vergleich zum Vorjahr von 1,9 Mrd. DM auf 1,4 Mrd. DM zurückgegangen. Die Einfuhr stieg leicht von 0,99 Mrd. DM auf 1,26 Mrd. DM. Schwere Rückgänge zeigte im selben Zeitraum der Afrika-Handel insgesamt. Die deutschen Einfuhren aus Afrika sanken von 10,5 Mrd. DM auf 6,9 Mrd. DM, die Ausfuhren nach Afrika von 6,9 Mrd. DM auf 5,7 Mrd. DM. In diesen Zahlen drücken sich jedoch lediglich der Verfall der Ölpreise und der gesunkene Dollarkurs aus. Das Handelsvolumen blieb gleich, so daß sich an den langfristigen Entwicklungstrends nichts ändert.

Die reinen Zahlen zeigen zunächst einmal, daß das Gewicht der Handelsbeziehungen zwischen der Bundesrepublik und Südafrika sehr ungleichmäßig ist und daß eine Abhängigkeit nur auf südafrikanischer Seite angenommen werden kann. Die Struktur der Handelsbeziehungen macht das noch deutlicher, zugleich zeigt aber die Struktur, daß der Handel in beiden Richtungen ebenfalls maßgeblich zur Stabilisierung der Apartheid-Strukturen beiträgt.

Die Ausfuhr der Bundesrepublik besteht nach Südafrika zu 83,9 % aus Fertigprodukten (1984). Darin enthalten sind Kraftfahrzeuge (einschließlich Nutzfahrzeuge – wie die berühmten Unimogs) mit 30,3 %, elektrotechnische Erzeugnisse mit 13 % und Maschinen und Motoren mit

11,2 %. Umgekehrt lieferte Südafrika 1984 zu 12,5 % Agrarprodukte, zu 33,4 % Rohstoffe, zu 31,4 % Halbwaren (im wesentlichen aufbereitete mineralische Rohstoffe) und zu 12,5 % Enderzeugnisse (darunter allein mehr als 80 % Goldmünzen). Im Prinzip liefert die Bundesrepublik also Technologie und bezieht Rohstoffe in unterschiedlichen Verarbeitungsstufen.

Die Kritik an dieser Struktur der Handelsbeziehungen aus dem südafrikanischen Widerstand und der weltweiten Anti-Apartheid-Bewegung weist mit Recht darauf hin, daß die Lieferungen aus der Bundesrepublik die Schlüsselsektoren der »totalen Strategie« entwickeln (Energie, Transport, Kommunikation, Anlagenbau), während der Rohstoffbezug in ökonomisch unsinniger Weise Lieferabhängigkeiten schafft und das weiße Regime mit den Exporterlösen versorgt, die es zur Finanzierung des Unterdrückungsapparates braucht.

Mit einer Reihe von Gesetzen hat die südafrikanische Regierung sichergestellt, daß die Industrie – ob im südafrikanischen oder im ausländischen Besitz – bei Bedarf jederzeit den Bedingungen einer Kriegswirtschaft unterworfen werden kann.

Von dieser Möglichkeit wird schon jetzt Gebrauch gemacht. Nach dem National Key Points Act, der Betriebe zur Zusammenarbeit mit den Sicherheitskräften zwingen kann, sind von 1980 bis 1985 allein 337 nichtmilitärische Produktionsstätten zu National Key Points erklärt worden.

Gravierender noch ist ein Gesetz, das die Unternehmen verpflichtet, auf entsprechende Anforderung die südafrikanischen Sicherheitskräfte zu beliefern. Protest aus der deutschen Wirtschaft gegen die Einbeziehung in ein Kriegswirtschafts-System ist nicht bekannt.

Von »schlaflosen Nächten« sprach 1986 in einem Spiegel-Interview der südafrikanische Siemens-Chef. Aber genau die

hatten die deutschen Unternehmen zwei Jahrzehnte lang nicht. Sie haben von Anfang an den breiten und bequemen Weg der Kooperation und der Anpassung bevorzugt. Nicht die Menschen waren ihnen wichtig, sondern die Märkte.
In der südafrikanischen »totalen Strategie« haben die Wirtschaftsbeziehungen mit dem Westen und besonders die südafrikanischen Ausfuhren eine zentrale Bedeutung. Der frühere Ministerpräsident Vorster drückte es sehr plastisch so aus:
»Jeder Kauf eines südafrikanischen Produktes ist ein neuer Baustein für die Mauer unseres Fortbestehens.«
Die »Mauer unseres Fortbestehens« – eine wirklich treffende Bezeichnung für die Funktion der Apartheid in den Augen der Weißen. Diese Mauer schützt ihre Privilegien. Und wer daran mitbaut, der baut auch mit an der Apartheid.

7. EG-Verhaltenskodex
Eine unwirksame Waffe

Am 20. September 1977 verabschiedeten die Außenminister der EG im Rahmen der Europäischen Politischen Zusammenarbeit (EPZ) einen Verhaltenskodex für Unternehmen mit Hauptsitz in der EG, die Tochtergesellschaften, Zweigniederlassungen oder Vertretungen in Südafrika unterhalten. Dieser Kodex ist das Glanz- und Paradestück der bisherigen Aktivitäten der EG und der Bundesrepublik in der Südafrika-Politik. Nach neunjähriger Erfahrung mit dem Kodex besteht zum Stolz kein Anlaß mehr. Er ist praktisch nichts mehr wert: Die Zeit ist darüber hinweggegangen.

Der EG-Kodex war von Anfang an von schweren Zweifeln begleitet. Angekündigt wurde er vom damaligen belgischen Außenminister Simonet für die EG auf der Welt-Anti-Apartheids-Konferenz in Lagos, als der internationale Druck auf die hauptsächlichen Wirtschaftspartner Südafrikas so stark geworden war, daß die bisherige Haltung, die Außenwirtschaftsbeziehungen dürften nicht mit politischen Zielvorstellungen befrachtet werden, nicht mehr zu halten war. Es war eindeutig eine defensive Maßnahme, darauf gerichtet, Druck abzulenken und echte Sanktionen zu verhindern. Ziel des Kodex ist es, »durch die Verbesserung der Arbeits- und Lebensbedingungen der schwarzafrikanischen Arbeitnehmer in den Betrieben europäischer Tochtergesellschaften in Südafrika zum Abbau der Rassendiskriminierung beizutragen«. Dies war eine bescheidene Zielsetzung angesichts der 1977 schon in vollem Gang befindlichen Modifizierungen des Apartheid-Systems in der Arbeitswelt. Abbau

der Rassendiskriminierung in den Betrieben widersprach als Absicht absolut nicht den Zielsetzungen der »totalen Strategie« zur dauerhaften Sicherung der Apartheid.
Die südafrikanische Industrie hatte im Jahr des Kodex längst erkannt, daß mit dem bisherigen System der Facharbeitermangel nicht behoben werden konnte. Und die weiße Regierung plante, durch soziale Besserstellung bestimmter Gruppen von Schwarzen eine meinungsführende schwarze Schicht auf ihre Seite zu ziehen. Sie hatte deshalb gegen den EG-Kodex nichts einzuwenden. Die betroffenen Arbeitnehmer und ihre Gewerkschaften in Südafrika waren von der EG überhaupt nicht, die europäischen Gewerkschaften nicht ausreichend beteiligt worden. Der Abbau der Rassendiskriminierung stört im Konzept der »Großen Apartheid« nicht sonderlich, weil durch Ausbürgerung der Schwarzen das Problem ohnehin weggezaubert werden sollte. Die Abschaffung der sogenannten »petty Apartheid« folgt genau dieser Strategie.
Der EG-Kodex war kein Geniestreich der europäischen Außenminister, keine eigene Erfindung, sondern er stützte sich auf den britischen Code of Practice von 1974 und auf die Sullivan-Prinzipien der amerikanischen Industrie von Anfang 1977. Schon 1978 kam es dann auch zu einem Code of Employment Practice der südafrikanischen Unternehmer selber.
Während die Sullivan-Prinzipien sehr deutlich die Notwendigkeit der Überwindung der Apartheid als System ansprechen, beschränkt sich der EG-Kodex wirklich auf den engsten möglichen Rahmen. Sein Vorteil liegt in der Präzisierung von zwei Punkten: Der Kodex fordert von den Unternehmensleitungen eine Anerkennung schwarzer Gewerkschaften und die Anhebung der Mindestlöhne um mindestens 50 % über das Existenzminimum einer vierköpfigen Familie. Außerdem verlangt er die Verbesserung der

Lage der Wanderarbeiter, Lohngleichheit zwischen Schwarz und Weiß, gleiche Aufstiegsmöglichkeiten, Aus- und Weiterbildung und zusätzliche Sozialleistungen und den Abbau von Rassenschranken im Betrieb.

Die schwarzen Gewerkschaften lehnten den Kodex einmütig ab. Für sie war er nur das Mäntelchen, das die Europäer in den aktuellen Wind hingen. Sie vermuteten zu Recht, daß die EG sich auf den Kodex berufen würde, um sich echten Beiträgen zur Überwindung der Apartheid zu entziehen. Gleichwohl ging die deutsche Wirtschaft zuerst einmal auf die Barrikaden. Unmittelbar nach seiner Verabschiedung bezeichnete der BDI den Kodex als »überflüssig und schädlich«. Es bedurfte eingehender Seelenmassage von politischer Seite, ehe der BDI und die deutschen Unternehmen sich dazu bequemten, der Sache doch noch näherzutreten. Es besteht kein Zweifel, daß die damalige Bundesregierung der Industrie den Kodex mit dem Versprechen schmackhaft gemacht hat, auf diese Weise könnten Sanktionen vermieden werden.

Die Unternehmen setzten jedoch eine fatale Aufweichung der im Kodex festgeschriebenen Berichtspflicht durch. Die Firmenberichte über die Einhaltung des Kodex gehen seitdem an die Bundesregierung, die daraus eine anonyme Zusammenfassung kompiliert und diese Zusammenfassung dem Parlament zuleitet. Kontrolle ist so nicht möglich. Es wird lediglich mitgeteilt, welche Firmen überhaupt berichtet hatten.

Das waren von Anfang an wenig genug. Dem ersten Bericht lagen 46 Einzelberichte zugrunde, beim bisher letzten Bericht vom 25.6.1985 waren es glücklich 47 geworden.

Diese 47 berichtenden Unternehmen beschäftigten 38 100 Arbeitskräfte, darunter 19 400 Schwarze, also 51 %. Damit erfaßte er 80 % der in deutschen Unternehmen in Südafrika beschäftigten Arbeitnehmer.

Der unaufhebbare Mangel der »Zusammenfassung« ergibt sich aus der einseitigen Übernahme der Berichte der Firmenleitungen. Kein Betriebsrat, keine Gewerkschaft, keine Bürgerrechtsorganisation kann diese Berichte aus ihrer Sicht kommentieren. Und Abgeordnete können nicht kontrollieren, weil ihnen akkumulierte Zahlen serviert werden, die sie in keinem einzigen Fall einer bestimmten Firma zuordnen können. Die Analyse der Berichte zeigt, daß vor allem in den ersten Jahren die verlangten Fortschritte nur sehr, sehr schleppend angestrebt wurden und daß die deutschen Unternehmen sogar hinter dem inzwischen erreichten Standard der südafrikanischen Industrie zurückblieben. Keine Bundesregierung hat eine gründliche eigene Untersuchung über den tatsächlichen Umgang mit dem Kodex für nötig gehalten. Solche Untersuchungen – einschließlich der Befragung von 300 schwarzen Arbeitern aus fünf großen Unternehmen – wurden jedoch von privater (evangelischer) Seite angestellt. Das Ergebnis war, daß die Betroffenen den Kodex nicht als brauchbares Instrument zur Verbesserung ihrer Lage ansahen – und daß er weitgehend unbeachtet blieb.
Nach dem Bericht von 1985 besteht in 24 Unternehmen eine Zusammenarbeit mit schwarzen Gewerkschaften, jedoch nur in 6 Fällen in Form schriftlicher Vereinbarungen. In 11 Unternehmen gab es ganz oder teilweise freigestellte Arbeitnehmervertreter. Das Wanderarbeiter-Problem lösten einige Firmen durch Nicht-Weiterbeschäftigung. Insgesamt beschäftigten die berichtenden Unternehmen 1 060 Wanderarbeiter, davon 90 % in nur vier Unternehmen.
Bei den Löhnen waren es 1985 immer noch 13 Unternehmen, die der Mindestlohn-Empfehlung des Kodex nicht entsprochen hatten.
Die deutschen Unternehmen bildeten 1985 etwa 350 Lehrlinge aus. Der Aufstieg von Schwarzen in höherwertige

Positionen wird zwar von 28 Unternehmen behauptet – es gibt dazu jedoch keine Zahlen.
Nicht einmal die kleine Apartheid ist in allen Fällen abgeschafft. Toiletten und Umkleideräume sind in der Regel immer noch nach Rassen getrennt, Kantinen, Ausbildungs- und Freizeiteinrichtungen sehr häufig.
Vertreter der schwarzen Gewerkschaften in Südafrika vertreten die Auffassung, daß die deutschen Unternehmen den Kodex dann einhalten, wenn es ihren eigenen betriebswirtschaftlichen Notwendigkeiten entspricht. Eine Vorreiterrolle der deutschen Unternehmen bei der Überwindung der Apartheid wenigstens am Arbeitsplatz will niemand erkennen. Vielmehr wird gerade den deutschen Unternehmen auch von der weißen Opposition vorgeworfen, daß ihr Interesse an den Lebensbedingungen ihrer schwarzen Mitarbeiter sich auf die Zustände in den Fabriken beschränkt. Was außerhalb der Werkstore geschehe, kümmere sie nicht.
In den Gesprächen, die der SPD-Vorsitzende Willy Brandt im April 1986 mit allen wichtigen Oppositionsgruppen einschließlich Gewerkschaften und Kirchen in Südafrika geführt hat, wurde der Verhaltenskodex nicht ein einziges Mal erwähnt. Bemühungen um eine Weiterentwicklung im Sinne einer Verschärfung werden demnach bei den Betroffenen keinen Eindruck mehr machen. Auch wenn das letzte Klo im Betrieb rassisch integriert ist, bleibt der schwarze Arbeiter rechtlos und ausgestoßen. Die Aktionsgemeinschaft Westeuropäischer Parlamentarier gegen Apartheid zieht das Fazit, daß Verhaltensregeln nach Art des EG-Kodex als Waffe gegen die Apartheid untauglich sind. Eher stabilisieren sie den bestehenden Unrechtsstatus.
In den Jahren des EG-Kodex hat es einen Fall schwerster Verstöße gegen die Prinzipien gegeben, der internationales Aufsehen erregt hat und auch von der Bundesregierung scharf verurteilt wurde. Betroffener war ein deutsches

Unternehmen, die Vanadium-Schmelze Transvaal-Alloys, eine Tochter der Norddeutschen Affinerie in Hamburg. Diese Firma hatte sich eine unliebsame Gewerkschaft dadurch vom Halse geschafft, daß sie die gesamte schwarze Belegschaft entlassen hatte. Es stellte sich dann heraus, daß Transvaal-Alloys unter Ausnutzung des Systems der Wanderarbeit Löhne gezahlt hatte, die sogar noch unter dem Existenzminimum lagen – 1983! Im Sommer 1986 war der Streit mit Transvaal-Alloys immer noch nicht endgültig bereinigt. Sicher ist, daß dieser eine Fall unter den Schwarzen Südafrikas mehr Schaden angerichtet hat, als der EG-Kodex insgesamt vielleicht Nutzen gestiftet hat.
In weiten Teilen war der Kodex ohnehin schon bald von der neuen südafrikanischen Arbeitsgesetzgebung überholt worden. Die Zulassung schwarzer Gewerkschaften unter der Bedingung ihrer Registrierung, so daß man sie kontrollieren konnte, und der Abbau der Job-Reservation folgten den »Reformvorstellungen« der südafrikanischen Wirtschaft. Sie sind Ausdruck des interessanten Zweckbündnisses zwischen der konservativen Nationalen Partei, die eher eine Kleine-Leute-Partei ist, und der englisch-sprachigen, liberaler eingestellten Industrie. Man muß sehr genau auf die Motive dieser »Reformen« achten. Es ging nicht um Gleichberechtigung, sondern um die Abschaffung von Bestimmungen, die für die Entwicklung moderner Produktionsmethoden hinderlich waren. »Unnötige« Diskriminierungen nannte sie ein Sprecher der südafrikanischen Wirtschaft. Demnach gibt es auch »nötige« Diskriminierungen. Über die schweigen sich allerdings auch die südafrikanischen Liberalen aus.
Prinzipiell läßt sich sagen, daß die tonangebende Schicht der südafrikanischen Wirtschaft stärker an der Aufrechterhaltung einer extrem liberalen Marktwirtschaft interessiert ist als an der Bewahrung der Apartheid. Der südafrikanische »Reformflügel« gerät aber mit sich selber in Widerspruch,

wenn es um die Frage der Gleichberechtigung geht. Eine schwarze Mehrheitsregierung verbindet ein Mann wie Oppenheimer, der langjährige Chef von Anglo-American, mit einer anderen Wirtschaftsordnung. Das darf natürlich nicht sein. Und darum geht auch von den südafrikanischen Liberalen keine realistische Hoffnung aus. Ihre politische Vertretung, die oppositionelle weiße PFP im Kapstädter Parlament, sucht denn auch Lösungen, die den Weißen praktisch ein Veto-Recht in allen wichtigen Fragen einräumen.

Der Versuch mit den Verhaltenskodizes paßte in die von Botha teilweise aufgenommene Veränderungsstrategie. Die Schwarzen und ihre Gewerkschaften haben diese Strategie jedoch durchschaut. Mit einem Verhaltenskodex lassen sie sich nicht mehr abspeisen.

8. Ein deutsches Schießgewehr
Die Bundesrepublik und das Rüstungsembargo

Der Lauf war gut gezogen,
der Schuß war gut erwogen:
ein deutsches Schießgewehr.

Dieses Lied von Ernst Busch stammt aus dem Spanischen Bürgerkrieg; es kommt einem in den Sinn, wenn Opfer des Krieges in Namibia berichten, daß die dort operierenden Truppen der sogenannten National Home Guard mit dem deutschen G 3-Gewehr ausgerüstet sind; wenn man die Unimogs der deutschen Renommierfirma Daimler-Benz sieht, die von den südafrikanischen Sicherheitskräften in den Townships eingesetzt werden, wenn man die LKWs der südafrikanischen Armee sieht – Fahrzeuge von Magirus-Deutz, wie sie auch in der Bundeswehr verwendet werden, und wenn man Bilder vom Einsatz von Hubschraubern der Firma MBB gegen Demonstranten sieht. Deutsche Waffen in Südafrika und Namibia? Wie ist das möglich?
Der südafrikanische Militär- und Polizeiapparat ist eine der wichtigsten Säulen der Apartheid. Die weiße Minderheit verläßt sich nicht auf die politische, ökonomische und soziale Unterdrückung allein. Sie hält auch ein Gewaltpotential bereit, mit dem sie jeden Widerstand ersticken kann, und sie setzt dieses Potential ein. Zu diesem Zweck braucht das Land Waffen und Fahrzeuge, die es immer noch nur zu einem geringen Teil selber herstellen kann. Daß Südafrika in der Rüstungsproduktion bereits unabhängig von Lieferungen aus dem Ausland sei, ist eine von der südafrikanischen Regierung verbreitete Legende. Die südafrikanische Regierung mußte noch 1984 von den 1,62 Mrd.

Rand, die für Rüstungsgüter zur Verfügung standen, über 900 Mio. Rand im Ausland ausgeben.
Die Ausgaben für Militär und Polizei sind in Südafrika in den letzten Jahren sprunghaft angestiegen. Die Militärausgaben allein belaufen sich jetzt auf 4,8 Mrd. Rand. Wenn es für nötig gehalten werden sollte, könnten bis zu 613 000 Männer in den Sicherheitskräften eingesetzt werden. Nach den Recherchen des UN-Special Committee Against Apartheid ist Südafrika wegen der steigenden technologischen Ansprüche im Rüstungsbereich heute in Schlüsselsektoren durch Embargomaßnahmen verwundbarer als früher.
Die offiziellen Einfuhrstatistiken der Republik Südafrika geben einen interessanten Anhaltspunkt für die Bedeutung der Lieferungen aus dem Ausland: Ein Viertel der gesamten südafrikanischen Einfuhren wird in den Statistiken nicht näher spezifiziert, sondern als »Unallocated« bezeichnet. Nach der 1985 von der UNCTAD veröffentlichten internationalen Handelsstatistik hat sich dieser Anteil nicht näher bestimmter Einfuhren nach Südafrika wie folgt entwickelt:

1975	1,23 %
1979	0,46 %
1980	29,92 %
1981	25,26 %
1982	23,83 %

Während es also 1979 noch möglich war, nahezu die gesamte Einfuhr in die international üblichen Warengruppen einzuordnen, war das 1980 plötzlich bei fast 30 % nicht mehr möglich. Was war geschehen? Am 4. November 1977 hatte der Sicherheitsrat der Vereinten Nationen ein bindendes Rüstungsembargo gegen Südafrika verhängt. Die Jahre 1978 und 1979 sind als Übergangsphase zu werten, bis das Embargo in den einzelnen Staaten umgesetzt war – und bis sich Südafrika darauf eingestellt hatte. Die enorm große

»Grauzone« in den südafrikanischen Einfuhren kann nur den einen Zweck haben, das Ausmaß von Lieferungen zu verschleiern, die gegen Geist und Buchstaben des Embargos verstoßen.

Bei der Frage, wer sich in dieser »Grauzone« betätigt, geraten automatisch die wichtigsten Lieferanten Südafrikas ins Blickfeld. Die südafrikanischen Einfuhren kamen 1984 zu 59,4 % aus nur fünf Ländern: Bundesrepublik, USA, Großbritannien, Japan und Frankreich. Die Bundesrepublik war der größte Lieferant, mit einem Anteil von allein ca. 20 %, und dieser Anteil besteht wiederum zu 83,9 % aus Fertigwaren mit dem Schwerpunkt Kraftfahrzeuge, elektronische Erzeugnisse und Maschinen.

Sicher wäre es ungerecht, aus der Struktur der Handelsbeziehungen allein schon auf eine Hauptrolle bei der Versorgung Südafrikas mit strategisch wichtigen Gütern zu schließen. Wenn die Bundesrepublik seit vielen Jahren immer wieder beschuldigt wird, im großen Stil gegen das Rüstungsembargo zu verstoßen, so hat sie das vor allem ihrer Ausfuhrgenehmigungspraxis zu verdanken, die in erster Linie an der Förderung der exportierenden Wirtschaft und nicht an der Einhaltung völkerrechtlicher Verpflichtungen interessiert ist.

Der Embargo-Beschluß des Sicherheitsrates (Resolution 418), ein bindender Beschluß nach Kapitel VII der UN-Charta, erklärt, daß »alle Staaten ab sofort die Lieferung von Waffen und dazugehörigem Material aller Art nach Südafrika einzustellen haben, einschließlich des Verkaufs oder der Weitergabe von Waffen und Munition, von Militärfahrzeugen und -ausrüstungen, von paramilitärischer Polizeiausrüstung sowie von Ersatzteilen für die vorgenannten Gegenstände, und daß sie gleichermaßen die Bereitstellung aller Arten von Ausrüstungen und Materialien als auch die Gewährung von Lizenzvereinbarungen für die Herstellung

oder Wartung der vorgenannten Rüstungsgegenstände einzustellen haben«.
Die Resolution fordert weiterhin alle Staaten auf, »angesichts der Ziele dieser Resolution alle in bezug auf die Herstellung und Wartung von Waffen, von Munition aller Art und von militärischen Ausrüstungen und Fahrzeugen mit Südafrika bestehenden vertraglichen Vereinbarungen und Südafrika dafür gewährten Lizenzen im Hinblick auf deren Beendigung zu überprüfen«.
Schließlich verlangt der Sicherheitsrat noch, daß »sich alle Staaten jeglicher Zusammenarbeit mit Südafrika bei der Herstellung und Entwicklung von Kernwaffen zu enthalten haben«.
Die politische Zielsetzung dieses Beschlusses ist völlig klar: Südafrika soll keine Waffen bekommen, keine Waffentechnologie, keine Ausrüstung für eigene Waffenproduktion und auch keine entsprechenden technologischen Kenntnisse.
In der Bundesrepublik wird dieser Embargobeschluß auf der Grundlage von zwei Gesetzen exekutiert: dem Kriegswaffenkontrollgesetz und dem Außenwirtschaftsgesetz. Das Kriegswaffenkontrollgesetz von 1961 besagt, daß »zur Kriegsführung bestimmte Waffen nur mit Genehmigung der Bundesregierung hergestellt, befördert oder in Verkehr gebracht werden dürfen«. Für den Export von Kriegswaffen gibt es spezielle Richtlinien, die allerdings nicht verhindert haben und wohl auch nicht verhindern sollten, daß die Bundesrepublik zu einem wichtigen Waffenexporteur auch außerhalb des NATO-Bündnisses aufgestiegen ist.
Die Kriegswaffenliste nach dem Kriegswaffenkontrollgesetz umfaßt nur »harte« Rüstungsgüter. Sie schließt also Lieferungen an kriegsführende Streitkräfte nicht aus, solange es sich bei diesen Lieferungen nicht um Waffen handelt – Gegenstände, die zum Töten bestimmt sind. Daß eine Armee zum Töten noch eine ganze Reihe von Dingen

braucht, die für sich genommen keine Waffen darstellen, wird wegen der Abgrenzungsproblematik (Hosenknöpfe? Toilettenpapier?) außer acht gelassen. Rüstungsexportfragen sind weiterhin in der Außenwirtschaftsverordnung zum Außenwirtschaftsgesetz geregelt. Zu dieser Verordnung gehört eine »Ausfuhrliste«, und alle Waren, die in Teil I Abschnitten A, B und C der Ausfuhrliste aufgeführt sind, bedürfen für die Ausfuhr nach Südafrika einer Exportgenehmigung, für deren Erteilung das Bundesamt für gewerbliche Wirtschaft, eine nachgeordnete Behörde des Bundeswirtschaftsministeriums, zuständig ist. Der Abschnitt A enthält eine »Liste für Waffen, Munition und Rüstungsmaterial«, Abschnitt B ist die »Kernenergieliste« und Abschnitt C die »Liste für sonstige Waren von strategischer Bedeutung«. Die in diesen Listen enthaltenen Waren entsprechen im wesentlichen der sogenannten COCOM-Liste (Coordinating Committee on East West Trade Policy). Die COCOM-Liste verbietet es den NATO-Staaten und Japan, die in ihr enthaltenen Waren in Staaten des Warschauer Pakts zu exportieren. Nach Darstellung der Bundesregierung ist es das Ziel von COCOM, den militärisch relevanten Technologietransfers in den Warschauer Pakt zu unterbinden.

Genau das wollte der Sicherheitsrat auch gegenüber Südafrika erreichen. Nichtsdestoweniger erteilt die Bundesregierung Ausfuhrgenehmigungen für Waren der Abschnitte A, B und C des Teils I der Ausfuhrliste nach Südafrika: 1983 im Wert von 350 Mio. DM, 1984 im Wert von 242 Mio. DM und 1985 im Wert von 130 Mio. DM. Die Bundesregierung lehnt es kategorisch ab, nähere Auskunft über den Inhalt dieser Exportgenehmigungen zu geben. Sie sagt nicht einmal, ob und wie sich die genehmigten Ausfuhranträge auf die einzelnen Abschnitte der Ausfuhrliste verteilen. Lediglich einmal ließ sie sich zu der Mitteilung hinreißen, daß Ausfuhrgenehmigungen nach Abschnitt A (»Waffen, Munition und Rüstungsmaterial«) unter Beachtung des Südafrika-Embargos erfolgt seien. Als Begründung für die Geheimniskrämerei wird stereotyp darauf verwiesen, daß dann »Firmeninterna« offengelegt werden müßten.

Das Bundesamt für gewerbliche Wirtschaft legt nun den Embargo-Beschluß der Vereinten Nationen so aus, daß z. B. nur solche Fahrzeuge davon erfaßt sind, die speziell für militärische Zwecke konstruiert sind. Damit wird das Tor aufgemacht zur ungehinderten Lieferung sämtlicher Land- und Luftfahrzeuge, die nicht reine militärische Konstruktionen sind.

Noch nicht einmal Abänderungen, die deutlich auf eine geplante militärische Verwendung der Fahrzeuge hinweisen, spielen dann eine Rolle. Der Staatssekretär des Wirtschaftsministeriums, von Würzen, erklärte das 1982 so: »Geringfügige Abänderungen an handelsüblichen Fahrzeugen, wie zum Beispiel Sonderanstrich, große Dachluke, NATO-Anhängerkupplung, weißes Kreuz an der Hinterachse oder ähnliches bedingen keinerlei Eingriff in die Konstruktion und begründen damit kein Tatbestandsmerkmal für militärische Fahrzeuge...« Auf diese Weise werden tatsächlich aus den bei der Bundeswehr benutzten unbewaffneten Transportfahrzeugen (LKWs der Kategorie III), die auf zivilen Modellen beruhen, Fahrzeuge, die nach Südafrika geliefert werden dürfen – mit Tarnfarbe, weißem Heckkreuz für Kolonnenfahrten und Ausstiegsluken auf dem Dach (wo dann nur noch ein Maschinengewehr befestigt werden muß). Die Lieferung von kompletten Stücken oder Teilen nach Südafrika ist selbst dann nicht genehmigungspflichtig, wenn der Abnehmer die südafrikanische Armee ist – solange die Waren eben nicht ausschließlich zu militärischen Zwecken konstruiert sind. Die deutsche Handhabung des UN-Rüstungsembargos ist extrem legalistisch. Ein »Militärfahrzeug« ist ein speziell für das Militär konstruiertes Fahrzeug, ein Unimog oder ein Magirus-Deutz-LKW für die südafrikanische Armee aber ist ein ziviles Fahrzeug – egal, was in Südafrika damit geschieht. Allerdings läßt sich auch die Qualifizierung eines Fahrzeugs als »militärisch konstruiert« leicht umgehen. Die entsprechenden Konstruktionsmerkmale übernimmt das Bundesamt von der Bundeswehr, die aber im Ernstfall unter etwas anderen Bedingungen kämpfen müßte als die südafrikanische Bürgerkriegsarmee es tut. So sind Panzerauflieger beispielsweise dadurch definiert, daß der Auffahrwinkel 14 Grad beträgt und die Leitungen für den Temperaturbereich von −40 Grad bis +105 Grad ausgelegt sein müssen. In einem konkreten Fall wurde ein Ermittlungsverfahren gegen eine Firma eingestellt, die Panzertransporter in ein Kriegsgebiet verkauft hatte: Der Neigungswinkel betrug 18 Grad, und die Leitungen waren von 0–120 Grad ausgelegt: für Wüstenklima gut geeignet. Wurde der Panzertransporter zu einem zivilen Fahrzeug, weil die Bundeswehr ihn so nicht gebrauchen kann?

Die deutsche Praxis weigert sich, den Charakter zahlreicher Fahrzeuge und Geräte als »dual purpose«-Güter anzuerkennen, Güter also, die sowohl zivilen als auch militärischen Zwecken dienen können bzw. durch Umbau oder Zusammenbau im Empfängerland Südafrika zu Waffen werden.

Die Bundesregierung bleibt auch dann bei ihrer Auffassung, daß z. B. nur zivile, nicht genehmigungspflichtige Fahrzeuge nach Südafrika exportiert werden, wenn die militärische Verwendung dieser Geräte durch Augenschein an Ort und Stelle, ja sogar durch die ganz normale Fernsehberichterstattung bewiesen ist. Auf diese Weise konnten seit 1978 jährlich 1000 Militärlastwagen von Magirus-Deutz (Ulm) nach Südafrika gelangen – und die neue, nuklearfähige 155 mm G 5-Haubitze der südafrikanischen Armee kann auf einem Magirus-Deutz-Antrieb sitzen. Auf diese Weise konnte Daimler-Benz zwischen 1978 und 1984 etwa 6000

Unimogs nach Südafrika liefern – und umgebaut werden sie zum Raketenwerfer »Valkiri« und zum gepanzerten »Hippo«, mit dem die Sicherheitskräfte gegen Demonstranten vorgehen, oder zum leichten Truppentransporter »Samil«. Die Kampfwagen »Büffel« und »Casspir« beruhen im wesentlichen auf deutschen Fahrzeugteilen. 1985 noch erhielt die südafrikanische Polizei fünf Hubschrauber von MBB, die in der Zwischenzeit nachweislich gegen Demonstranten eingesetzt worden sind. Die Lieferung war nicht genehmigungspflichtig, weil es sich um zivile Hubschrauber handelt. Geliefert wurden vier Hubschrauber vom Typ B 105 (für den MBB mit dem Slogan »Der Militärhubschrauber B 105« wirbt) und ein Hubschrauber vom Typ BK 117 (der laut MBB-Hauszeitung »MBB-aktuell« von März 1980 »für militärische Zwecke konstruiert« ist). Seit 1981 sind insgesamt 18 Hubschrauber beider Typen nach Südafrika geliefert worden.

Ein besonders typischer dual-purpose-Fall ist auch das Schwertransportergeschäft der Firma Goldhofer Fahrzeugwerk in Memmingen. Obwohl die 47 im Herbst 84 und die 30 im Januar 1985 nach Südafrika exportierten Schwertransporter dieser Firma eine Reihe von Merkmalen der geplanten Verwendung als Panzertransporter aufwiesen, wurde von der Bundesregierung die Darstellung übernommen, es handele sich um zivile Baustellenfahrzeuge (mit Tarnanstrich).

Im Mai 1985 erklärte der Parlamentarische Staatssekretär im Bundeswirtschaftsministerium, Martin Grüner, in aller Offenheit: »Jedes handelsübliche Transportfahrzeug, angefangen von einfachen Transportkarren bis hin zum geländegängigen Baustellenfahrzeug, kann hinsichtlich der Transportaufgaben auch beim Militär eingesetzt werden. Die Verwendung einer Ware kann kein Kriterium für ihre Einstufung als ›militärisch‹ oder ›zivil‹ sein.« Alles klar?

Die Liste von bekanntgewordenen Lieferungen dieser oder

ähnlicher Art ist unübersehbar. Mal waren es Motorräder von BMW für die südafrikanische Armee, mal eine der modernsten Telefonzentralen der ganzen Welt – geliefert von Siemens für das Hauptquartier der südafrikanischen Streitkräfte, mal waren es Spezialmotoren aus unmagnetischem Metall für Raketenschnellboote der südafrikanischen Marine – geliefert von MTU in Friedrichshafen, mal waren es zwei Unterwasser-Forschungsschiffe, die in jeder Hinsicht Minensuchbooten zum Verwechseln ähnlich sind – geliefert von Abeling & Rasmussen in Lemwerder im Jahr 1980.

Alle diese Lieferungen waren nach deutschem Recht legal. Entweder waren sie genehmigt, oder – in den meisten Fällen – nach deutscher Praxis nicht genehmigungspflichtig. Genehmigungspflichtig wäre dagegen die Ausfuhr von hölzernen Revolvergriffen gewesen. Der Ausfuhrantrag wurde tatsächlich gestellt und wahrhaftig abgelehnt. Wenn ein Unternehmen ganz sichergehen will, läßt es sich für seinen Ausfuhrartikel eine »Negativbescheinigung« geben: Diese für die Firma sehr positive Bescheinigung besagt, daß die Ware überall hin frei verkäuflich ist. Deutsche Exporteure müssen also das Risiko des Rechtsbruchs nicht eingehen, die deutsche Embargopraxis behindert sie praktisch nicht.

Es sei denn, man ist wirklich eine Waffenfabrik, wie »Rheinmetall« in Düsseldorf. Der Fall Rheinmetall ist der erste und bisher einzige Fall eines Verstoßes gegen die Rüstungsexportbestimmungen im Zusammenhang mit Südafrika, der zu einem Strafverfahren und hohen Freiheitsstrafen für die verantwortlichen Manager führte. In der Sache ging es um die Lieferung einer Munitionsfüllanlage für das komplette NATO-Artilleriesystem FH 70, das Südafrika sich aus verschiedenen NATO-Ländern besorgen konnte und als eigene Rüstungsentwicklung ausgab.

Der Fall Rheinmetall ist lehrreich, weil der Prozeß deutlich macht, wie unzureichend die Vorkehrungen der Bundesrepublik gegen illegale Rüstungsexporte sind. Die Zeugenaussagen der betroffenen Beamten ließen sowohl das Bundesamt für gewerbliche Wirtschaft als auch das Auswärtige Amt als Behörden erscheinen, die sich gar nicht vorstellen können, daß es so etwas wie illegalen Rüstungsexport überhaupt geben könnte. Die Versorgung Südafrikas mit Rüstungsgütern unter deutscher Beteiligung erfolgt noch auf zwei anderen Wegen: zum einen über Rüstungskooperationen mit anderen Ländern, zum anderen über die Tätigkeit südafrikanischer Tochterunternehmen deutscher Firmen, also im Lande selbst.

Die gravierendsten Fälle auf dem Kooperationsumweg waren: die Lieferung von vier Maschinen des Typs Airbus, die zum Verwundetentransport geeignet sind und außerdem mit Einrichtungen versehen sind, die sie befähigen, Kampfflugzeuge in der Luft zu betanken. Die Lieferung erfolgte über Frankreich, ebenso die Lieferung von Panzerabwehrraketen des Typs »Milan«, eine Gemeinschaftsentwicklung von MBB und Aerospace.

In Portugal wird mit deutscher Lizenz und mit deutschen Maschinen das Infanteriegewehr G 3 produziert – gleich 150 000 Stück wurde 1978 nach Südafrika verkauft. So kam das deutsche Schießgewehr trotz Embargo in die Hände der Apartheids-Armee. Seit langer Zeit sind im Namibia-Krieg Transall-Flugzeuge im Einsatz, ebenfalls eine deutsch-französische Gemeinschaftsproduktion. Und mit Recht wird in der UNO die Frage gestellt, wer der südafrikanischen Luftwaffe die notwendigen Ersatzteile liefert.

Deutsche Rüstungsproduktion in Südafrika selbst ist ebenfalls in zahlreichen Fällen aufgedeckt worden. Siemens produziert in seinem südafrikanischen Werk Mikroelektronik für militärische Zwecke, die aus Deutschland nicht exportiert werden dürfte. Volkswagen hat – jedenfalls in seiner

Anfangszeit in Südafrika – in militärischen Fachzeitschriften ganz offen um Aufträge aus dem militärischen Sektor geworben. Und noch 1985 veröffentlichte der Haus-und-Hof-Publizist des Bonner Verteidigungsministeriums, der Mönch-Verlag, Anzeigen der südafrikanischen Rüstungsindustrie – obwohl Waffen aus Südafrika ebenfalls mit einem Embargo belegt sind.
Die Daimler-Benz AG ist an dem Motorenwerk »Atlantis Diesel Engine (Pty) Ltd.« mit 12,45 % beteiligt. Dieses Motorenwerk stellt Dieselmotoren im Bereich von 34 bis 441 kw her, Lizenzverträge bestehen seit 1981 mit Daimler-Benz. ADE hat in Südafrika ein Monopol für schwere und schwerste Motoren, das sogar gesetzlich abgesichert ist. Es steht fest, daß diese Motoren in südafrikanische Militär- und Polizeifahrzeuge eingebaut werden. Der südafrikanische »Sunday Star« berichtete am 18. 11. 1984, daß die Firma Magnis Heavy Truck (eine Zusammenziehung von Magirus und Nissan) auf der Grundlage von Lizenzen und Lieferungen der Firma Iveco-Magirus-Deutz nun den Schwertransporter für die Armee im Land selber herstellt, der bisher hätte importiert werden müssen. Es handelt sich um den früheren größeren Typ des Samil, der jetzt Magnis heißt. Nach Auskunft der Bundesregierung liefert Iveco-Magirus-Deutz nur handelsübliche zivile Serienteile für eine breite Palette von Nutzfahrzeugen nach Südafrika. Der »Sunday Star« kommentierte den Magnis mit dem Hinweis, die Armee sei »nicht länger von einem von Westdeutschen gebauten Truck, dem meistgebrauchten Nutzfahrzeug in der Armee« abhängig.
Seit dem 1. Juli 1980 ist die Zahnradfabrik Friedrichshafen (ZF) in Südafrika tätig. Partner im gemeinsamen Geschäft ist die Sandock Austral Ltd. Diese Firma baut in Südafrika Panzer. Die Zahnräderfabrik Renk, Augsburg, ist seit 1984 in Südafrika vertreten, ebenfalls in einem Gemeinschaftsunterneh-

men mit Sandock. Laut Eigenwerbung ist Renk »weltweit für die Qualität seiner Automatgetriebe für Ketten- und Radfahrzeuge bekannt«. Renk ist der führende Getriebe-Lieferant der Bundeswehr. In Südafrika beschäftigt sich die Firma mit der »Herstellung von Getrieben und Antriebselementen, hauptsächlich nach Kundenwunsch gefertigt«. Die Firma Renk gehört zum Gutehoffnungshütte-Konzern (GHH).
Die Firma Rockinger, Spezialfabrik für Anhängerkupplungen, hat eine Zweigniederlassung in Johannesburg. Rockinger stellt auch Spezialkupplungen für Militär-LKWs her. Die Jost-Werke, Neu-Isenburg, verfügen über vier Niederlassungen in Südafrika und sind mit der Herstellung von Flugzeug-Fahrgestellen beschäftigt.
Verbotenen Technologietransfer betreibt das Fraunhofer-Institut für Treib- und Explosivstoffe. Seit 1982 nehmen an den Jahrestagungen südafrikanische Wissenschaftler teil. Das Fernseh-Magazin Monitor veröffentlichte 1985 einige Themen aus der Jahrestagung 1985:
Referat P 34: »Der Einfluß von Temperaturunterschieden auf das Treibladungspulver in ballistischen Bomben«.
Refrat P 49: »Passiver Brandschutz für Munition und Gefechtsköpfe zur Verminderung der Verwundbarkeit«.
Referat P 52: »Festsitz von Ladungen in Geschoßhüllen«.
Die südafrikanischen Teilnehmer waren Vertreter von Rüstungsfirmen. Gleichwohl erklärte der Parlamentarische Staatssekretär im Verteidigungsministerium, Peter Würzbach, dazu: »Ein freier Austausch wissenschaftlicher Forschungsergebnisse mit allen Ländern liegt im Interesse der Bundesrepublik.« In diesem Fall absolut nicht. Das Interesse liegt allein bei der südafrikanischen Rüstungsindustrie. Zahlreiche Unternehmen, die in der Bundesrepublik am Rüstungsgeschäft beteiligt sind, unterhalten Tochterfirmen in Südafrika. Ist es wirklich abwegig anzunehmen, daß auf diese Weise Rüstungs-Know-How nach Südafrika gelangt?

Abdul S. Minty, der Direktor der »World Campaign against military and nuclear collaboration with South Africa«, die Verstöße gegen das Embargo aufspürt, sieht in den bekanntgewordenen Fällen, soweit sie die Bundesrepublik Deutschland betreffen, nur die Spitze eines Eisbergs.
Zwei Beispiele: Südafrika darf das Codierungs-System der NATO für seine Bestellungen benutzen, ein selten gewährtes Privileg. Und in Südafrika tauchen plötzlich Schnellboote auf, die denen der Bundesmarine zum Verwechseln ähnlich sind. Aber diese Boote müssen vom Himmel gefallen sein, denn keiner will sie gebaut haben.
Nach Mintys Meinung reichen die gesetzlichen Bestimmungen in der Bundesrepublik nicht aus, um die Einhaltung des Embargos sicherzustellen. Vor allem fehlt aber der politische Wille. Die zahlreichen Anfragen Mintys an die Bundesregierung mit Hinweisen auf die Embargo-Verstöße bleiben in der Regel unbeantwortet.
Was soll man auch noch dazu sagen:
- der deutsche Fertigwarenexport nach Südafrika und der breite Technologietransfer (allerdings nur in einer Richtung) hilft Südafrika beim Aufbau einer eigenen Rüstungsproduktion;
- deutsche Firmen in Südafrika produzieren Rüstungsgüter;
- deutsche Firmen liefern aus der Bundesrepublik genehmigungsfreie Güter zur militärischen Nutzung und genehmigte Güter, die strategisch und rüstungspolitisch relevant sind;
- ausländische Kooperationspartner deutscher Unternehmen liefern gemeinschaftlich entwickelte Rüstungsgüter nach Südafrika.

Bei diesen Befunden ist die indolente Haltung der Bonner Regierungen absolut unverzeihlich. Dieselbe Regierung, die bei den Vereinten Nationen dafür eintritt, in einem Waffenhandelsregister alle Rüstungsexporte offenzulegen, verschließt die Augen fest vor der militärischen Zusammenarbeit mit Südafrika. Die gesetzlichen und administrativen Möglichkeiten, das Rüstungsembargo einzuhalten, sind leicht zu schaffen. Man muß nur wollen.

Wo die Schwierigkeiten liegen, zeigte die Intervention von Franz-Josef Strauß bei der Beantwortung der Großen Anfrage der SPD-Bundestagsfraktion vom Sommer 1983. In ihrer Antwort spricht die Bundesregierung von der strikten Anwendung des Waffenembargos. Strauß hatte verlangt, lediglich von »Respektierung« zu reden, »weil es wirtschaftliche Grenzbereiche gibt, die nicht durch die Formulierung der strikten Anwendung erfaßt werden dürfen«.

Immerhin löst die Aufdeckung der intensiven deutsch-südafrikanischen Rüstungskooperation ganz nebenbei auch noch das interessante Rätsel, was eigentlich in der Bundesrepublik ein südafrikanischer Militärattaché treibt, da doch angeblich militärische Kontakte vermieden werden. (Das war übrigens nicht immer so. Bundeswehrgeneräle reisten sehr gerne nach Südafrika und Verteidigungsminister Leber kam 1974 in schwere Bedrängnis, als bekannt wurde, daß Bundeswehrgeneral Rall dienstlich in Südafrika war und der südafrikanische Botschafter sogar behauptete, er habe diesen Besuch mit Leber abgesprochen, was dieser bestritt.) Mit dem südafrikanischen Militärattaché ist es nun ein besonders kurioses Ding. Dieser Mann, Flottillenadmiral Peter E. Bitzker, ist seit 1976 in Bonn stationiert, und es sieht so aus, als würde er bis zu seinem Tod auf der Bonner Diplomatenliste bleiben müssen. Die Bundesrepublik hat in Südafrika schon lange keinen Militärattaché mehr, der Südafrikaner blieb. Seit Ende der siebziger Jahre weiß die Regierung in Pretoria, daß in Bonn kein Nachfolger für Bitzker akzeptiert wird. Also blieb er.

Er blieb auch, als die EG-Außenminister im September 1985

die Abberufung ihrer Militärattachés beschlossen. Seit Ende 1985 ist der angeblich kranke Attaché in Bonn nicht mehr gesichtet worden. Seit Mitte 1986 verzehrt er nach Zeitungsberichten in der Heimat seine Pension – auf der Diplomatenliste steht er immer noch. Vielleicht rafft sich Bonn jetzt dazu auf, wenigstens den Papier-Attaché auszuweisen.

9. Wer half bei der Bombe?
Die nukleare Zusammenarbeit

Südafrika ist eine Atommacht. Es ist neben Indien das einzige Land, dem es bisher zweifelsfrei gelungen ist, sich noch nach Inkrafttreten des Atomwaffensperrvertrages in den Besitz der Bombe zu bringen. Ein amerikanischer Aufklärungssatellit hat den Doppelblitz der südafrikanischen Atombombenexplosionen über dem Südatlantik festgestellt. Die südafrikanische Regierung selber hat die Tatsache ihrer Nuklearfähigkeit mehrfach bestätigt. Die südafrikanischen Kernwaffentests haben am 22.9.1979 und am 16.12.1980 stattgefunden.

Südafrika konnte die Bombe bauen, weil es, auch ohne dem Atomwaffensperrvertrag beigetreten zu sein, Partner fand, die beim Aufbau einer eigenen Atomwirtschaft geholfen haben. Die Kernenergie war für Südafrika mit seiner empfindlichen Abhängigkeit vom Öl und seinen reichen Uranvorkommen ein naheliegender Gedanke. Also baute man Kernkraftwerke (mit französischer Hilfe) – und eine Urananreicherungsanlage. Dabei will nun keiner geholfen haben. Dabei ist diese Anlage die Voraussetzung für die militärische Nutzung der Kerntechnik durch Südafrika. Der Bundesrepublik Deutschland wird vorgeworfen, diese Anlage geliefert zu haben.

Grundlage dieser Vorwürfe sind Dokumente, die im Jahr 1975 vom African National Congress veröffentlicht wurden. Sie stammen aus der südafrikanischen Botschaft in der Bundesrepublik, wo sie offenbar bei einem Umzug »verlorengingen«. Die ANC-Dokumentation sollte beweisen, daß die

STEAG in Essen, die im Besitz der industriellen Verwertungsrechte des von Prof. Becker an der deutschen Gesellschaft für Kernforschung entwickelten Trenndüsenverfahrens ist, dieses Verfahren nach Südafrika geliefert hat, und zwar mit Kenntnis und Billigung der Bundesregierung.
Diese Behauptungen wurden von der deutschen Anti-Apartheid-Bewegung aufgegriffen und immer wieder vorgebracht. Jahrelange politische und juristische Auseinandersetzungen über die Stichhaltigkeit dieser Vorwürfe haben die Frage nicht endgültig klären können.
Es steht fest, daß die STEAG mit Südafrika in Sachen Urananreicherung ins Geschäft kommen wollte. Ihr Partner sollte dabei die südafrikanische »Uranium Enrichment Cooperation« (UCOR) sein. Nach Darstellung der STEAG und der Bundesregierung wurde lediglich eine »gemeinsame vergleichende Wirtschaftlichkeitsstudie für beide Verfahren« im Jahre 1974 vereinbart. Dabei wird unterstellt, daß Südafrika ein »eigenes« Verfahren zur Urananreicherung entwickelt hatte. Einzelheiten dieses Verfahrens sind nie veröffentlicht worden. Der seinerzeitige technologische und wissenschaftliche Standard in Südafrika spricht allerdings gegen die Annahme, daß eine eigenständige Atomforschung und Entwicklung eines Urananreicherungsverfahrens tatsächlich stattgefunden hat. Es steht auch fest, daß die STEAG in einem geringen Umfang technische Dienstleistungen für die südafrikanische Atombehörde abgerechnet hat.
Weiter ist erwiesen, daß maßgebliche deutsche Politiker eine deutsch-südafrikanische Zusammenarbeit auf dem Gebiet der Urananreicherung gewollt haben: Die früheren Staatssekretäre Haunschildt und Rohwedder hatten intensive Kontakte, die Bundestagsabgeordneten Lenzer (CDU) und Graf Lambsdorff (FDP) warben 1975 ganz offen für ein deutsch-südafrikanisches Urananreicherungsprojekt. Es

scheint aber nicht zustande gekommen zu sein, jedenfalls nicht in der erhofften Form. Daß das südafrikanische Verfahren möglicherweise doch auf der Grundlage deutscher Forschungsergebnisse entwickelt worden ist, kann aber auch nicht ausgeschlossen werden. Sicherlich ist keine Lizenz für das Trenndüsenverfahren nach Südafrika genehmigt worden, aber vielleicht nur deshalb nicht, weil die südafrikanischen Partner schon ohne Lizenz das Know-how bekommen hatten, das sie brauchten. Nach eigenen Angaben haben sich die Südafrikaner für ihr eigenes, anderes Verfahren entschieden und das Trenndüsenverfahren von Prof. Becker, das schließlich im deutsch-brasilianischen Atomgeschäft eine Rolle spielen sollte, nicht benutzt.

Wie es auch immer gewesen ist: Jahrelang hat zwischen der STEAG und ihren südafrikanischen Partnern eine intensive Geschäftsbeziehung bestanden, bei der es um die Urananreicherung ging. Und unbestreitbar war die deutsche Firma bereit, ein Verfahren zu liefern, das bei entsprechend großer Auslegung Uran 235 auf 90 % anreichern und damit waffengrädig machen kann.

Das weltweite Mißtrauen gegenüber der Bundesrepublik wurde verstärkt, als Recherchen der Anti-Apartheid-Bewegung bekannt wurden, wonach die Firmen Siemens und Messerschmitt-Bölkow-Blohm mehrere Trennelemente, wie sie für das Becker-Verfahren gebraucht werden, nach Südafrika geliefert haben sollen. Wegen dieser angeblichen Lieferungen wurde von privater Seite Strafanzeige erstattet, allerdings ohne Ergebnis. Nach Aussage der Bundesregierung sind Anträge zur Ausfuhr von Trenndüsenelementen nach Südafrika nicht gestellt worden. Daß sie von Siemens hergestellt werden, wird dagegen nicht bestritten.

Darüber hinaus sind eine Reihe von Lieferungen nach Südafrika nachgewiesen, die im Zusammenhang mit dem südafrikanischen Kernenergieprogramm stehen.

Die Bremer Firma Varian MAT hat mehrere Massenspektrometer für die südafrikanische Urananreicherungsanlage geliefert. Das ist ein Meßsystem, das speziell für die Betriebsüberwachung in Anreicherungsanlagen konstruiert worden ist. Ob der Export in allen Fällen genehmigungspflichtig war und in den genehmigungspflichtigen Fällen auch genehmigt wurde, ist umstritten und nie wirklich geklärt worden. Die Varian hatte am 1.3.1978 für ihre Lieferung eine »Negativbescheinigung« des Bundesamtes für gewerbliche Wirtschaft erhalten. Gegenüber der SPD-Abgeordneten Lenelotte von Bothmer erklärte die Bundesregierung, die Firma Varian MAT habe für ihre Isotopen-Meßgeräte letztmalig Ende 1978 eine Unbedenklichkeitsbescheinigung bekommen. Der UNO gegenüber ließ sich die Bundesregierung anders aus: Demnach will sie »seit Mitte 1979« keine Bescheinigung dieser Art für die Varian-MAT-Geräte mehr ausgestellt haben. Firmensprecher gaben gegenüber der Monitor-Redaktion des WDR-Fernsehens an, ihnen läge eine Bescheinigung über die Statthaftigkeit des Exports von zwei MAT 511-Massenspektrometern vor, die Anfang 1980 nach Südafrika exportiert werden sollten.

Häufig ist der Verdacht geäußert worden, daß sich Südafrika Komponenten für seine Kernenergieanlagen beschafft hat, indem Bestellungen für konventionelle Kraftwerke aufgegeben, die Lieferungen aber anders verwendet wurden. So hat die Gutehoffnungshütte Sterkrade Spezialverdichter geliefert – nach eigenen Aussagen für ein Kohlekraftwerk. Diese Turboverdichter sollen nach einem Bericht des »Spiegel« vom 26.12.1977 für die Urananreicherungsanlage Südafrikas in Palindaba verwendet worden sein. Als Lieferung für kerntechnische Anlagen wären diese Geräte nach Position 0130 der Ausfuhrliste genehmigungspflichtig gewesen.

Unbestritten ist auch, daß die Firma Steigerwald, München,

eine Elektronenstrahl-Perforiermaschine zur Metallbearbeitung in der Anreicherungsanlage geliefert hat. Die Firma befand sich damals im Bundesbesitz. Nach Auffassung der Bundesregierung war die Lieferung genehmigungsfrei. Der Empfänger der Maschine war übrigens die südafrikanische Firma SA Hydraulic Plant C. Ltd. – eine Briefkastenfirma mit einem Eigenkapital von umgerechnet DM 4,60.
Die Firma Leybold-Heraeus, Köln und Hanau, lieferte hochvakuumdichte und schnellschließende Großschieber. Gut dokumentiert ist auch der Fall Kärcher. Die auch für die Bundeswehr arbeitende Firma Alfred Kärcher, Winnenden, errichtete 1984 in Südafrika eine Tochterfirma. Kärcher lieferte Südafrika eine Dekontaminationsanlage, wie sie gebraucht wird, wenn atomare, biologische oder chemische Munition eingesetzt werden soll. Die Ausfuhr der eindeutig militärischen Geräte unterlag nach Aussage der Bundesregierung keiner Genehmigungspflicht. Zwar seien die Geräte speziell für die Dekontamination (nach gängiger Definition die Entgiftung von Mensch und Material nach einem ABC-Einsatz) entwickelt worden, aber sie seien auch für andere Reinigungszwecke einsetzbar. Hier wurde also die übliche Begründung, daß es nicht auf die Verwendung, sondern nur auf den Konstruktionszweck ankomme, genau herumgedreht.
Nukleare Zusammenarbeit zwischen der Bundesrepublik und Südafrika hat auch im Bereich der Forschung stattgefunden. Sechs südafrikanische Wissenschaftler haben nach Auskunft der Bundesregierung in den letzten 18 Jahren am Kernforschungszentrum Karlsruhe gearbeitet, zum Teil jahrelang. Noch nach 1980 waren am Hahn-Meitner-Institut für Kernforschung in Berlin vier südafrikanische Gastwissenschaftler tätig. Und in der Kernforschungsanlage Jülich wurden 1984 ebenfalls zwei südafrikanische Gastwissenschaftler auf entsprechenden Stellen geführt.

In welchem Ausmaß deutsche Firmen Lieferungen für die nicht-sensitiven Teile der südafrikanischen kerntechnischen Anlagen geliefert haben, kann nicht einmal geschätzt werden. Eine Kontrolle ist praktisch nicht möglich. Aber auch der sensitive Bereich läßt viele Fragen offen. Experten, die sich mit dem Atomwaffensperrvertrag beschäftigen, wissen sehr genau, daß gerade im Bereich kerntechnischer Anlagen die Listen für genehmigungspflichtige Waren nicht immer auf dem neuesten Stand der Technik und oftmals schlicht unvollständig sind.

Die Frage, wer Südafrika bei der Bombe geholfen hat, ist ein echter Kriminalroman. Das schlechte Gewissen der Bundesregierung schimmert durch ihre Antwort auf die Frage nach der Kernexplosion, die am 22. 9. 1979 von dem amerikanischen Überwachungssatelliten Vela über dem Südatlantik registriert wurde. Das Signal habe zwar dem »Doppelblitz« eines Kerntests geähnelt, aber: »Bis heute konnte die genaue Ursache des registrierten Signals nach Kenntnis der Bundesregierung nicht eindeutig geklärt werden.« Dieselbe Regierung unterschrieb allerdings 1985 das Schlußdokument der 3. Überprüfungskonferenz des Atomwaffensperrvertrages, in dem Südafrika als Atomwaffenstaat bezeichnet wird.

10. Die unsichtbare Pipeline
Geld für die Apartheid

Der am besten verdienende Wirtschaftszweig in der Bundesrepublik ist das Kreditgewerbe. Allerdings ist das deutsche Kreditgewerbe auch nicht gerade kleinlich bei der Auswahl seiner Geschäftspartner. Wo es etwas zu verdienen gibt, sind deutsche Banken dabei. Natürlich auch in Südafrika. Die Rolle der deutschen Banken bei der Finanzierung des südafrikanischen Rassismus und Kolonialismus ist lange Zeit von der Öffentlichkeit unbeachtet geblieben. Eine Untersuchung des Weltkirchenrates für das Jahr 1984 hat das volle Ausmaß der Beteiligung des deutschen Kreditgewerbes an der Finanzierung Südafrikas enthüllt. Dennoch erklärte die Bundesregierung am 9. 4. 1986, sie sei der Auffassung, »daß von einer Finanzierung der Apartheid durch deutsche Banken in Südafrika und Namibia nicht gesprochen werden kann«.

Es wird aber davon gesprochen, seit kurzem auch von kritischen Aktionären in Jahreshauptversammlungen von Großbanken. So erklärte die Europa-Abgeordnete Barbara Simons als »kritische Aktionärin« der Dresdner Bank: »Mangelnde gesetzliche Regelungen in der Bundesrepublik entlassen die Banken keineswegs aus ihrer Verantwortung ... Kapitalvergabe an südafrikanische Schlüsselindustrien und Ministerien, Finanzierung von Apartheid-Strukturen auf örtlicher und regionaler Ebene, Devisenübertragung in erheblichem Umfang, Hinnahme, daß gewährtes Kapital an die südafrikanische Regierung abfließt ... Das alles reicht zum Vorwurf der Kollaboration der Dresdner Bank mit dem Apartheid-System.«

In einer Studie des »thinktank« der Bonner Politik, der Stiftung Wissenschaft und Politik in Ebenhausen, wurde schon 1985 die Sorge geäußert, daß die deutschen Banken mit ihrer Geschäftspolitik »die Kosten für die Militarisierung der südafrikanischen Politik mitfinanzieren bzw. ökonomisch-politische Einbrüche im Apartheid-System durch den gewachsenen schwarzen Widerstand refinanzieren«.
Die Wissenschaftler kommen zu dem Ergebnis, daß die Rolle der Bundesrepublik als Nachschubbasis für den südafrikanischen Kapitalbedarf die Bemühungen des schwarzen Widerstandes um »Sanktionen von innen« unterläuft und daher für das immer radikaler werdende Vorgehen des Widerstandes mitverantwortlich ist.
In den Kirchen wird über die Rolle der Banken ebenfalls schon lange gesprochen. Ein frühes, noch ohnmächtiges Zeichen des Protests setzte schon 1976 die Evangelische Studentengemeinde, als sie ihr Konto bei der Deutschen Bank wegen des Südafrika-Engagements dieser Bank auflöste. Auf dem Evangelischen Kirchentag 1985 wurde die Leitung des Evangelischen Kirchentages in drei Hallen mit Resolutionen konfrontiert, in denen sie aufgefordert wurde, ihre Bankverbindung mit der Deutschen Bank aufzugeben.
Die Synode der Evangelischen Kirche in Berlin hat 1986 die Berliner Kirche und alle ihre Gemeinden gebeten, ihr Geld aus solchen Banken zurückzuziehen, die weiterhin in Geschäftsverbindung mit dem Apartheid-System bleiben.
Die Synode der Evangelischen Kirche im Rheinland erklärte am 9. Januar 1986: »Wir werden nicht weiterhin mit Geldinstituten zusammenarbeiten, die Kredite vermitteln oder geben an den südafrikanischen Staat oder an Institutionen, die zur Aufrechterhaltung der Apartheid beitragen.«
Der südafrikanische Finanzbedarf ist seit 1980 steil angestiegen. Das zeigt sich am deutlichsten in der Gesamt-Auslandsverschuldung, die sich wie folgt entwickelt hat:

1981:	6 Mrd. US-Dollar
1982:	16 Mrd. US-Dollar
1983:	ca. 17 Mrd. US-Dollar
1984:	18,9 Mrd. US-Dollar
1985:	24 Mrd. US-Dollar.

Ein getreues Spiegelbild dieser steigenden Verschuldung ist der Kursverfall des Rand, der von 1981 bis 1985 gegenüber der D-Mark von einem Wert von 2,57 DM auf 1,04 DM fiel.
Die südafrikanische Schuldenkrise machte das Land im September 1985 zahlungsunfähig. Ende August fällige Schulden konnten nicht zurückgezahlt werden, die Gläubigerbanken waren nicht bereit, die ausstehenden Forderungen zu »überrollen«, woraufhin Südafrika ein einseitiges Zahlungsmoratorium erklärte.
Die interessante und wichtige Frage ist nun, woher der hohe Finanzbedarf Südafrikas kam und wer ihn schließlich befriedigt hat. Den stärksten Kreditbedarf hatte erwartungsgemäß der südafrikanische Staat. Seine Verschuldung stieg vom 31.12.1980 bis zum 31.3.1985 von 19,9 Mrd. Rand auf 36,4 Mrd. Rand an. Neben der allgemeinen Rezession – deren Folgen für den Staatshaushalt allerdings im wesentlichen durch drastische Steuererhöhungen aufgefangen wurden – ist die Umsetzung der »totalen Strategie« Bothas für die Entwicklung verantwortlich. Teil dieser »totalen Strategie« ist es, die Wirtschaft und Sicherheitskräfte von ausländischen Lieferungen unabhängig zu machen. Dabei konzentriert sich die Regierung auf die strategisch wichtigen Bereiche Transport, Energie, Kommunikation und Rüstung. Die Kosten dieser Autarkiebestrebungen haben mit wirtschaftlicher Effektivität nichts zu tun, sie sind reine politische Kosten der Apartheid – z. B. die Kosten der Kohleverflüssigungsanlagen Sasol I – Sasol III (notwendig zur Reduzierung der Abhängigkeit von Erdöl) und die Kosten der Energieversorgung durch den staatlichen ESCOM-Kon-

zern. Unter normalen Bedingungen könnte sich Südafrika auf den wesentlich billigeren Strom aus Mosambik verlassen. Gewaltige Summen verschlingt schließlich der südafrikanische Sicherheitsapparat. Die Ausgaben für Verteidigungszwecke stiegen von 1,89 Mrd. Rand im Jahr 1980/81 auf 4,72 Mrd. Rand für 1985/86. Die Ausgaben für die Polizei stiegen im selben Zeitraum von 421 Mio. Rand auf 1,618 Mrd. Rand. Da zahlreiche Militärausgaben im südafrikanischen Haushalt versteckt werden, stimmen die offiziellen Angaben mit der Wirklichkeit nur selten überein. Im Haushaltsjahr 1984/85 sind deshalb nicht – wie es im Etat steht – 16,9 % des Gesamthaushalts für militärische Zwecke verwendet worden, sondern 19,7 %.

Da die südafrikanische Armee lediglich dem Schutz der Apartheid dient, kann man die Sicherheitsaufwendungen zusammenzählen und kommt dann für 1984/85 auf einen Gesamtanteil am Haushalt von 26 % für Militär, Polizei und Gefängnisse. Tatsächlich liegen die südafrikanischen Rüstungsausgaben prozentual weit unter den entsprechenden Ansätzen in Europa oder Nordamerika. Maßgeblich muß aber der Vergleich mit Afrika sein, und da entfällt bereits die Hälfte des gesamten afrikanischen Militärpotentials auf Südafrika. Die Rüstungsausgaben Südafrikas sind vor allem im Hinblick auf die der anderen Staaten der Region völlig überdimensioniert. Hohe unproduktive Kosten verursacht schließlich die Finanzierung der Homeland-Verwaltungen und des Krieges in Namibia – beides wiederum Folgekosten des Apartheid-Systems. Die Leistungen für die Homelands dienen keineswegs der Verbesserung der Infrastruktur allein, sondern der Finanzierung aufwendiger Kontrollapparate, zusätzlicher regionaler Sicherheitskräfte, hoher Repräsentations- und Prestigebedürfnisse der Homeland-Führer – und der Zwangsumsiedlungen.

Das Homeland-System und der Namibia-Krieg beanspruchten im Haushaltsjahr 1984/85 14,2 % aller Mittel. Das Ergebnis: Der südafrikanische Staatshaushalt ist allein zu 40 % durch Maßnahmen zur Kontrolle und Verteidigung der Apartheid belastet.

Die wesentliche Frage für die Feststellung der Mitverantwortung ausländischer Banken an der Finanzierung der Kosten, die allein aus dem Unterdrückungssystem der Apartheid entstehen, ist also die Frage nach Krediten und Anleihen direkt an den Staat bzw. die staatlichen und halbstaatlichen wirtschaftlichen Unternehmungen. Und hier offenbart sich ein entsprechendes Bild:

Von Juni 1982 bis zum April 1985 sind wertmäßig 92,1 % aller südafrikanischen Anleihen unter Beteiligung deutscher Kreditinstitute entweder direkt an den südafrikanischen Staat oder von ihm kontrollierte Einrichtungen geflossen.

Die enorm hohe deutsche Beteiligung ergibt sich aus der Zahl von 19 Anleihen von Juni 1982 bis April 1985, die unter der Konsortialführung deutscher Banken standen. Die deutschen Banken haben in diesem Zeitraum damit 82,7 % des Gesamtwerts aller öffentlichen Anleihen Südafrikas gemanagt. Demgegenüber treten die Forderungen deutscher Kreditinstitute an die Republik Südafrika sowie an Schuldner, die in Südafrika und Namibia ansässig sind, deutlich zurück. Nach Auskunft der Bundesregierung beliefen sich diese Forderungen Ende 1984 (einschließlich der Forderungen von Auslandsniederlassungen der deutschen Kreditinstitute) auf 2,4 Mrd. DM. Bis Mitte 1985 soll diese Zahl nach internationalen Schätzungen allerdings auf 1,8 Mrd. US-Dollar, also fast 4 Mrd. DM, angestiegen sein.

Die deutsche Beteiligung an der Deckung des südafrikanischen Finanzbedarfs ist in den Jahren 1982 bis 1985 kontinuierlich gestiegen. Die folgende Tabelle zeigt, daß die deutschen Banken im Jahre 1985 zum wichtigsten Finanzier Südafrikas aufgestiegen waren:

	insgesamt	1982 6. – 12.	1983	1984	1985 1. – 4.
Anleihen insgesamt					
(1) Anzahl	110	29	31	38	12
(2) Beträge in Mio. US-$	4715.5	967.5	1789.1	1487.1	471.8
Anleihen mit bundesdeutscher Beteiligung					
Anzahl: absolut	35	3	9	15	8
Anteil von (1)	31.8 %	10.3 %	29.0 %	39.5 %	66.7 %
Beträge: in Mio. US-$	1578.1	162.9	424.6	647.5	343.1
Anteil von (2)	33.5 %	16.8 %	23.7 %	43.5 %	72.7 %

(entnommen: Bankenstudie des Weltkirchenrats 1985)

In dem von dieser Tabelle abgedeckten Zeitraum haben insgesamt 48 deutsche Banken an der Placierung südafrikanischer Anleihen mitgewirkt. Die Bundesrepublik nimmt damit von der Zahl der beteiligten Banken her den ersten Platz unter den Geldbeschaffern Südafrikas ein. (26 britische Banken waren dabei, 20 schweizerische, 23 französische und 20 US-amerikanische.) Unter den 20 am stärksten im Südafrika-Geschäft engagierten ausländischen Banken sind allein sechs deutsche Kreditinstitute: die Bayerische Vereinsbank, die Dresdner Bank, die Berliner Handels- und Frankfurter Bank, die Bayerische Landesbank Girozentrale, die Westdeutsche Landesbank Girozentrale und die Bayerische Hypotheken- und Wechselbank.

An dieser Aufstellung fällt zweierlei auf: Gleich drei der Institute sind in München beheimatet, zwei Institute sind öffentlich-rechtliche Banken, die unter voller Verantwortung der Bundesländer Bayern und Nordrhein-Westfalen stehen, und ein drittes Institut, die Bayerische Vereinsbank, befindet sich ebenfalls teilweise im Besitz des Freistaats Bayern (Mitglied des Aufsichtsrats: Franz-Josef Strauß).

Im Untersuchungszeitraum hatten deutsche Banken insgesamt 19mal die Konsortialführung bei der Unterbringung öffentlicher Anleihen Südafrikas: die Commerzbank fünfmal, die Deutsche Bank viermal, die Dresdner Bank viermal, die Berliner Handels- und Frankfurter Bank viermal, die WestLB einmal.

Politisch signifikant ist die Steigerung der deutschen Beteiligung im Laufe der Jahre. Die Beteiligung deutscher Banken an allen Anleihen Südafrikas von Juli 82 bis April 85 lag bei 31,8 % (wertmäßig 33,5 %). Im zweiten Halbjahr 1982 waren es lediglich 10,3 % (wertmäßig 16,8 %), im Jahr 1983 29,0 % (wertmäßig 23,7 %), 1984 dann schon 39,5 % (wertmäßig 43,5 %) und in den ersten vier Monaten des Krisenjahres 1985 66,7 % (wertmäßig 72,7 %).

Diese Entwicklung steckt voller politischer Brisanz. Denn parallel zur wachsenden Bedeutung der deutschen Banken als Finanzier Südafrikas erfolgte der Rückzug ausländischer Banken, speziell US-amerikanischer, aus dem Südafrika-Geschäft. Seit 1976 haben in den USA u. a. die Chase Manhattan Bank, Chemical Bank, First Boston Bank, Irving-Trust und American Express International Bank erklärt, kein neues Südafrika-Geschäft mehr zu machen. Den völligen Rückzug aus Südafrika beschloß schon 1976 die Maryland-International Bank. Morgan Guaranty Trust und Citibank erklärten ihren Rückzug aus dem Anleihengeschäft 1985. Die American Bankers Association hat ihren Mitgliedern im April 1985 empfohlen, keine Anleihen an die südafrikanische Regierung und ihre Organe aufzulegen. Die Chase Manhattan, die Mellon Bank, die Bank of Boston und Wells Fargo geben auch keine Kredite an den Privatsektor in Südafrika mehr.

In der Bundesrepublik Deutschland hat lediglich die Bank für Gemeinwirtschaft seit 1981 auf Geschäftsbeziehungen mit Südafrika verzichtet.

In dem dokumentierten Zeitraum von Juni 1982 bis April 1985 waren die deutschen Banken mit folgenden Anteilen an den Anleihen der Republik Südafrika und ihrer Einrichtungen beteiligt:

1.	ESCOM (Energieerzeugung)	37,9 %
2.	Department of Posts & Telecommunications	26,3 %
3.	Republik Südafrika	49,6 %
4.	SATS (halbstaatliche Verkehrsgesellschaft)	38,5 %
5.	ISCOR (halbstaatliche Eisen- und Stahlgesellschaft) und IDC (staatliche Finanzierungsgesellschaft für Schlüsselindustrien)	47,2 %
6.	Städte	83,7 %

Das überaus aktive Geschäft mit Südafrika ging 1985 weiter. Im Juni 1985 tauchte die Deutsche Bank als Konsortialführer einer 150-Millionen-DM-Anleihe für South African Transport Sevices (SATS) auf – mit von der Führungspartie waren die Berliner Handels- und Frankfurter Bank, die Commerzbank, die Dresdner Bank, die Bayernhypo und die Bayerische Vereinsbank. Den am 18. Juli im Bundesanzeiger veröffentlichten Prospekt der Anleihe unterschrieben außerdem gleich acht staatliche Kreditinstitute: die Deutsche Girozentrale/Deutsche Kommunalbank; die Landesbank Rheinland-Pfalz; die Norddeutsche Landesbank; die Deutsche Siedlungs- und Landesrentenbank; die Hessische Landesbank; die Bayerische Landesbank; die Hamburgische Landesbank und die Westdeutsche Landesbank.
In derselben Management-Konstellation, lediglich um die Bayerische Landesbank erweitert, wurden im Juli 1985 – also im Monat des Ausnahmezustandes – 2 Anleihen in Höhe von jeweils 100 Mio. DM für das Department of Posts and Telecommunications gemanagt.
Die auffällige Beteiligung der WestLB des SPD-geführten Bundeslandes Nordrhein-Westfalen wurde vom Vorstand der Bank mit bemerkenswerter Unkenntnis der südafrikanischen Verhältnisse heruntergespielt. Vorstandsvorsitzender Friedel Neuber sieht die WestLB im Südafrikageschäft in

einer »Nebenrolle«, da sie weniger als 1 % der Auslandsfinanzierungen Südafrikas als Gläubiger zu vertreten habe. In der Tat war die WestLB nicht unter den Banken, die unter Leitung des früheren Chefs der Schweizer Bundesbank, Fritz Leutwiler, einen Ausweg aus der südafrikanischen Schuldenkrise suchten. In diesem exklusiven Club fanden sich die drei großen Privatbanken, die Bayerische Vereinsbank und die BHF-Bank wieder.

Nach Neubers Darstellung dienten die von der WestLB gewährten Südafrikakredite ausschließlich der Exportfinanzierung. Selbst das Management der WestLB im südafrikanischen Anleihegeschäft sei »schwerpunktmäßig vor dem Hintergrund einer Förderung deutscher Exporte zu sehen«.

Dem Bank-Chef ist nicht klar, oder er will nicht sehen, daß die Finanzierung der südafrikanischen Einfuhren für die »totale Strategie« Bothas ebenso wichtig ist wie die Finanzierung des Staates und seiner Konzerne. Angesichts der bekannten Struktur der deutschen Lieferungen kann man es einem hochkarätigen Bankmanger nicht abnehmen, daß er den Charakter seines Südafrika-Geschäfts nicht kennt. Zur Förderung der deutschen Exportinteressen war die WestLB allein 1984 bei folgenden Anleihen dabei: 150 Mio. DM im April an den Energiekonzern ESCOM; 100 Mio. DM im September wiederum an ESCOM und – man lese und staune – 250 Mio. DM im Dezember an die Republik Südafrika – ein Weihnachtsgeschenk für P.W. Botha? Bemerkenswerte Unkenntnis auch bei der Commerzbank. Anfang Juni 1986 teilte das Frankfurter Institut mit: »Es gibt gegenüber Südafrika keinerlei gesetzliche oder politische Auflagen, welche die Geschäftsbeziehungen der deutschen Wirtschaft besonderen Beschränkungen unterwerfen.« Noch nichts von der Embargoliste der Außenwirtschaftsverordnung gehört? Als weltweit operierende Bank das Ölembargo der OPEC nicht zur Kenntnis genommen, die UNO-Beschlüsse ebenso-

wenig, den Atomwaffensperrvertrag auch nicht? Die Geschäftsphilosophie der Commerzbank liest sich in dem Rundschreiben so: »Weder nationale Vorurteile noch gesellschaftspolitische Wunschvorstellungen können wir in unserer geschäftlichen Betätigung berücksichtigen. Geschäftsentscheidungen fallen nicht nach ideologischen oder religiösen Kriterien, sondern nach banküblichen Ertrags- und Risiko-Kriterien.« Seit der südafrikanischen Zahlungsunfähigkeit im Herbst 1985 treten nun auch die deutschen Banken kürzer. Neue Finanzierungen werden »bis auf weiteres« (Neuber) zurückgestellt, Südafrika werde »kurzfristig« keine neuen Mittel erhalten. Und die Commerzbank erklärt: »Alle Bankkredite an Südafrika sind seit Sommer 1985 eingefroren. Seitdem wurden neue Mittel nicht mehr bereitgestellt.« Im Juli 1986 endlich erklärte NRW-Finanzminister Posser den völligen Rückzug seiner Landesbank aus dem Südafrika-Geschäft. Mit einfacheren Worten: Das Geschäft mit Südafrika ist zu riskant geworden. Also läßt man vorerst die Finger davon. Von einer Einsicht, daß es auch andere, zwingende Gründe geben könnte, vom Südafrika-Geschäft Abstand zu nehmen, ist in den Vorstandsetagen der deutschen Banken nichts zu spüren. Die Bundesregierung spricht sich ebenfalls von jeder Verantwortung frei. In der Antwort auf die Große Anfrage der Grünen zu Banken und Apartheid stellt sie schlicht und ergreifend fest: »Die deutschen Banken gestalten ihre Geschäftsbeziehungen zu Südafrika in eigener Verantwortung.« Nach Maßnahmen zur Unterbindung des Kapitalverkehrs gefragt, erklärte sie lakonisch: »Die Bundesregierung beabsichtigt nicht, derartige Maßnahmen zu ergreifen.«
Auch im eigenen Haus nicht. Daß sich Kreditinstitute mit Bundesbeteiligung am Anleihen- und Kreditgeschäft beteiligt haben, kann die Bundesregierung nicht bestreiten. Die Bekanntgabe der Kreditdaten ist »nicht zulässig«. Bekanntgeworden ist allerdings, daß die Kreditanstalt für Wieder-

aufbau (KfW) – 80 % Bundesbesitz, 20 % Länderbesitz – 1983 dem südafrikanischen Energiekonzern ESCOM 50 Mio. DM geliehen hat – ESCOM wiederum baut und betreibt die südafrikanischen kerntechnischen Anlagen, die von der internationalen Atomenergie-Behörde nicht kontrolliert werden dürfen, weil Südafrika dem Atomwaffen-Sperrvertrag nicht beigetreten ist. Zwar diente der KfW-Kredit laut Auskunft der Bundesregierung ausschließlich der Finanzierung deutscher Lieferungen für ein Kohlekraftwerk – aber für die ESCOM zählt nur, was unter dem Strich herauskommt: 50 Mio. Mark mehr in der Gesamtbilanz.
Die britische Zeitschrift South widerspricht der Darstellung der Bundesregierung in einem Artikel vom September 1985. Dort wird ein ESCOM-Firmensprecher zitiert, der über den Kapitaltransfer aus dem Ausland in seine Firma sagte: »Die Gelder sind nicht für spezifische Zwecke. – Sie sind dazu da, um zusätzliche Mittel für mögliche Bedarfsfälle zu haben.«
Wenn das Kredit- und Anleihengeschäft inzwischen verdächtig nach Wertberichtigungsbedarf riecht (das heißt: die Banken schreiben die Forderungen ab, und der Steuerzahler trägt den Verlust zu mehr als 70 %), so läuft das Geschäft mit dem südafrikanischen Gold immer noch. Die Tendenz ist allerdings fallend. Die Einfuhr von Gold und Goldmünzen aus Südafrika und der Anteil der Goldeinfuhr am deutschen Gesamtimport aus Südafrika entwickelte sich von 1980–1984 nach Auskunft der Bundesregierung wie folgt:

– in Mio. DM –

	Gesamteinfuhr	Gold	Anteil in %	Münzen	Anteil in %	Gold u. Münzen	Anteil in %
1980	3 262,5	232,9	7,1	558,9	17,1	791,8	24,3
1981	3 184,0	281,0	8,8	573,2	18,0	854,2	26,8
1982	3 075,5	285,0	9,3	307,6	10,0	592,6	19,3
1983	2 741,9	124,9	4,6	380,1	13,9	505,0	18,4
1984	2 973,5	106,3	3,6	305,6	10,3	411,9	13,9

Die Bundesrepublik kaufte Südafrika nach diesen Angaben 1980 insgesamt 4,1 % seiner Goldproduktion ab, 1984 nur noch 1,9 %. Die Goldeinfuhren der Bundesrepublik werden nur zu einem Zehntel von Lieferungen aus Südafrika gedeckt. Das sieht nicht besonders beeindruckend aus. Aber daß in der Bundesrepublik an den Bankschaltern von 1980–1984 für 2,12 Mrd. DM Goldmünzen aus Südafrika, die sog. Krüger-Rands (Der Krüger-Rand ist in Südafrika zwar ein offizielles Zahlungsmittel [sonst nirgendwo auf der Welt], im Lande selbst aber so gut wie nicht erhältlich, da er ausschließlich für den Export bestimmt ist.) verkauft wurden, ist andererseits keine Kleinigkeit. Der Krüger-Rand existiert nur zur Verbesserung der südafrikanischen Zahlungsbilanz. Kein Mensch auf der ganzen Welt außer den Kassenverwaltern des Apartheid-Staates braucht ihn.

Es kann also nicht nur, es muß von einer Finanzierung der Apartheid durch deutsche Banken gesprochen werden. Ihre Hauptrolle ist nicht die des Kreditgebers, ihre Hauptrolle ist vielmehr das Management von öffentlichen Anleihen, bei denen am Ende natürlich nicht mehr aufzuschlüsseln ist, aus welchen Ländern das Geld stammt. Die südafrikanische Regierung hat die deutschen Banken jahrelang als ihre speziellen Freunde betrachtet. Wenn Finanzminister du Plessis mit neuen Zusagen aus Frankfurt zurückkam, wurde das in ganz Südafrika als Siegesmeldung verbreitet.

Und schließlich haben die deutschen Banken eine spezielle Art von atlantischer Solidarität geübt: Sie übernahmen das Geschäft, das die Amerikaner aufgaben, und machten damit den Effekt der von der amerikanischen Öffentlichkeit erzwungenen freiwilligen Sanktionen zunichte. Die Sanktions-Gegner in Washington bekamen auf diese Weise genau das Argument, das sie brauchten: Wenn wir das Geschäft nicht machen, dann machen es die Deutschen – was nützt es also?

Die Bundesregierung ist in das Geldgeschäft mit der Apartheid tief verstrickt. Gegen den Widerstand der größten Opposition, die es im Internationalen Währungsfonds jemals gab, hatte der IWF am 3. 11. 82 Kredite für Südafrika in Höhe von 1 Mrd. SZR (Sonderziehungsrechte, wertmäßig 1,1 Mrd. US-Dollar) genehmigt. Auf ausdrückliche Weisung der Bundesregierung hatte der deutsche Exekutivdirektor dem Kredit zugestimmt. Die Bundesregierung hatte schon zuvor als eine von nur drei Regierungen gegen einen Beschluß der UN-Vollversammlung gestimmt, der den IWF aufforderte, den Kreditantrag abzulehnen. In den USA löste dieser Kredit einen solchen Sturm der Empörung aus, daß Präsident Reagan im Herbst 83 ein Gesetz unterzeichnen mußte, wonach das amerikanische Mitglied des IWF-Exekutivdirektoriums IWF-Kredite an Apartheid-Staaten aktiv bekämpfen muß.

Die wichtigste Form der Mitwirkung der Bundesrepublik Deutschland an der Finanzierung des Südafrika-Geschäftes ist jedoch die Übernahme von Bürgschaften durch die von der Bundesregierung kontrollierte Hermes-Kreditversicherungs AG in Hamburg, die die Exportkredite der deutschen Lieferanten abdeckt. Nach den Erhebungen von Wolff Geisler wurden zwischen 1961 und 1982 Exportgeschäfte im Wert von ca. 15 Mrd. DM versichert – 1981 allein 3,868 Mrd. DM. Auch hier ging der Löwenanteil der Lieferungen und Kredite wieder an staatliche Einrichtungen: 58 % allein an die ESCOM und 18,4 % an die Kohleverflüssigungs-Projekte SASOL I, II und III. 95 % der Bürgschaften entfielen auf die Geschäfte von nur 24 Unternehmen in der Bundesrepublik. Seit 1982 ist die Inanspruchnahme der Hermes-Versicherung weiter angestiegen. Zur Zeit beläuft sich das Hermes-Risiko (= das Risiko des Steuerzahlers) im Südafrika-Geschäft auf 6 Mrd. DM. Entsprechend der als risikoreich eingestuften wirtschaftlichen Entwicklung in

Südafrika ist der Bürgschaftsrahmen für Einzelgeschäfte herabgesetzt worden. Zur Zeit liegt der – offiziell nicht bekanntgegebene – Höchstbetrag für ein Geschäft bei 20 Mio. DM. Die Nachfrage tendiert gegen Null.
Noch ein Kommentar gefällig?
»Die unsichtbare Pipeline« des Kapitaltransfers nach Südafrika hat bis in das vergangene Jahr hinein exakt die wirtschaftlichen Sektoren Südafrikas versorgt, die für den Bestand des Apartheid-Systems entscheidende, strategische Bedeutung haben. Die deutschen Banken verdienen an der Apartheid, die Bundesregierung nimmt deutschen Lieferanten, die dasselbe tun wollen, das Risiko ab. Und auch im IWF steht sie treu an der Seite Südafrikas.
Kollaboration ist dafür ein zu schwaches Wort. Es handelt sich vielmehr um Mittäterschaft.

11. Alles in Butter, Herr Lutter?
Wie das Öl nach Durban kommt

Das größte illegale Geschäft der Weltgeschichte ist das Rohölgeschäft mit Südafrika. Jährlich verschwinden etwa 15 Mio. Tonnen Rohöl aus den internationalen Handelsstatistiken. Sie werden zwar gefördert und von den Förderländern auch verkauft – aber sie kommen nirgendwo an. Dieses Öl geht nach Südafrika. Öl ist zur Zeit das größte strategische Problem des Apartheid-Staates. Selber verfügt Südafrika (noch?) nicht über Ölvorkommen, und seit 1978 im Iran der Schah gestürzt wurde, der Südafrikas wichtigster Rohöllieferant war, zeigt das Ölembargo der OPEC-Staaten Wirkungen.
Die Vereinten Nationen forderten schon 1979 ein verpflichtendes weltweites Ölembargo gegen Südafrika (die Bundesrepublik stimmte dagegen). Der Sicherheitsrat, der bindende Sanktionen allein verhängen kann, ist durch das Veto der USA, Großbritanniens und Frankreichs bisher gehindert worden, einen entsprechenden Beschluß zu fassen. Mit großer Wahrscheinlichkeit wird aber der Ölboykott ein wesentliches Element sein, wenn der Sicherheitsrat Wirtschaftssanktionen gegen Südafrika verhängen sollte. Die südafrikanische Regierung bemüht sich seit vielen Jahren, die Abhängigkeit des Landes von Rohöleinfuhren zu vermindern. Aus diesem Grunde der forcierte Ausbau der Kernenergie, aus diesem Grunde die Anlegung einer strategischen Öl-Reserve von über zwei Jahren und aus diesem Grunde vor allem das immens aufwendige Treibstoff-aus-Kohle-Projekt SASOL I, II und III.

Obwohl Südafrika jährlich embargobedingte Kosten in Höhe von fast 2 Mrd. Dollar hat, ist es von der erwünschten Unabhängigkeit noch weit entfernt. Die Kohleverflüssigungsanlagen sind nicht nur unwirtschaftlich – die Kosten pro Barrel liegen um mindestens 20 % höher als in Ölraffinerien –, ihre Kapazität reicht auch bei weitem nicht aus. Bei voller Auslastung der Kapazität können die drei Anlagen etwa 37 % des Treibstoffverbrauchs Südafrikas decken, wie er im Jahr 1981 war. Um die Importabhängigkeit von jetzt über 60 % auf 30 % innerhalb von 10 Jahren zu senken, müßten weitere 16–20 Mrd. Dollar in die Kohleverflüssigung investiert werden, und auch danach müßte alle drei Jahre ein neues Werk errichtet werden.

»Oil fuels Apartheid« – Öl treibt die Apartheid-Maschinen, haben ANC und SWAPO gemeinsam festgestellt. Sie betrachten als einen der wichtigsten Beweise für die Komplizenschaft des Westens mit dem Apartheid-Regime, daß westliches Kapital und westliche Technologie die südafrikanischen Autarkie-Bemühungen überhaupt erst möglich machen. In diesem Fall heißt westlich wieder einmal: in erster Linie die Bundesrepublik. Eine von ANC und SWAPO 1985 veröffentlichte Studie führt allein 51 deutsche Unternehmen auf, die am Technologietransfer zugunsten des SASOL-Projekts beteiligt waren – 8 deutsche Kreditinstitute einschließlich der vom Bund kontrollierten Hermes Kreditversicherung werden genannt, die für das Kohleverflüssigungsprojekt oder für den Strategischen Ölfonds Kapital zur Verfügung gestellt haben.

Bemühungen um einen Ölboykott sind wenig wert, wenn nicht gleichzeitig dafür gesorgt wird, daß auch die Ersatzlösung boykottiert wird. Die Außenminister der EG haben zwar am 10. 9. 1985 in Luxemburg einen europäischen Ölboykott gegen Südafrika beschlossen und auch neue (aber nur diese) nukleare Zusammenarbeit ausgeschlossen, den eigentlich entscheidenden Punkt, die Kooperation bei der Ersatztechnologie, haben sie jedoch nicht berührt. Die Bundesregierung ließ im Juni 86 auch die Frage offen, wie sie sich in der UN-Generalversammlung verhalten will, wenn wiederum ein Ölboykott verlangt wird (zuletzt, 1985, hatte sie abgelehnt). Zugleich machte sie aber klar, daß sie sich nicht für ein mandatorisches Embargo durch den Sicherheitsrat einsetzen will. In den Augen des Widerstandes in Südafrika und Namibia löst diese Haltung tiefe Verbitterung aus. Die Deutschen sorgen dafür, so argumentiert man dort, daß die Sicherheitskräfte in Südafrika nicht auf dem Trockenen sitzen werden und daß die (deutschen) Militärfahrzeuge weiter Jagd auf die Menschen in den Townships machen können.

Gleichgültig verhält sich die Bundesregierung (in diesem Fall in trauter Übereinstimmung mit dem Hamburger Senat) auch gegenüber illegalen Praktiken deutscher Unternehmen, die sich am Geschäft mit den Rohöllieferungen nach Südafrika beteiligen. Das Geschäft selbst ist gigantisch. Die 15 Mio. Tonnen Rohöl, die vom Weltmarkt für Südafrika abgezweigt werden, waren vor dem Verfall der Ölpreise immerhin 3 Mrd. Dollar wert. Aber auch bei gesunkenen Preisen ist das Geschäft mit Südafrika besonders lukrativ. Die Embargobrecher lassen sich ihr Risiko natürlich von Südafrika in Form besonderer Aufschläge bezahlen. Wieviel das Land für seine Öleinfuhren tatsächlich bezahlen muß, ist geheim. Strengste Geheimhaltung umgibt alles, was mit der Ölversorgung zu tun hat. Ein drakonisches Gesetz, der Petroleum Products Act, stellt die Weitergabe von Informationen über die südafrikanische Ölsituation unter schwere Strafen – sieben Jahre kann man sich dafür einhandeln. Die Geheimhaltung ist notwendig, weil die »Freunde und Partner«, die Südafrika als Händler oder Reeder mit Rohöl beliefern, ihrerseits mit Vergeltungsmaßnahmen der OPEC-

Produzenten rechnen müssen, die von ihren Kunden Erklärungen über den Bestimmungsort der Öllieferungen verlangen.
Die geheimen Öllieferungen nach Südafrika sind gleichwohl weitgehend bekannt. Verantwortlich dafür ist das Shipping Research Bureau in Amsterdam, das alle relevanten Tankerbewegungen überwacht. Das klingt schwieriger, als es ist. In vielen Fällen genügt ein Blick in die Register der Häfen über ein- und auslaufende Schiffe, um festzustellen, daß z. B. ein mit Rohöl in Rotterdam ausgelaufener Tanker seinen angeblichen Bestimmungsort, z. B. Gibraltar, nie erreicht hat, dafür aber mit einer Ladung südafrikanischer Kohle in Bremen wiederauftaucht.
In den Jahren 1985 und 1986 wurde ein deutsches Unternehmen im Zusammenhang mit geheimen Öllieferungen nach Südafrika Gegenstand parlamentarischer Anfragen. Anfragen der Grün-Alternativen Liste (GAL) in der Hamburger Bürgerschaft und der SPD-Bundestagsfraktion bezogen sich auf dieselben Dokumente der Amsterdamer Schiffahrtsdetektive vom Shipping Research Bureau. Die Bundesregierung und der Hamburger Senat wurden mit folgenden Vorwürfen konfrontiert:
Eine deutsche Unternehmensgruppe sei tief in das südafrikanische Ölgeschäft verstrickt. Die Gruppe sei bekannt unter dem Namen Marimpex (Hamburg). Es handele sich dabei um das Firmenkonglomerat des Hamburger Geschäftsmannes Gert Lutter. Im Dickicht untereinander verschachtelter Firmen, teilweise Briefkastenfirmen, mit Sitz in der Bundesrepublik und in der Schweiz, jahrelang auch mit eigenen Schiffen unter den Billigflaggen von Liberia und Panama, sei Lutter zu einem der wichtigsten Lieferanten Südafrikas aufgestiegen. Im Zeitraum von Dezember 1980 bis Mai 1983 seien vom Shipping Research Bureau zehn Öllieferungen der Marimpex nach Südafrika aufgedeckt worden. Dabei seien

insgesamt 1,37 Mio. Tonnen Rohöl transportiert worden, in allen Fällen aus Rotterdam.
In allen Fällen seien für die auslaufenden Schiffe falsche Bestimmungsorte angegeben worden. Sie hätten Durban angelaufen. In vier von zehn Fällen seien Tanker benutzt worden, die zum Marimpex-Komplex gehörten, obwohl auch diese Tatsache dadurch verschleiert worden sei, daß die Schiffe von anderen Reedereien gemakelt wurden.
Nach den Amsterdamer Unterlagen sollen zwischen 1981 und 1983 folgende Öllieferungen der Firma Marimpex mit Hilfe verschiedener Reedereien nach Südafrika gelangt sein:

Schiffsname Eigentümer/ Reeder	Agent in Rotterdam	Abfahrts-datum Ladung in Tonnen	angegebener Bestim-mungsort	Monat des Besuchs in Südafrika
KONKAR DINOS Leif Høegh & Co.	Cela Shipping	28. 11. 1980 200 000 t	Bombay	Dez. '80/ Jan. '81
St. MARCOS Marimpex	Cela Shipping	19. 7. 1981 90 000 t	Bombay	August 1981
HØEGH HILL Leif Høegh & Co.	Cela Shipping	14. 8. 1981 230 000 t	Gibraltar	September 1981
RECIFE Thyssen-Bornem.	Cela Shipping	1. 10. 1981 135 000 t	Tubarao (Brasilien)	Okt./Nov. 1981
ST. MARCOS Marimpex	Cela Shipping	23. 11. 1981 90 000 t	Bilbao	Dezember 1981
ST. MARCOS Marimpex	Cela Shipping	5. 7. 1982 90 000 t	Bonaire (Antillen)	Juli/Aug. 1982
ST. TOBIAS Marimpex	Cela Shipping	9. 8. 1982 175 000 t	Bonaire	Aug./Sept. 1982
MOBIL WESER Leif Høegh & Co.	Cela Shipping	8. 11. 1982 95 000 t	Bonaire	Dezember 1982

ST. BENEDICT	Cela	1. 12. 1982	Bonaire	Dezember
Marimpex	Shipping	185 000 t		1982
PUMA	Cela	21. 4. 1983	St. Lucia	Mai 1983
J. Fredriksen	Shipping	80 000 t		

In ihrer Antwort vom 27. Mai 1986 auf die Kleine Anfrage der SPD-Bundestagsfraktion erklärte die Bundesregierung lediglich, daß die Firma Marimpex zum Zeitpunkt der Luxemburger Erklärung (Ölboykott der EG gegenüber Südafrika vom 10. 9. 1985) über keine eigenen Schiffe mehr verfügt habe.
Die Anfrage und mehrere öffentliche Erklärungen der Bürgerschaftsfraktion der Grün-Alternativen-Liste in Hamburg stützten sich auch auf die – allerdings anonyme – Mitteilung Hamburger Exporteure, die Firma sei weiterhin massiv im Ölgeschäft mit Südafrika tätig.
Die GAL griff auch den Vorwurf des Shipping Research Bureau auf, die Marimpex verkaufe ihr Öl aus steuerlichen Gründen mit einer minimalen Handelsspanne an eine Lutter-Firma in der Schweiz und von dort aus zu hohen Preisen nach Südafrika. In seiner Antwort erklärte der Hamburger Senat, ihm sei von solchen Praktiken nichts bekannt und fuhr dann fort: »Im übrigen äußert der Senat sich grundsätzlich nicht öffentlich zu Steuerangelegenheiten von privaten Firmen.« Auf die Frage nach staatsanwaltlichen Ermittlungen sagte der Senat: »Zu Fragen der Aufnahme oder des Standes staatsanwaltlicher Ermittlungen gibt der Senat grundsätzlich keine Auskünfte.« Beide Aussagen dürfen mit einem kräftigen Fragezeichen versehen werden.
Nach dem Sanktionsbeschluß von Luxemburg hat die Bundesregierung den Verband deutscher Reeder auf die Luxemburger Erklärung hingewiesen. Zu Marimpex heißt es in der Erklärung der Bundesregierung: »Da von deutschen Häfen oder mit Schiffen unter deutscher Flagge keine Rohölexporte nach Südafrika durchgeführt werden, sieht die Bun-

desregierung keinen Anlaß für über die fortlaufende Beobachtung hinausgehende Kontrollmaßnahmen.«
Nun war auch nie behauptet worden, daß Marimpex die Öllieferungen nach Südafrika von deutschen Häfen oder mit Schiffen unter deutscher Flagge durchgeführt habe. Das Unternehmen könnte also genauso wiederholt werden – es würde nichts geschehen.
Dann ist ja alles in Butter, Herr Lutter.

12. Der Deutsche Gewerkschaftsbund

Immer ein Stück hinterher

Naturgemäß hat sich der Deutsche Gewerkschaftsbund von der Entwicklung in Südafrika besonders herausgefordert gefühlt. Die DGB-Gewerkschaften erkannten früh den wahren Kern der südafrikanischen Rassenpolitik als »Klassenkampf nach Hautfarben« und mußten sich schon deshalb mit der schwarzen Bevölkerungsmehrheit solidarisieren, weil in dieser Gruppe fast ausschließlich Arbeiter anzutreffen waren. Dennoch bleibt das Anti-Apartheids-Profil des DGB über die Jahre hinweg merkwürdig blaß und verschwommen. Erst in der allerjüngsten Zeit hat der DGB Anschluß gefunden an die internationale gewerkschaftliche Kampagne gegen die Apartheid.

Als die Wirtschaftsbeziehungen zwischen der Bundesrepublik und Südafrika noch im embryonalen Zustand waren, fiel die Verurteilung der Apartheid durch den DGB unzweideutig und massiv aus. Er hatte keine Probleme, den Boykottaufruf des Internationalen Bundes Freier Gewerkschaften (IBFG) 1960 zu übernehmen. (Der Aufruf richtete sich allerdings an die Verbraucher in der Bundesrepublik, keine südafrikanischen Waren zu kaufen. Das gravierendere Problem der Investitionen in Südafrika wurde noch nicht gesehen.) Mit dem Einsetzen der deutschen Investitionswelle in Südafrika wurden die Gewerkschaften verhaltener. Der Export nach Südafrika war ein für den Arbeitsmarkt interessanter Faktor geworden; die Betriebsräte in den großen deutschen Konzernen, die Tochterunternehmen in Südafrika errichteten, hatten die Investitionen nicht kritisiert.

Sie dachten an die Sicherheit der Arbeitsplätze im eigenen Land, und sie glaubten wohl auch, daß diese Investitionen zu einem sozialen und politischen Wandel in Südafrika beitragen würden. Dieser Irrtum zeitigte lange und schwerwiegende Folgen.

Der DGB hat seinen Einfluß während der sozialliberalen Koalition nicht genutzt, um eine konsequente deutsche Südafrika-Politik zu fördern. Er hat im Gegenteil die Anti-Sanktions-Linie der Regierung Schmidt/Genscher unterstützt.

Auf der Habenseite können der DGB und einige Einzelgewerkschaften, namentlich die IG Metall, für sich verbuchen, daß sie einen Beitrag zur Stabilisierung der unabhängigen schwarzen Gewerkschaften in Südafrika geleistet haben und daß sie zunehmend die sozialen Belange der schwarzen Arbeitnehmer in den deutschen Unternehmen in Südafrika zu ihrer eigenen Sache gemacht haben. Intensiv befaßte sich der DGB auch mit dem EG-Verhaltenskodex, dessen Hauptmängel, die fehlende gewerkschaftliche Beteiligung und verschleiernde Berichtspraxis, er durch eigene Aktivitäten auszugleichen suchte. Frühe Verdienste erwarb sich auch die IG Druck und Papier mit ihrer Forderung nach Kündigung des Kulturabkommens.

Der zentralen Frage der Sanktionen näherte sich der DGB jedoch nur sehr langsam und zögernd – auf Samtpfoten. Zunächst geschah dies auf dem Umweg über Beschlüsse der internationalen Gewerkschaftsbewegung. So stimmte die IG Metall einer Resolution des Internationalen Metallarbeiter-Bundes im Juni 1985 in Tokio zu, in der »alle Formen von Druckausübung, einschließlich wirtschaftlicher Art« unterstützt werden. Weitergehende Sanktionen hatte schon im April 1985 der IBFG auf seiner Tagung in Washington gefordert.

Der 10. Ordentliche Bundeskongreß des DGB 1975 in

Hamburg war das Südafrika-Thema noch sehr indirekt angegangen. Er begrüßte den Kampf des IBFG gegen Rassendiskriminierung und seine Aktionen in bezug auf Südafrika.

Der 11. Ordentliche Bundeskongreß 1978 in Hamburg begrüßte den Verhaltenskodex der EG und forderte, den Druck auf die Konzerne dahingehend zu verstärken, »daß die Rassengesetze Südafrikas in den Unternehmen der multinationalen Konzerne zuallererst ihre Geltung verlieren«. Schließlich wurde die Unterstützung der schwarzen und farbigen Gewerkschaften in Südafrika ausdrücklich hervorgehoben.

In einer Resolution zu Südafrika erklärte sich der DGB »solidarisch mit den unterdrückten Arbeitnehmern in Südafrika«. Nach einer Reihe von Forderungen an die südafrikanische Regierung folgt dann das »Ersuchen«, »bei einer Verschärfung des Konfliktes wirtschaftliche Sanktionen gegen Südafrika zu erwägen«.

Ein wesentlich weitergehender Antrag des Bundes-Jugendausschusses des DGB, der die Bundesregierung verurteilte, weil »sie diese Regime (Rhodesien und Südafrika) entscheidend stützt und sich damit indirekt an der Unterdrückung der Völker Rhodesiens und Südafrikas beteiligt«, wurde in der Sache nicht angenommen.

Der 12. Ordentliche Bundeskongreß 1982 in Berlin vermied im Gegensatz zu 1978 direkte Forderungen. Angenommen wurde lediglich im Rahmen eines umfassenderen Antrags zur internationalen Gewerkschaftssolidarität eine Reihe von Aussagen zur Unterdrückung der schwarzen Gewerkschaften und diesmal eine »Forderung« an die Bundesregierung, »bei der südafrikanischen Regierung mit Nachdruck auf die Einhaltung internationaler Normen bezüglich der Menschen- und Gewerkschaftsrechte zu drängen«. Wesentlich weitergehende Anträge des Landesbezirks Berlin und des

Bundes-Jugendausschusses erlitten dasselbe Schicksal wie schon der Jugendausschuß-Antrag auf dem 11. Kongreß: angenommen als Material.

Dem 13. Ordentlichen Bundeskongreß 1986 in Hamburg lag eine Reihe von teils sehr umfassenden Südafrika-Anträgen vor. Die Anträge zeigen, welchen Stellenwert die Südafrika-Problematik inzwischen im DGB erreicht hatte. Angenommen wurde der Antrag der IG Metall, der die vollständige Abschaffung der Apartheid verlangt und dann fortfährt:

»Solange sich die südafrikanische Regierung weigert, diese Schritte einzuleiten, unterstützt der DGB Maßnahmen westlicher Regierungen zur diplomatischen, kulturellen und politischen Isolierung Südafrikas. Diese Maßnahmen sind zu steigern, wenn sich diese Regierung weiter weigert, der Apartheid ein Ende zu bereiten.

Je mehr durch die Machthaber in Pretoria die Hoffnung und die Chance auf einen friedlichen Wandel zerschlagen werden, desto mehr müssen auch wirtschaftliche Sanktionen bis hin zur völligen Desinvestition westlicher Unternehmen und zur völligen Verweigerung von Krediten westlicher Banken Platz greifen.«

Mit dieser etwas konditionierten Formulierung blieb der Bundeskongreß auf der Linie, die DGB-Chef Ernst Breit in seinem Gespräch mit ANC-Präsident Oliver Tambo am 10. 4. 1986 in Düsseldorf eingenommen hatte. Laut DGB-Pressemitteilung sagte Breit zu Tambo, »daß der DGB Sanktionen als wirksames Mittel zur Abschaffung der Apartheid grundsätzlich befürworte«. Im deutschen politischen Sprachgebrauch meint das Wort »grundsätzlich« eher das Gegenteil, jedenfalls eine starke Einschränkung. Der IBFG war in seiner Washingtoner Erklärung wesentlich weitergegangen. Er hatte klar erkannt: »Die Existenz des Regimes in Südafrika hängt von der Apartheid ab. Das Regime selbst wird sie nicht abschaffen.« Als Konsequenz

hatte der IBFG einen Sanktionskatalog vorgeschlagen, der bereits nahe an den wirtschaftlichen Totalboykott heranreicht.
Die Diskussion innerhalb des DGB ist nicht abgeschlossen. Einzelgewerkschaften gehen bereits weiter. Speziell wandelt sich das Südafrika-Bild in den Betriebsräten der Großunternehmen. So schrieben VW-Betriebsräte nach einer Südafrika-Reise im Mai 1985: »Die Investitionen multinationaler Konzerne in Südafrika haben nicht zu einem politischen Wandel und somit zur Verbesserung der Arbeits- und Lebensbedingungen der schwarzen Bevölkerungsmehrheit geführt. Sie haben vielmehr zur Stabilisierung des Apartheid-Systems beigetragen. Unsere Überlegungen decken sich mit den Forderungen des IBFG.« Auch der DGB-Vorsitzende Ernst Breit hat sich nach seiner Teilnahme an einer Südafrikareise einer internationalen Gewerkschaftsdelegation für wirtschaftliche Maßnahmen gegen Südafrika ausgesprochen.

13. Die Evangelische Kirche
Qual des Gewissens

Von allen gesellschaftlichen Gruppen in der Bundesrepublik darf die Evangelische Kirche für sich in Anspruch nehmen, daß sie sich mit allen Aspekten der Apartheid am intensivsten und am ernsthaftesten auseinandergesetzt hat. Sie hat es sich sowohl von der theologischen als auch von der säkularen Seite her nicht leicht gemacht. Aber auch für sie gilt, daß sie in der weltweiten Verbindung der protestantischen Kirchen eher die Nachhut bildet. Die Evangelische Kirche in Deutschland hatte und hat starke Veranlassung, ihre Verantwortung gegenüber Südafrika zu erkennen. Als eine Kirche, die dem Nationalsozialismus nur zum Teil Widerstand entgegengesetzt hat und nach dem Krieg mit einem »Schuldbekenntnis« neu anfing, muß sie in Rassenfragen besonders empfindlich sein. Als eine Kirche, die mit den weißen lutherischen Kirchen in Südafrika sogar vertraglich verbunden ist, kann sie sich dem Konflikt in Südafrika nicht entziehen. Sie ist selber Konfliktpartei.

Auch die EKD hatte einen sehr weiten Weg zurückzulegen. Den Beginn markiert eine Stellungnahme des hannoveranischen Landesbischofs D. Lilje vom 19.3.1952 nach einer Südafrikareise. Lilje sagte damals, »er selbst habe den Eindruck, daß es sich bei der Politik der Apartheid einfach um den nüchternen Versuch handele, eine Möglichkeit und eine Ordnung für ein friedliches Zusammen- und Nebeneinanderleben der Schwarzen, Mischlinge und Weißen zu finden«. Die schweren Probleme für die EKD kamen erst später:

- Zunehmend wurden ihre weißen Partnerkirchen in Südafrika und Namibia wegen der von ihnen praktizierten Rassentrennung international attackiert, bis ihre Mitgliedschaft im Lutherischen Weltbund schließlich in Budapest 1984 suspendiert wurde. (Die weißen reformierten Kirchen Südafrikas waren schon vorher vom Reformierten Weltbund suspendiert worden.)
- Das Anti-Rassismus-Programm des Ökumenischen Rats der Kirchen von 1969/70 mit seiner seitdem bestehenden humanitären Unterstützung des ANC und der SWAPO löste in den evangelischen Gemeinden einen bis heute andauernden tiefen Streit aus, bei dem es im Kern um die Frage geht, ob Gewaltanwendung gerechtfertigt sein kann oder nicht.
- Die sich steigernde Kritik des ÖRK an den Wirtschaftsbeziehungen des Westens mit Südafrika und die immer massiver werdenden Sanktionsforderungen des Südafrikanischen Kirchenrates (SACC) stürzten die EKD wegen ihres in der Welt ziemlich einzigartigen Finanzstatus (Kirchensteuer) in einen Konflikt mit ihren potentesten Beitragszahlern.

Verschärft wurde die Konfliktsituation durch die Tatsache, daß innerhalb der EKD sowohl eine progressive als auch eine reaktionäre Basisbewegung um Einfluß auf die Amtskirche streiten. Beide sind aus unterschiedlichen Gründen mit der Amtskirche unzufrieden: Den einen geht das gesellschaftliche Engagement nicht weit genug, den anderen geht es viel zu weit. Und wie immer in solchen Fällen kritisiert der rechte Flügel zwar die »Politisierung« ganz allgemein, wendet sich aber in Wahrheit nur gegen politische Inhalte, die ihm selber nicht passen. Die Leitung einer Glaubensgemeinschaft, die sich allen tatsächlichen Befunden zum Trotz immer noch als Volkskirche sieht, wird unter einem solchen Druck von zwei Seiten nach Kompromissen suchen, die letztlich niemanden befriedigen.

Wenn man die umfangreichen Dokumente des Rates der EKD und der Synoden seit Anfang der siebziger Jahre liest, muß man einräumen, daß die Evangelische Kirche das Wesen der Apartheid absolut durchschaut hat und mit ihren Annahmen über die künftige Entwicklung immer recht hatte. Sie konnte aber ihr eigenes Dilemma nicht auflösen, vermutlich, weil sie die Gemeinden nicht »überfordern« wollte. Das klärende Wort zur Gewaltfrage steht bis heute aus, obwohl die »Kammer für öffentliche Verantwortung« im Auftrag des Rates der EKD schon 1973 zwölf Thesen zu »Gewalt und Gewaltanwendung in der Gesellschaft« vorgelegt hat, die in der Anwendung auf die Lage in Südafrika zwingend zur Anerkennung eines Widerstandsrechts führen – äußerstenfalls auch mit dem Mittel der Gewalt. Der Weltkirchenrat hatte 1971 in Addis Abeba zurückhaltender formuliert: »Er richtet nicht die Opfer des Rassismus, die sich zu Gewaltanwendung als letztem Ausweg gezwungen sehen, um erlittenes Unrecht wiedergutzumachen und den Weg in eine neue gerechtere Gesellschaftsordnung zu öffnen.«
Damit begründete der Weltkirchenrat seinen »Sonderfonds« zur Bekämpfung des Rassismus, aus dem auch die Befreiungsbewegungen für humanitäre Zwecke Zuschüsse erhalten, auf Antrag und für genau beschriebene Projekte, allerdings ohne das in der staatlichen Entwicklungshilfe übliche penible Kontrollverfahren. An dieser Stelle ist die Kritik von rechts begründet: Auf diese Weise kann man sich nicht die Hände in Unschuld waschen. Wer eine Organisation unterstützt, die auch den bewaffneten Kampf aufgenommen hat, der unterstützt im Ergebnis auch den bewaffneten Kampf selbst. Die reservatio mentalis der evangelischen Kirchen kann nicht überzeugen – und nach ihren eigenen Lehren ist sie auch unangebracht. Die EKD wälzte das Problem auf die einzelnen Gläubigen ab: Die Unterstützung des Anti-Rassismus-Fonds ist jedermanns eigene Sache.

Kritisiert wird auch die finanzielle Unterstützung des Südafrikanischen Kirchenrats, der mit den EKD-Zuschüssen auch Rechtshilfe für Apartheidsopfer finanziert. Hier hat sich die EKD eindeutig hinter den Kirchenrat gestellt und ihren Teil dazu beigetragen, daß der Versuch der südafrikanischen Regierung gescheitert ist, den SACC zu verbieten.
In der Frage der Sanktionen, die der Weltkirchenrat seit Vancouver (1983) und Harare (1985) eindeutig fordert, suchte die EKD den Weg des geringsten Widerstands. Sie setzte auf das Gespräch mit Industrie und Banken – mit dem einzig faßbaren Ergebnis, daß die Commerzbank z. B. kirchlichen Gruppen, die sie zum Abbruch der Geschäftsbeziehungen mit Südafrika aufgefordert hatten, triumphierend entgegenhalten konnte, sie habe für ihre Position im Gespräch mit der EKD viel Verständnis gefunden. Die Divestment-Strategie der amerikanischen Kirchen und des ÖRK hat die EKD insgesamt nicht mitvollzogen. Daß der Weltkirchenrat seine Konten bei Banken auflöste, die Südafrika finanzieren, faßte die EKD nicht als nachahmenswertes Beispiel auf. Lediglich einzelne Gliedkirchen wie die rheinische Kirche haben inzwischen das Divestment beschlossen. Auch die seit 1978 laufende Boykottaktion der Evangelischen Frauenarbeit in Deutschland »Kauft keine Früchte der Apartheid« erregte Mißfallen in der Kirchenhierarchie. Der EKD-Ratsvorsitzende verweigerte das Vorwort zur entsprechenden Informationsbroschüre.
Resolutionen der Kirchentagsteilnehmer von 1985, der Evangelische Kirchentag möge seine Konten bei der Deutschen Bank kündigen, wurden von der Kirchentagsleitung mit dem Hinweis auf die vielfältige Unterstützung des Kirchentags durch die Deutsche Bank abgelehnt. In der allerjüngsten Zeit hat sich die Position der EKD verschärft. Als Antwort auf den Appell der Nationalkonferenz des Südafrikanischen Kirchenrats vom 28. 6. 1985, für wirtschaftliche

Druckmaßnahmen zu sorgen, wies der Rat der EKD am 13.9.1985 »die Verantwortlichen in Politik, Wirtschaft und Gewerkschaften daraufhin, daß der südafrikanischen Regierung der Umfang der Investitionen und Handelsbeziehungen als Maßstab für das Vertrauen der überseeischen Partner in ihre Politik zur Gestaltung der Zukunft des Landes gilt«. Der Rat erklärte dann, die Fortführung des wirtschaftlichen Engagements sollte von der Bereitschaft der südafrikanischen Regierung zur Abschaffung der Apartheid abhängig gemacht werden, verlangte konkret aber nur einen Investitionsstopp für militärisch relevante Bereiche. Die EKD-Synode in Trier vom 3.–8.11.1985 ging ein Stück weiter und forderte »gewaltfreie Maßnahmen des politischen und wirtschaftlichen Drucks«. Am 13. und 14.12.1985 tagte der EKD-Rat in Hannover, und nach einer Absage an einen totalen Wirtschaftsboykott sprach er endlich das erlösende Wort, »gezielte, kalkulierte Sanktionen seien hingegen unbedingt erforderlich«. Die damals in Aussicht genommenen Gespräche mit der Regierung und der Wirtschaft wurden schließlich im Sommer 1986 eingeleitet. Ende Juli 1986 legte der Rat der EKD schließlich einen konkreten Katalog von Sanktionen vor, der den Forderungen des SACC entspricht. Bis dahin hatte die EKD es vermieden, Druck auf Parteien, Regierungen oder Parlamente auszuüben. Dafür allerdings wurde sie selber von führenden evangelischen Mitgliedern der CDU/CSU und in einem Fall auch der FDP massiv unter Druck gesetzt.

Ganz offensichtlich ist auch bei der EKD der Zug abgefahren. Auf dem Bahnsteig bleibt die rechte Opposition zurück, deren Pamphlete und Traktätchen ohnehin nicht ernstgenommen werden können. Betroffen machen allerdings der unchristliche Stil dieser Auseinandersetzung und die Querverbindungen zur bekannten Südafrika-Lobby in der Bundesrepublik. Der »Rundbrief« der Sammlungsbewegung der innerkirchlichen Opposition »Arbeitskreis Christen für Partnerschaft statt Gewalt« wird von dem früheren Direktor der South Africa Foundation und Geschäftsführer der Deutschen Südafrika Gesellschaft, Christoph Graf Dönhoff, herausgegeben. Und der Professor Ortlieb ist auch wieder dabei. Das Bild der EKD in der Südafrika-Frage wäre unvollständig und unfair, wenn man nicht auch die inzwischen unzählbar gewordenen Solidaritätsaktionen sehen würde und wenn man verschweigen würde, daß ohne das Engagement einer großen Zahl evangelischer Christen das allgemeine Bewußtsein in der Bundesrepublik hinsichtlich der Apartheid noch viel weiter zurückgeblieben wäre.

14. Die Katholische Kirche
Die Kanzeln schweigen

Die Katholiken in der Bundesrepublik haben es mit der Apartheid leichter als die evangelischen Brüder und Schwestern. Ihre Oberen belasten das Gewissen der Gläubigen nicht mit der quälenden Frage nach der persönlichen Verantwortung eines Christenmenschen für das Unrecht in Südafrika. Die Kanzeln schweigen. Die so brieffreudigen Oberhirten haben noch keine Tinte an dieser Frage verschwendet. Freilich kann sich die katholische Kirche leichter heraushalten als andere. Es gibt keine katholische deutsche Nationalkirche, zuständig für die Apartheidfrage ist der Vatikan. Auf Südafrika bezogene Äußerungen gegen den Rassismus gibt es von den Päpsten Paul VI. und Johannes Paul II. Wenn man diese aber ihres theologischen Beiwerks entkleidet, bleiben nur sehr allgemeine Verurteilungen der Apartheid übrig.

Die Katholiken in Südafrika werden alleingelassen. Die 3 Mio. Mitglieder – 80 % Schwarze – zählende katholische Kirche in Südafrika hat sich in den letzten Jahren zu einem der entschiedensten und unerschrockensten Apartheids-Gegner überhaupt entwickelt. Die Südafrikanische Katholische Bischofskonferenz fordert Sanktionen. Ihr Vorsitzender, Durbans Erzbischof Hurley, geht in der Verteidigung des gewaltsamen Widerstands weiter als protestantische Theologen, und er bedauert, daß seine Kirche noch keinen Camara oder Romero hervorgebracht hat.

Natürlich gärt es auch in den deutschen Diözesen. Der

Konflikt zwischen Basisgruppen und Hierarchie scheint in der katholischen Kirche noch wesentlich ausgeprägter zu sein als in der evangelischen. Es dringt davon wenig nach außen (diese Kirche ist eben nicht demokratisch verfaßt). Vom eigentlichen Sprecher der Laien, dem Zentralkomitee der Deutschen Katholiken, ist nichts zu erwarten, da es sich fest in der Hand aktiver CSU- und CDU-Politiker befindet. Das Komitee hat auch geschwiegen, als die Katholische Kirche in der Apartheid-Frage einmal Profil zeigte und prompt mit Franz-Josef Strauß über Kreuz geriet. 1983, so hatten die Bischöfe beschlossen, sollte der Informations-Schwerpunkt der alljährlichen Fastenaktion ihres Hilfswerks »Misereor« dem Thema Südafrika gewidmet sein. Die von »Misereor« ausgearbeiteten und verbreiteten Informationen waren hart, aber korrekt. Strauß beschwerte sich bei Kardinal Höffner und dem für »Misereor« zuständigem Augsburger Bischof Stimpfle. Für Strauß waren die Informationen »Hetze«, er war »empört über so viel Unkenntnis, Verhetzung, Wahrheitsverletzung«. Und dann zitierte er – Strauß! – das 8. Gebot: Du sollst nicht lügen. Gravierender war allerdings, daß er sich zum Briefträger einer massiven Drohung des südafrikanischen Botschafters in Bonn gegen die katholische Kirche in Südafrika machte. Von Höffner bekam Strauß eine scharfe, von Stimpfle eine beschwichtigende Antwort, und dann – es war zwei Tage vor der Bundestagswahl – trafen sich Kardinal und CSU-Vorsitzender und erklärten: »Die politische Lage in Südafrika birgt sehr schwierige und sehr differenzierte politische Probleme.« Darüber wolle man demnächst ausführlich reden. Die Misereor-Kollekte habe aber mit Südafrika nichts zu tun, und deshalb bitte man gemeinsam, die Kollekte zu unterstützen. In der Tat: Die Kollekte war nicht für Maßnahmen in Südafrika oder gegen den Rassismus bestimmt, sondern für Entwicklungshilfeprojekte sonstwo in der Welt.

Um die Kollekte ging der Streit überhaupt nicht, es ging um die Informationen.

Das Schweigen im katholischen Walde wurde erst wieder gestört, als am 25. Juni 1986 der katholische Bischof Bucher aus Bethlehem, Südafrika, die »Deutsche Kommission Justitia et Pax«, eine Einrichtung der Bischofskonferenz, besuchte und den Standpunkt des südafrikanischen Episkopats überbrachte, der gerade in einem Pastoralschreiben formuliert hatte: »Das System der Apartheid hat in den menschlichen Beziehungen in Südafrika soviel Leid und Schaden verursacht und wird nun trotz einiger Reformen mit solch unterdrückender Gewalt verteidigt, daß die Menschen zu den stärksten Formen des Drucks greifen müssen, um das System zu ändern. Die wirksamste Form des Drucks, die noch bleibt, scheint wirtschaftlicher Druck zu sein.« Der südafrikanische Bischof berichtete in Bonn, die Vertreter der Schwarzen in Südafrika hätten »wie ein Mann« erklärt, die Folgen von Sanktionen tragen zu wollen. Und den gewaltsamen Widerstand begründete Bischof Bucher – theologisch vielleicht etwas rückständig – mit der Lehre vom gerechten Krieg.

Der Beirat der »Deutschen Kommission Justitia et Pax« erklärte dann öffentlich, den Sanktionsforderungen der katholischen südafrikanischen Bischöfe beitreten zu wollen und setzte eine Arbeitsgruppe zur Untersuchung »gezielter, differenzierter und kalkulierter Druckmaßnahmen« ein.

In einem Punkt geht es den deutschen Katholiken nicht besser als den Protestanten: Sie haben auch ihre selbsternannten rechten Tugendwächter. Bei ihnen sind es Publikationsorgane wie die »Bildpost« (die die Bischöfe selber herausgeben), die Würzburger »Deutsche Tagespost«, das »Deutschland-Magazin« (das an beiden kirchlichen Fronten kämpft), die »Passauer Neue Presse« und der »Schwarze Brief« des früheren »Bildpost«-Chefredakteurs

Claussen, der die Anti-Misereor-Kampagne organisiert hatte.
Wie lange mögen die deutschen Bischöfe noch schweigen? Wann interessieren sie sich einmal für das Leid von Menschen und nicht nur für ihr Sexualverhalten? Wann verteidigen sie das Recht auf Leben auch für die Menschen in Südafrika? Die Katholiken in Südafrika haben darauf eine Antwort: Wenn es den ersten schwarzen Papst gibt.
Kritische Äußerungen über die Apartheid, die über das normale Maß der Verurteilung hinausgehen, finden sich tatsächlich bei Bischof Tenhumberg, der als Weihbischof von Limburg in Südafrika war, und beim Rottenburger Bischof Moser, ebenfalls nach einer Südafrika-Reise. Tenhumberg war seinerzeit von rechten Südafrika-Lobbyisten in der Katholischen Kirche heftig angefeindet worden. Bedeutende Beiträge zur Südafrika-Diskussion auf der katholischen Seite leistet vor allen Dingen der »Katholische Arbeitskreis Entwicklung und Frieden« (KAEF), dessen Wissenschaftliche Kommission die von Franz Ansprenger und Ernst-Otto Czempiel herausgegebenen »Studien zum Konflikt im Südlichen Afrika« betreut. Starkes Engagement findet sich auch in den katholischen Jugendorganisationen, in den Bildungswerken und in den verschiedenen Hilfswerken. Als wichtiges Sprachrohr der progressiven Katholiken muß auch der Bensberger Kreis angesehen werden.
Insgesamt fällt bei beiden großen Kirchen auf, daß ihr interner Konflikt über ihre Haltung zur Apartheid Teil eines größeren und umfassenderen Konflikts ist. In der katholischen Kirche engagieren sich diejenigen gegen die Apartheid, die die Kirche auf der Grundlage des Zweiten Vatikanums weiterentwickeln wollen zu mehr Offenheit, Toleranz, aber auch Konfliktbereitschaft. In der evangelischen Kirche bringen die Kräfte die Südafrika-Diskussion voran, die insgesamt zeitgemäße Antworten ihrer Kirche auf die drängen-

den säkularen Probleme der Gegenwart verlangen. Mit Bischof Kruse als Ratsvorsitzender der EKD hat die evangelische Kirche jetzt einen Mann an der Spitze, der in der Südafrika-Politik für eine schärfere Gangart eintritt.

15. Gesellschaftliche Gruppen
Lobby und Solidarität

Neben den großen gesellschaftlichen Gruppen gibt es eine Reihe von Verbänden und Organisationen, die sich speziell mit der südafrikanischen Problematik befassen. Sie haben nur eines gemeinsam: Sie sind allesamt heftig engagiert, die einen für die Weißen in Südafrika und die anderen für die Schwarzen. Die Weiß-Südafrika-Lobby ist die organisatorisch und finanziell stärkere. Die einzelnen Organisationen sind personell miteinander verflochten, so daß die tatsächliche Stärke nicht feststellbar ist. Alle vertreten sie mehr oder weniger abgestuft die Linie der südafrikanischen Regierung. Starke Querverbindungen bestehen auch zu den Gruppen in der evangelischen Kirche, die das Anti-Rassismus-Programm des Weltkirchenrats aktiv bekämpfen.
Organisatorisches Rückgrat der Südafrika-Lobby ist die Deutsch-Südafrikanische Gesellschaft mit 23 Landesverbänden und Kreisen. Sie ist eine Gründung der radikalen Afrikaans-Deutschen Kulturgemeinschaft und der nach außen mehr liberalen South Africa Foundation. DSAG und South Africa Foundation haben einen gemeinsamen Geschäftsführer, den Direktor der South Africa Foundation, Dr. Rolf Gruber. Die DSAG fördert Kontakte mit Weiß-Südafrika und betreibt eine ausgedehnte Öffentlichkeitsarbeit, die in aggressiver Weise die Standpunkte der weißen Minderheit in Südafrika vertritt. Ob sie über nennenswerten Einfluß in Politik und Wirtschaft verfügt, kann man nur vermuten. Mit einflußreichen Namen ziert sie sich jedenfalls: z. B. als Kuratoriumsmitglieder Erik Blumenfeld MDEP, Wilfried

Böhm MdB, Dr. Otto von Habsburg, Hans Graf Huyn MdB, Gerhard Löwenthal, Professor Dr. Heinz-Dietrich Ortlieb, Peter Petersen MdB, Dr. Hans Stercken MdB (Vorsitzender des Auswärtigen Ausschusses des Deutschen Bundestages!), Professor Dr. Klaus Stern, Botschafter a. D. (in Pretoria) Erich Strätling usw. Präsident ist Casimir Prinz Wittgenstein.

Der DSAG-Kreis München – Vorsitzender: Dr. Goebel – beschwerte sich nach dem Besuch von Willy Brandt in Südafrika beim deutschen Botschafter in Pretoria, weil ein Abendessen Brandts mit Winnie Mandela im Haus eines deutschen Diplomaten stattgefunden hatte. Am Ende dieses Beschwerdebriefs heißt es zusammenhanglos: »Sie dürfen versichert sein, sehr geehrter Herr Botschafter, daß auch die Tätigkeit Ihres Mitarbeiters und SPD-Mitglieds Herrn Michalzik zu gegebener Zeit hier einer eingehenden Würdigung unterzogen werden wird.« Dieser Brief ging in Kopie – natürlich – an Franz-Josef Strauß. Peter Michalzik war Sozialreferent an der Deutschen Botschaft in Pretoria, er kam vom DGB und hatte glänzende Kontakte zu den schwarzen Gewerkschaften. Das war es, was der DSAG nicht paßte. Derselbe Kreis zeigte schon einmal eine besonders schneidige Gangart, als er anläßlich eines Auftritts des Bonner ANC-Repräsentanten Seedat in München gegen diesen Strafanzeige erstattete. Grund: Seedat ist Mitglied des ANC (dessen Präsident immerhin im Frühjahr 1986 von Außenminister Genscher empfangen worden war).

Die radikal rechte Position im Spektrum der weißen Lobby nimmt ein »Hilfskomitee Südliches Afrika« in Coburg ein. Hier merkt man, daß es kein Zufall war, daß Coburg als erste deutsche Stadt eine absolute Mehrheit der NSDAP im Stadtrat hatte.

Ausgewogener geben sich die Afrika-Stiftung in Bonn, Vorsitzender Dr. Hans Stercken, die Gesellschaft für das südliche

Afrika in Bremen, Vorsitzender Dr. Ernst Müller-Hermann (langjähriger MdB), die Deutsche SWA/Namibia-Vereinigung in Düsseldorf und die Deutsch-Südafrikanische Juristenvereinigung. Zur Südafrika-Lobby muß man ferner die CSU-eigene Hanns-Seidel-Stiftung und die Deutsche Sektion der Internationalen Gesellschaft für Menschenrechte zählen.

Eine Sonderstellung nimmt die Südafrika-Stiftung ein. Sie ist eine Gründung der südafrikanischen Großindustrie (Anglo-American) und hat die Aufgabe, die etwas anspruchsvollere und mit gelegentlicher Kritik durchsetzte Stimme der Vernunft zu spielen.

Die Interessen der exportierenden Wirtschaft vertritt der Afrika-Verein e. V. in Hamburg.

Eine ausgedehnte Öffentlichkeitsarbeit betreibt schließlich die Informationsabteilung der Südafrikanischen Botschaft, deren Sprachregelungen man in allen Publikationen der Südafrika-Lobby begegnet. Für bestimmte Aufgaben – Organisation von Besuchsreisen z. B. – bedient sich die Botschaft der Frankfurter Agentur Hennenhofer PR. Diese Firma versorgt auch den Bayerischen Landesfilmdienst mit südafrikanischen Propagandafilmen. Die Lobby verfügt über beachtlichen Rückhalt in einer Reihe deutscher Medien – Die Welt, FAZ, Report München, ZDF-Magazin.

Die Gegenseite ist wesentlich schwächer organisiert und wurde auch erst viel später aktiv. An erster Stelle ist die deutsche Anti-Apartheid-Bewegung zu nennen, die 1974 auf Initiative von MAKSA (Mainzer Arbeitskreis Südliches Afrika) des aus Südafrika ausgewiesenen evangelischen Pfarrers Markus Braun gegründet wurde. Braun war auch der erste Vorsitzende der AAB. Die AAB dokumentiert die Verhältnisse in Südafrika, versucht, eine kritische Gegenöffentlichkeit zu erzeugen, und organisiert mit wachsendem Erfolg Kampagnen gegen die deutsche Unterstützung des Apartheid-Systems.

Seit 1971 existiert die Informationsstelle Südliches Afrika (ISSA), die eng mit der AAB verbunden ist. ISSA liefert in Zeitschriften und Studien Hintergrundmaterial zu den Vorgängen im südlichen Afrika und hat inzwischen eine beachtliche Breitenwirkung erreicht.
Starkes Engagement für die unterdrückten Menschen in Südafrika zeigen schließlich aufgrund ihrer weitergehenden Aufgabenstellung die deutschen Gruppen von Terre des Hommes und Amnesty International. Darüber hinaus gibt es eine unübersehbare Zahl von Gruppen, die insgesamt in das Spektrum der Solidaritätsbewegung für die Dritte Welt eingeordnet werden können, aber untereinander organisatorisch nicht verbunden, ideologisch jedoch sehr oft getrennt sind.
Alles in allem repräsentieren sowohl die Pro- als auch die Anti-Apartheid-Gruppen Minderheiten. Die große Masse der Gesellschaft in der Bundesrepublik zeigt aktives Engagement weder für die eine noch für die andere Seite.

16. Die eingebildete Gefahr
Die strategische Bedeutung Südafrikas

In jeder Diskussion über Südafrika taucht über kurz oder lang ein bewährtes Totschlag-Argument auf: die strategische Bedeutung Südafrikas für die Verteidigung des Westens. In der Praxis hat dieses Argument eine verhängnisvolle Rolle gespielt. Es hat den Westen daran gehindert, rechtzeitig eine Südafrika-Politik zu entwickeln, die eine Konfliktlösung unter friedlichen Vorzeichen möglich gemacht hätte.
Die Weltgeschichte ist voll von Beispielen, wie politische Führer und ganze Staaten mit unfaßbarer Konsequenz eine Politik betrieben haben, mit der sie sich selbst schaden, in Einzelfällen sogar vernichten mußten, obwohl die Fehlkonstruktion der jeweiligen Politik auch Zeitgenossen völlig klar war. Barbara Tuchman hat in ihrer Betrachtung über die »Sturheit der Politiker« (The March of folly) einige Fallstudien ausgebreitet, als aktuellstes die amerikanische Verstrikkung in den Vietnam-Konflikt. Sie hätte ebensogut das Beispiel Südafrika wählen können. Alle Merkmale falscher politischer Wahrnehmung, kurzsichtiger Definition der eigenen Interessen und selbstzerstörerischer Auswahl politischer Strategien enthüllen sich bei einer genauen Analyse der fast manisch zu nennenden Fixierung des Westens auf die angeblich überragende Bedeutung Südafrikas für die Fähigkeit des Westens, in einem globalen Konflikt zu überleben. Daß die weißen Südafrikaner dieses Argument pflegen und hätscheln und in erpresserischer Form gegen den Westen einsetzen, wird niemanden überraschen. Es ist noch nicht einmal überraschend, daß Weiß-Südafrika der eigenen Pro-

paganda längst zum Opfer gefallen ist und fest daran glaubt, daß der Westen, wenn es hart auf hart zugeht, letztlich seine machtpolitischen Interessen über seine moralischen Selbstbindungen stellen wird – eine Annahme, für die es allerdings eine Reihe von guten Gründen gibt.

Das Zauberwort, das die Herzen aller selbsternannten Generalstabschefs von München bis Washington höher schlagen läßt, heißt »Geopolitik«. Dabei geht es schlicht darum, daß regionale Konflikte prinzipiell vor dem Hintergrund des Ost-West-Konfliktes gesehen werden. In die geopolitische Betrachtung der Südafrika-Frage haben sich in der Bundesrepublik namentlich der CSU-Vorsitzende Strauß, Außenpolitiker der CSU wie Graf Huyn, ausgediente Generäle und Admiräle wie Vogel und Poser, die CDU/CSU-beherrschte Afrika-Stiftung in Bonn und die einschlägigen Publikationsorgane von der »Welt am Sonntag« über den »Bayernkurier« bis zum »Deutschland-Magazin« des Kurt Ziesel verliebt. In ihrer Sicht dominiert eine Einschätzung der Weltlage, die nur als Katastrophen-Denken betrachtet werden kann. Unterstellt wird, daß die Sowjetunion einem langfristigen Plan folgt, der auf die Weltherrschaft zielt. Hinter allen Ereignissen in der Welt wird die planende und lenkende Hand des Kreml vermutet, und folglich werden auch die Entwicklungen in Afrika nicht von Afrika aus betrachtet, sondern aus der Perspektive des atombombensicheren Regierungsbunkers in der Eifel. Niemand drückt das so klar aus wie der außenpolitische Sprecher der CSU, Graf Huyn, wenn er schreibt: »In Wirklichkeit hat der Dritte Weltkrieg bereits begonnen ... Es ist der Vorstoß mittels Subversion und Infiltration, mit Spionage und Desinformation ... Es ist Moskaus Vorstoß zur Weltherrschaft.« Und dieser Vorstoß spielt sich laut Huyn in Afrika ab. Nach der Übernahme Zimbabwes »würde Moskau dann zum Generalangriff auf das Kap der Guten Hoffnung antreten. Ist das

Kap erst einmal in sowjetischer Hand, so werden hier im freien Europa die Lichter von selber ausgehen.«

»Moskaus Griff nach Afrika« heißt diese Schrift, die im Grenzbereich der politischen Pathologie angesiedelt ist. Erschienen ist sie 1980 als Schrift der Deutschen Afrika-Stiftung, die von der Bundesregierung finanziert wird.

Freilich gab und gibt es ernsthaftere Vertreter dieser Art von Geopolitik. Der frühere amerikanische Außenminister Kissinger – dessen Fehleinschätzungen sowohl hinsichtlich der kommunistischen Umwälzung Südeuropas und Nordeuropas als auch hinsichtlich der kommunistischen Beherrschung des südlichen Afrika notorisch sind – ist sicherlich der intelligenteste; politische Beraterzirkel in der Umgebung des US-Präsidenten Reagan wie Conservative Caucus, Heritage Foundation und politische Erweckungsprediger vom Schlage des Jerry Faldwell dürften heute die einflußreichsten sein. Die geopolitische Denk- oder besser Gefühlsrichtung unterstellt bei einem Ende der weißen Vorherrschaft in Südafrika den automatischen Übergang in das Lager sowjetischer Satelliten. Als einzige Möglichkeit, das zu verhindern, wird die Stabilisierung der weißen Kontrolle über die Region südliches Afrika betrachtet.

In der angewandten Politik führt das zu Positionen, die jeden ernsthaften Druck auf die Regierung in Pretoria unmöglich machen. So bizarr auch eine Gestalt wie der Graf Huyn wirken mag: Der tatsächliche Einfluß der »Geopolitiker« auf die Bonner Südafrika-Politik ist jedenfalls so groß, daß die Regierung Kohl/Genscher praktisch handlungsunfähig ist. Die deutsche Außenpolitik hat wegen des innenpolitischen Druckpotentials des rechten Flügels der Koalition auf die Entwicklungen im südlichen Afrika nicht angemessen reagieren können und wird nur unter schwerem Gesichtsverlust der drohenden außenpolitischen Isolierung entgehen können.

Die strategische Bedeutung Südafrikas (lies: die Notwendigkeit weißer Herrschaft in Südafrika) wird mit drei Argumenten gestützt:

- Wer Südafrika beherrscht, hat die Kontrolle über den wichtigsten Schiffahrtsweg, die Route um das Kap.
- Wer Südafrika beherrscht, verfügt über unverzichtbare Reserven an mineralischen Rohstoffen, auf die der Westen angewiesen ist.
- Südafrika ist das Bollwerk gegen den Kommunismus in ganz Afrika.

Keines dieser Argumente hält einer rationalen Nachprüfung stand:

1. In der Tat ist die Kap-Route für die Versorgung der westlichen Industriestaaten mit Öl und Rohstoffen entscheidend. Nach einer amerikanischen Studie von 1981 passieren monatlich 2 300 Schiffe das Kap, darunter 600 Öltanker. 65 % des Ölbedarfs Westeuropas und 28 % des Ölbedarfs der USA werden über diese Route transportiert. Sie wird deshalb in der Literatur als »westliche Lebenslinie« charakterisiert. Aber ist diese Lebenslinie bedroht? Neuere Studien belegen, daß die sowjetische Marinepräsenz in den Gewässern um das südliche Afrika keine tatsächliche Bedrohung darstellt. Die Sowjetunion hat entgegen anderen Behauptungen keine Flottenstützpunkte in dieser Region, und vor allen Dingen könnte sie den notwendigen Luftdeckungsschirm für großangelegte Marineoperationen nicht herbeischaffen. Und natürlich muß man auch fragen, aus welchem Grunde die Sowjetunion eigentlich die Kaproute blockieren sollte. In Friedenszeiten würde ein solcher Versuch ohne Zweifel die Gefahr militärischer Eskalation bis zur garantierten gegenseitigen Vernichtung der kriegführenden Parteien in sich bergen.

Im Kriegsfall würden größere sowjetische Einheiten kaum in der dann strategisch abgelegenen Kap-Region eingesetzt werden können, weil sie im Nordatlantik und im Mittelmeer wesentlich wichtigere Aufgaben hätten und die Nachschublinien viel zu lang wären. Und sollte die Sowjetunion, aus welchem Grund auch immer, dem Westen die Ölzufuhr sperren wollen, dann könnte sie das mit wesentlich größerer Aussicht auf Erfolg in der Golfregion selber tun. Die Straße von Hormuz liegt in der Reichweite ihrer Luftstreitkräfte.

Es gibt auch keinen ernsthaften Beleg dafür, daß sowjetischer Einfluß in afrikanischen Staaten automatisch dazu führt, daß diese Länder zu sowjetischen Militärbasen werden.

Die Unabhängigkeit der dekolonisierten afrikanischen Staaten wird regelmäßig unterschätzt. Es ist geradezu ein Kennzeichen ihrer Politik, daß sie keine Stützpunkte fremder Mächte auf ihrem Territorium dulden wollen, weil sie mit Stützpunkten zu Recht ein Hauptmerkmal des Kolonialismus verbinden. Die Beispiele Angola und Mosambik als Küstenstaaten zeigen das sehr deutlich. Namibia unter einer SWAPO-Regierung würde keinesfalls automatisch ein Vasall Moskaus, und der Hafen Walvisbay würde keinesfalls automatisch ein sowjetischer Flottenstützpunkt. SWAPO ist wie alle Befreiungsbewegungen im südlichen Afrika eine ideologisch bunt gemischte Koalition sehr unterschiedlicher Gruppen. Es sind auch Marxisten-Leninisten dabei, was der Westen sich selber zuzuschreiben hat. Aber das einigende Band ist der Wunsch nach Befreiung. Dasselbe gilt für den ANC. SWAPO und ANC sind keine sowjetischen Bauern auf dem weltpolitischen Schachbrett.

Die Sowjetunion selber ist sich natürlich der Bedeutung des Seewegs um das Kap bewußt. Als Beweis für ihre finsteren Absichten mit dieser Route wird immer wieder eine einzige sowjetische Äußerung zitiert. Sie stammt von Generalmajor A. N. Lagorskij, dessen Studie über »Strategie und Ökonomie« bereits 1959 (!) in deutscher Sprache in der DDR erschienen ist. Dort heißt es (S. 186): »Der umfangreiche Außenhandel der Westmächte, der vorwiegend auf den Seewegen erfolgt, kann im Kriegsfall stark gestört werden, was entsprechende Auswirkungen auf die Versorgung mit strategischen Rohstoffen für die Kriegsproduktion hat.« Das ist eine Binsenweisheit. Vor allen Dingen aber: Der Autor spricht ausdrücklich vom Kriegsfall. Und noch einmal: Weshalb um alles in der Welt sollte die Sowjetunion den Dritten und letzten Weltkrieg mit Schiffeversenken am Kap der Guten Hoffnung beginnen?

Die westliche Militärpolitik hat diese Bedrohung tatsächlich auch nicht besonders ernst genommen. Es wurde kein Militärbündnis mit Südafrika abgeschlossen. Die südafrikanische Marinebasis Simonstown wurde 1975 von der englischen Marine verlassen und wird von der NATO nicht in Anspruch genommen. Amerikanische Kriegsschiffe laufen keine südafrikanischen Häfen an. Die in Silvermine bei Kapstadt installierte Radarüberwachung der südlichen Ozeane – das mit deutscher technischer Hilfe errichtete Projekt »Advocaat« – wird von den USA und der NATO nicht mehr in nennenswertem Umfang abgerufen. Öffentliche Äußerungen von P. W. Botha beweisen, daß der Westen die militärischen Kapazitäten Südafrikas im Marine- und Nachrichtenwesen nicht nutzen will, was Botha außerordentlich zu ärgern scheint, denn er verbindet diese Feststellung mit Drohungen, daß der Westen im Ernstfall sehen müßte, wo er bleibe. Innerhalb der NATO hat es in den siebziger Jahren massive Versuche gegeben, den Aktionsradius des Bündnisses über das Vertragsgebiet hinaus nach Südafrika auszudehnen. Vor allem der Südatlantik sollte zu einem NATO-Meer gemacht werden. Es ist nicht geschehen. Auch der nach Reagans Amtsantritt erhoffte Südatlantik-Pakt mit Südafrika, Brasilien und Argentinien kam nicht zustande.

Wohl aber existieren Einsatzpläne für die Sicherung der Kaproute im Kriegsfall, und wohl trifft sich im Brüsseler NATO-Hauptquartier zweimal jährlich eine Expertengruppe »Afrika südlich der Sahara«, die auch über die strategische Lage im südlichen Afrika diskutiert.
Wenn der Westen die Kap-Route für wirklich bedroht halten würde, dann würde er diese Bedrohung nicht so drittrangig behandeln, wie es in der Praxis geschieht. Und Südafrika würde seine Marine nicht weitgehend abgewrackt haben. Südafrika weiß genau, daß es vom Land her bedroht ist, nicht von der See aus. Die Marine spielt bei den Verteidigungsausgaben eine ganz geringe Rolle.
2. Das zweite Argument betrifft die mineralischen Rohstoffe. Wie an anderer Stelle gezeigt wird (siehe Kapitel: Hysterie ohne Grund: Wer braucht wen bei Rohstoffen?), ist die Bedeutung Südafrikas als Lieferant strategisch unverzichtbarer Rohstoffe viele Jahre lang maßlos überschätzt worden. Aber selbst wenn man unterstellt, daß die westlichen Industriestaaten von südafrikanischen Rohstofflieferungen in einem weit höheren Maß abhängig wären, als sie es tatsächlich sind, bleibt die Frage, warum der südafrikanische Rohstoffreichtum unbedingt in weißen Händen liegen muß. Nach der ersten Ölkrise 1973 hatte sich im Westen die Sorge um die Sicherung seiner Rohstoffe teilweise bis zur Hysterie gesteigert. Ihren Höhepunkt fand diese Hysterie in Äußerungen von Alexander Haig, kurz bevor er US-Außenminister wurde, als er das Zeitalter der Ressourcenkriege als bereits angebrochen bezeichnete. Man könnte den Ausgangspunkt dieser Überlegungen, die Ölkrise, leicht zur Widerlegung heranziehen. Eindeutig wurde – marktwirtschaftlich gesprochen – die Nachfragemacht der Verbraucher unterschätzt. In Südafrika geht es aber nicht um Öl. Das Problem wird vielmehr darin gesehen, daß die nach der Befreiung unvermeidliche sowjetische Marionettenregierung

in Südafrika dem Westen den Verkauf von mineralischen Rohstoffen verweigern könnte.
Diese Vorstellung ist absurd und verkennt wiederum völlig die afrikanischen Verhaltensweisen, Interessen und Bedürfnisse. Kein afrikanischer Staat hat nach der Unabhängigkeit den Verkauf von Rohstoffen an den Westen eingeschränkt oder gar eingestellt. Nicht einmal das angeblich unter Moskauer Kontrolle stehende Angola hat das getan: Das Angola-Öl von Cabinda wird von den USA ausgebeutet, weitere Bohrrechte wurden an westliche Firmen vergeben. Angola und Mosambik sind erst kürzlich dem Lome III-Abkommen beigetreten, das ihren Handel mit der EG begünstigt. Kein afrikanisches Land kann es sich leisten, auf den Verkauf seiner Rohstoffe zu verzichten. (Hier liegt übrigens ein ganz anderes Problem, weil die Afrikaner zu Bedingungen verkaufen müssen, die es ihnen nicht gestatten, mit den Rohstoffexporterlösen funktionierende nationale Volkswirtschaften aufzubauen und die Ausbeutung Afrikas auf diese Weise immer schneller voranschreitet.) Die sozialistischen Staaten Afrikas machen hier keine Ausnahme. Im Fall Südafrika würde auch eine sozialistische oder gar moskaufreundliche marxistisch-leninistische Regierung dem Westen die Rohstoffe nicht sperren können. Es gibt keinen anderen Abnehmer, und gerade eine solche Regierung würde Geld brauchen, um die sozialen Erwartungen der vielen Millionen bisher Zu-kurz-Gekommener einigermaßen befriedigen zu können.
Realistisch erscheint einzig die Sorge, daß die Produktion und der Transport südafrikanischer Rohstoffe im Zuge verstärkter Sabotagetätigkeit oder eines ausgedehnten Bürgerkrieges ausfallen könnte. Diese Sorge müßte dann allerdings zwingend zu der Konsequenz führen, daß die Verhältnisse in Südafrika geändert werden müssen, bevor dieses Szenario tatsächlich eintritt.

3. Die dritte, tief mit Ideologie getränkte Argumentationsreihe, Südafrika als Bollwerk gegen den Kommunismus, ist in ihren Auswirkungen die gefährlichste und für den Westen objektiv schädlichste. Denn dieses Argument, das die Verweigerung von Menschenrechten in Südafrika und Namibia in einen Kampf gegen den Kommunismus ummünzt, mußte im schwarzen Widerstand die Attraktivität des Marxismus-Leninismus, die es früher nicht gab, regelrecht herbeizwingen. Wenn den schwarzen Arbeitern in den Bergwerken von Transvaal erklärt wird, sie könnten nicht frei sein, weil man den Kommunismus abwehren müsse – dann müssen sie wohl zu dem Ergebnis kommen, daß der Kommunismus für sie etwas Gutes ist. In den intellektuellen Zirkeln des südafrikanischen Black Consciousness Movement konnte so die Gleichung entstehen, Kampf gegen die Apartheid bedeute Kampf gegen den Kapitalismus. Die Zeit arbeitet für die Anhänger dieser Theorie, und so könnte Südafrika tatsächlich das einzige Land in Afrika werden, in dem sich der Kommunismus sowjetischer Prägung durchsetzt.
Die »Bollwerk«-Theorie beschränkt sich allerdings meistens auf die angenommene sowjetische Globalstrategie und ihre »Erfolge« in Afrika. Der Bonner »Studienkreis Sicherheitspolitik« veröffentlichte 1984 eine Schrift »Das Netz der Roten Spinne – Das Südliche Afrika im Fadenkreuz sowjetischer Machtstrategie«. Besonders gern stützen sich die Geopolitiker auch auf ein Buch von Karl Breyer »Moskaus Faust in Afrika«, das in der Bundesrepublik sogar im Rahmen der politischen Bildung eingesetzt wird. Im Kern geht es immer darum, daß die Sowjetunion angeblich dabei ist, sich ganz Afrika einzuverleiben.
In jüngster Zeit sind ausführliche Studien erschienen, in der Bundesrepublik namentlich von Winrich Kühne aus der Stiftung Wissenschaft und Politik, die die Ergebnisse der sowjetischen Afrika-Politik seit Beginn der Dekolonisierung

anhand der Fakten bilanzieren. Das Resultat, das keinen Kenner überraschen kann, ist kurzgefaßt so, daß die Sowjetunion zwar versucht hat, Vorteile zu nutzen, die sich aus der afrikanischen Entwicklung anboten, vor allen Dingen, wenn Befreiungsbewegungen an die Macht kamen, die sie mit Waffenlieferungen unterstützt hatte, daß sie insgesamt aber in Afrika auf dem Rückzug ist.
Das hat vor allem wirtschaftliche Gründe. Die unabhängigen Staaten in Afrika haben früher oder später gemerkt, daß die Sowjetunion ihnen außer Waffen und Einrichtungen der inneren Sicherheit nicht viel zu bieten hat – keine nennenswerte Entwicklungshilfe, keinen nennenswerten Absatzmarkt. Die Sowjetunion ihrerseits hat es vermieden, sich afrikanische Staaten als Klienten in dem Sinne zuzulegen, wie Kuba ein sowjetischer Klient geworden ist. Afrikanische Staaten werden nicht in das RGW-System aufgenommen. Selbst Mosambik wurde die Aufnahme verweigert – doch wohl in klarer Erkenntnis der darauf folgenden Wendung Mosambiks zum Westen. In den Fällen Angola und Äthiopien kann man von einer Satellitenrolle auch nicht sprechen. Häufig schon haben sich afrikanische Länder, die dem sowjetischen Einflußbereich zugeordnet wurden, von diesem Einfluß befreit. Weitere Entwicklungen dieser Art sind wahrscheinlicher als das Gegenteil.
Moskau hat Afrika in Wahrheit nichts zu bieten, und wo es Einfluß gewinnen konnte, spielte eine falsche westliche Politik regelmäßig eine ausschlaggebende Rolle.
Soweit man die sowjetische Afrikapolitik in der Ära Gorbatschow schon überblicken kann, ist nur ein Schluß möglich: Das Interesse der Sowjetunion am südlichen Afrika hat deutlich abgenommen. Die Sowjetunion ist heute allem Anschein nach mehr an Stabilität in der Region interessiert.
Allzuleicht wurden im Westen afrikanische Einparteiensysteme, sozialistische Gesellschaftsvorstellungen und die

Übernahme marxistisch-leninistischer Organisationsprinzipien als kommunistische Machtübernahme mißverstanden.
Was die Afrikaner dringend brauchen und wünschen ist dies: Sie wollen endlich in Ruhe gelassen werden von dem Streben nach Einflußzonen, sie wollen in ihrer politischen Rolle nicht in den Kategorien des Ost-West-Konfliktes bewertet werden, sondern sie wollen mit ihren eigenen Problemen und Bedürfnissen ernstgenommen werden. Probleme haben sie selber genug. Strategische Stabilität in Afrika wird dadurch erreicht, daß die Blockfreiheit der afrikanischen Länder akzeptiert wird und daß man ihnen durch Zusammenarbeit und Verzicht auf Ausbeutung eine Chance gibt, ihren Menschen außer der nationalen Souveränität auch eine menschenwürdige Existenz zu bieten. Das wird auch für Südafrika gelten. Auch dieses Land darf nicht alleingelassen werden, wenn die Herrschaft der weißen Minderheit eines Tages abgelöst wird. Wenn diese Ablösung unter dem Vorwand strategischer Interessen des Westens weiterhin behindert wird, dann wird der Westen in Südafrika genau das erleben, was er verhindern möchte. Das Paradox ist heute schon wahr: Das wohl militanteste antikommunistische System der Welt, das südafrikanische Apartheid-System, ist in der Realität der wirksamste Verbündete des Kommunismus.
Über ihre zukünftige Gesellschaftsordnung haben die Südafrikaner selbst zu entscheiden. Und wofür sie sich entscheiden, das wird man akzeptieren müssen. Auch das Selbstbestimmungsrecht gilt nicht nur halb. Wenn westliche demokratische Vorstellungen im künftigen Südafrika eine Rolle spielen sollen, dann muß der Westen eine Politik betreiben, die für Schwarz-Südafrika nicht länger als feindselig wirken kann.

17. Hysterie ohne Grund

Wer braucht wen bei Rohstoffen?

In der Bundesrepublik und in anderen westlichen Ländern wird die Abhängigkeit der Industrieproduktion von südafrikanischen mineralischen Rohstoffen als ein Axiom behandelt. Typisch ist eine Darstellung, wie sie in der Mai-Ausgabe 1984 der Zeitschrift »Soldat und Technik« (Zeitschrift für technische Ausbildung, Fortbildung und Information der Bundeswehr) gegeben wurde, wo ein Fregattenkapitän Stockfisch behauptete: »Eine Unterbrechung der Rohstofflieferungen aus Südafrika würde in der Bundesrepublik zu einer Wirtschaftskatastrophe führen.« Diese Behauptung stützt sich allein auf einen Artikel des südafrika-freundlichen »Rheinischen Merkur«.

Zahlreiche Autoren berufen sich noch heute auf eine Studie des Bundeswirtschaftsministeriums über Ausfallrisiken bei Rohstoffen aus dem Jahr 1978, die zu dem Ergebnis kam, daß die Volkswirtschaft in der Bundesrepublik allein beim Ausfall von Chrom praktisch schon zum Erliegen käme. Dann wird schlicht festgestellt, daß die Bundesrepublik ihr Chrom zu etwa 60 % aus Südafrika bezieht, und der Schluß liegt auf der Hand: Wir sind von Südafrika abhängig und dürfen über Sanktionen noch nicht einmal nachdenken. Als allerdings 1985 der südafrikanische Präsident Botha tatsächlich einen Tag lang mit Chrom-Entzug drohte, zeigte ihm der Mann die Zähne, der für das Katastrophen-Szenario von 1978 als Bundeswirtschaftsminister verantwortlich war: Otto Graf Lambsdorff. Sieben Jahre später hatte er gelernt: Es gibt keine Rohstoffabhängigkeit von Südafrika. Lambsdorffs Einschätzung lautete nun: »Es mag vorübergehend

Engpässe und Preissteigerungen geben, wirkliche Versorgungsprobleme werden nicht entstehen.«

Die Rohstoffproblematik spielt auch in der amerikanischen Afrikapolitik eine wichtige Rolle, wobei in den USA bestehende hohe Lieferanteile aus Südafrika kombiniert werden mit der angeblichen sowjetischen Strategie, den Westen von seinen Rohstoffquellen abzuschneiden. Bezeichnend ist eine Äußerung von Chester Crocker aus dem Jahre 1979:

»Unsere Auffassung ist, daß die sowjetische Strategie gegenüber dem Westen seit einiger Zeit darauf abzielt, den Westen von den Rohstoffquellen abzuschneiden... Und in dieser Strategie spielt Südafrika eine fast entscheidende Rolle.«

Wenn man die verschiedenen Rohstoffstudien, die Daten über Bergbauproduktion und bekannte Reserven sowie die bestehenden Handelsbeziehungen eingehend analysiert, stellt man verblüfft fest, daß eine grundlegende strategische Annahme des Westens, nämlich die Unverzichtbarkeit südafrikanischer Rohstoffe, ein kunstvoll aufgebauter Türke ist, ein Super-Türke. Hinter zahlreichen seriös wirkenden und ernsthaft besorgt klingenden Untersuchungen steckt nichts anderes als der Wille, Südafrika politisch zu unterstützen. Die Abhängigkeit von südafrikanischen Rohstoffen wird herbeigeschrieben und herbeigeredet, teilweise auch bewußt realisiert. Der Bezug einer Reihe von Rohstoffen, für die Südafrika der mit Abstand wichtigste Lieferant der Bundesrepublik ist, hätte längst diversifiziert werden können und aus ökonomischen Gründen auch müssen. Aber die hohen Lieferanteile aus Südafrika waren gewollt, nicht nur wegen der Preise, sondern weil man das Argument der Abhängigkeit so gut gebrauchen kann.

Wie unterschiedlich die Betrachtungsweise sein kann, zeigte sich im amerikanischen Kongreß. Anfang 1980 präsentierte der Vorsitzende des Unterausschusses für Bergbau im amerikanischen Repräsentantenhaus nach einer Blitzvisite im südlichen Afrika einen Bericht, der das südliche Afrika »als den Persischen Golf der mineralischen Rohstoffe« beschrieb und zu dem Schluß kam: »America thus has a vital interest in the survival of South Africa as a Western ally«. Zur gleichen Zeit wurde dem Unterausschuß des Senats für afrikanische Angelegenheiten eine Studie des Wissenschaftlichen Dienstes des Kongresses vorgelegt, die zu einem völlig anderen Schluß kam: »South African minerals are of significant, but no critical, importance of the West«. Zu demselben Ergebnis kam ein Jahr später eine von der Rockefeller-Stiftung finanzierte Untersuchung der Universität Berkeley, die eine eigene Studienkommission zur Politik im südlichen Afrika eingerichtet hatte. Diese Kommission faßte zusammen: Bei vier Rohstoffen gibt es überhaupt tatsächliche Probleme: Chrom, die Metalle der Platingruppe, Vanadium und Mangan. Aber in keinem einzigen Fall läßt sich ein Problem erkennen, das nicht durch Vorausschau und Planung zu überwinden wäre.

Zu denselben Ergebnissen kamen auch deutsche Rohstoffexperten, wie der zuständige Referatsleiter im Bundeswirtschaftsministerium, Sames, und die Metallgesellschaft in Frankfurt. Grundtendenz: Die südafrikanischen Rohstoffe sind wichtig, aber nicht lebenswichtig.

Es lohnt sich, einmal einen genauen Blick auf die tatsächliche Rohstofflage zu werfen. Südafrika hat in der Bergwerksförderung 1984 folgende markante Anteile:

Gold:	46,6 %
Silber:	62,0 %
Platin:	20,5 %
Industriediamanten:	14,6 %
Asbest:	3,9 %
Flußspat:	6,9 %
Andalusit:	82,2 %
Silimanit:	7,7 %

Vermiculit:	32,5 %
Antimon:	14,8 %
Chromit:	32,0 %
Ilmenit:	13,8 %
Rutil:	14,6 %
Manganerz:	13,1 %
Nickel:	3,0 %
Vanadium:	37,6 %
Zirkon:	19,1 %

Für die Zukunft ist natürlich wichtig, wie die Vorräte an seltenen Rohstoffen eingeschätzt werden. Für Südafrika wird eine dominierende Stellung bei folgenden Rohstoffen allgemein akzeptiert:

Metalle der Platingruppe	86 % der Weltvorräte
Vanadium	64 % der Weltvorräte
Manganerze	48 % der Weltvorräte
Chromerze	64 % der Weltvorräte
Gold	49 % der Weltvorräte
Flußspat	46 % der Weltvorräte

Bei den direkten und indirekten Importen der Bundesrepublik treten bei Rohstoffen folgende signifikante Schwerpunkte bei Lieferungen aus Südafrika auf (Zahlen von 1984):

Chrom	49,9 %	
Mangan	46,9 %	
Vanadium	60,0 %	(geschätzt)
Zirkon	45,6 %	
Platin	60,5 %	
Industriediamanten	46,7 %	
Flußspat	21,9 %	
Andalusit, Kyanit, Silimanit	25,5 %	
Vermiculit	88,9 %	

Eine noch nicht veröffentlichte Studie (Juli 1986) über die deutsche Versorgungslage bei Rohstoffen (für das Bundeswirtschaftsministerium erstellt unter Federführung der Bundesanstalt für Geowissenschaften) kommt zu dem Ergebnis, daß bei einer Verknüpfung der Ausfallrisiken bei Rohstoffen auf der Angebots- und Nachfrageseite sechs Rohstoffe als gefährdet angesehen werden sollten: Chrom, Kobalt, Mangan, Platin, Palladium und Vanadium.

Für die Wirtschaftsbeziehungen zwischen der Bundesrepublik und Südafrika bleiben Chrom, Vanadium und Platin als solche Rohstoffe übrig, bei denen ein völliger Lieferausfall aus Südafrika Schwierigkeiten auslösen würde. Eine vertiefte Analyse würde jedoch zeigen, daß es sich allenfalls um Übergangsprobleme handeln könnte.

Bei Chrom, dem allgemein als kritischstem Rohstoff betrachteten Bergbauprodukt, verfügt z. B. Zimbabwe über 28 % der Weltvorräte. Die Produktion in Zimbabwe ließe sich schnell steigern. Bei einem als gleichbleibend angenommenen Verbrauch – tatsächlich geht er wie fast bei allen mineralischen Rohstoffen tendenziell zurück – könnte allein Zimbabwe den Weltbedarf an Chromerzen länger als 100 Jahre decken. Das Chromproblem ist in Wahrheit ein industrielles. Das als Stahlveredler nur teilweise ersetzbare Chrom wird in Südafrika bereits aufbereitet und als Ferro-Chrom geliefert. In der Bundesrepublik gibt es heute keine Aufarbeitungskapazitäten mehr. Im Falle eines Totalausfalls südafrikanischer Ferro-Chrom-Lieferungen müßten diese Verhüttungskapazitäten erst wieder geschaffen werden (was nebenbei bemerkt Arbeitsplätze schaffen würde).

Bei Vanadium – ebenfalls ein Stahlveredler – hat sich die Lage in den letzten Jahren zuungunsten Südafrikas verändert. Vanadium kommt in selbständigen Lagerstätten kaum vor und wird meist als Beiprodukt von Eisen, Titan und Uran gewonnen. Die Gewinnung aus Uran-Sandsteinerzen in Colorado und den eisenreichen Phosphatschiefern in Idaho kann gesteigert werden. Erschließbar sind als gewaltiges Vanadium-Potential die Teersande des Athabasca-

Beckens in Kanada. Vor allen Dingen aber gewinnt die Gewinnung von Vanadium aus Erdöl wachsende Bedeutung. Venezuela tritt z. B. seit einigen Jahren als wichtiger Anbieter von Vanadium auf, das bei der Erdölraffinierung gewonnen wird. Es ist anzunehmen, daß diese Art der Vanadium-Gewinnung die Bergwerksproduktion in der Zukunft überholen wird.

Bei den Metallen der Platingruppe (Ruthenium, Rhodium, Palladium, Osmium, Iridium und Platin) ist der industrielle Bedarf relativ gering. (In den USA und Japan, die allein 78 % des Weltverbrauchs an Platin aufweisen, gehen 36 % in die Schmuckindustrie.) Platin ist derzeit wichtig wegen seiner Verwendung in der Katalysator-Technik zur Abgasentgiftung von Kraftfahrzeugen. Hier ist allerdings die Versorgungslage durch einen hohen Recycling-Grad positiv beeinflußt.

Die gesamte Rohstoffbetrachtung muß schließlich noch berücksichtigen, daß die westlichen Industriestaaten eine hohe Flexibilität im Umgang mit Rohstoffen entwickelt haben. Möglichkeiten der Substitution durch andere Rohstoffe (bei Vanadium z. B. durch Niob; auch bei Chrom sind außerhalb der Stahlveredlung die Substitutionsmöglichkeiten günstig, z. B. durch Aluminium und neuartige Keramik) oder durch andere Verfahren entwickeln sich schnell. Oft ist die Verwendung bestimmter Rohstoffe nur eine Preisfrage. Die industrielle Verwendung von Gold (etwa bei der Filmherstellung) geht sofort zurück, wenn ein bestimmter Preis überschritten wird, weil dann andere Werkstoffe billiger sind. Ein Ausfall der südafrikanischen Rohstoffe, deren starke Position auf dem Weltmarkt durch günstige geologische Bedingungen und niedrige Löhne entstanden ist, würde die Erschließung von Lagerstätten in anderen Teilen der Welt herausfordern, die heute noch unwirtschaftlich sind.

Das Rohstoffproblem Südafrika schrumpft also bei näherer

Betrachtung zusammen. Einen Lieferboykott – wie Botha ihn bei Chrom angekündigt hat – halten alle Fachleute für ausgeschlossen. Südafrika würde sich damit selber ruinieren, denn immerhin stammen 87 % seiner Exporterlöse aus Rohstoffen. Ein Verbraucherboykott allerdings ist möglich – wenn er gewollt wird.
Unter diesen Umständen ist die Entscheidung der Bundesrepublik, anders als etwa die USA, auf strategische Rohstofflagerung zu verzichten, nur verständlich, wenn man unterstellt, daß eine Rohstoffabhängigkeit von Südafrika politisch gewollt ist. Daß es so ist, erhellt eine Äußerung des früheren Bonner Botschafters in Pretoria, Sonnenhol, der in einer Veröffentlichung der Deutschen Afrika-Stiftung (natürlich) »Rohstofflieferant Südafrika« unter Bezug auf die 1978/79 in der Bundesrepublik geführte Diskussion über strategische Rohstofflager warnte: »Es wäre fatal und selbstmörderisch, wenn die Rohstoffbevorratungspolitik der Bundesregierung den Zweck verfolgte, die Hände für eine ›Aufgabepolitik‹ im südlichen Afrika freizuhalten.« Es gibt eine solche Politik auch nicht. Und die in der EG im Sommer 1986 angestellten Erwägungen, auf den Bezug von Agrarprodukten, Kohle und Stahl aus Südafrika gegebenenfalls zu verzichten, wird eher als protektionistische Maßnahme für den eigenen Markt angesehen. Ein Kohleboykott würde aber nichtsdestoweniger Südafrika empfindlich treffen. Frankreich hat Ende 1985 den Vertrag über die Lieferung von 3 Mio. Tonnen Kohle jährlich aus Südafrika nicht verlängert. Das Land Bremen verzichtet bereits auf seine bisher eingeführten 200 000 Tonnen, und in zahlreichen Kommunen der Bundesrepublik wird über den Verzicht auf südafrikanische Kohle bei der Stromerzeugung diskutiert. Nichtsdestoweniger sind die Steinkohleeinfuhren aus Südafrika in das Steinkohlenland Bundesrepublik 1985 noch einmal deutlich gestiegen und liegen jetzt zum ersten Mal über 3 Mio. Tonnen.

Die strategische Bedeutung der südafrikanischen Rohstoffe kann in unterschiedlichen politischen Situationen, die man gerne als Szenarios bezeichnet, wirksam werden.

1. Südafrika könnte seine Rohstoffausfuhren drastisch reduzieren. Angesichts der multinationalen Struktur des südafrikanischen Bergbaus erscheint das zwar unwahrscheinlich, von den volkswirtschaftlichen Kosten her wäre ein solches Verhalten etwa bei Chrom für Südafrika allerdings leicht durchzuhalten.
2. Der Westen könnte auf seine Rohstoffeinfuhren aus Südafrika verzichten. Dann müßte er damit rechnen, daß der verstärkte Rückgriff auf Lieferungen aus der Region (Chrom aus Zimbabwe) wegen der Transportsituation im südlichen Afrika ebenfalls gefährdet würde.
3. Es könnte zu Lieferunterbrechungen und Lieferausfällen als Folge der politischen Entwicklung in Südafrika selbst kommen, was unter allen Umständen eine realistische Annahme ist.

Alle denkbaren Szenarien erfordern dieselbe Reaktion der Verbraucherländer: Auch unabhängig von Sanktionen muß der hohe Lieferanteil Südafrikas durch verstärkte Substituierung, durch verstärkten Bezug aus anderen Ländern und durch verstärkte Erschließung bekannter Vorkommen außerhalb Südafrikas verringert werden. Um die notwendigen Anpassungsprozesse unabhängig von aktuellen Entwicklungen durchführen zu können, ist eine andere Rohstoffvorrats-Politik zwingend notwendig. Strategische Rohstoffreserven haben praktisch nur die USA und Frankreich. Die Bundesrepublik verläßt sich ganz auf die private Vorratshaltung, die aber eher zu einer knappen Lagerhaltung tendiert.

Chrom, Platin, Mangan und Vanadium werden nicht in solchen Mengen gebraucht, daß eine für zwei Jahre ausreichende strategische Reserve technisch oder finanziell besonders schwierig wäre. Diese Reserve könnte ohne Steigerung der Bezüge aus Südafrika innerhalb sehr kurzer Zeit angelegt werden. Zweifellos würde sich die Sanktionsfrage dann etwas anders stellen, aber ein solches Vorgehen ist auch ohne die Absicht, Sanktionen zu verhängen, objektiv notwendig.

Die allgemeine Rohstoff-Hysterie ist nur zu erklären mit ungenügender Detailkenntnis. Gewöhnlich werden einfach die hohen Lieferanteile und bekannten Reserven Südafrikas genommen und absolut gesetzt. Dabei wird nicht berücksichtigt, wie lange der Weltbedarf an strategisch wichtigen Rohstoffen aus anderen, bekannten Vorkommen gedeckt werden kann; es wird nicht berücksichtigt, daß die Annahmen des »Club of Rome« hinsichtlich der unmittelbar bevorstehenden Rohstoffknappheit falsch waren – bei allen wichtigen Rohstoffen haben sich die bekannten und abbauwürdigen Lagerstätten vervielfacht. Es wird nicht berücksichtigt, daß viele Rohstoffe sich gegenseitig ersetzen können. Und schließlich wird nicht berücksichtigt, daß eine Verknappung durch den Ausfall der südafrikanischen Lieferungen zu neuen Explorationen und zum Aufschluß bisher nicht abbauwürdiger Vorkommen führen würde.

Mit einfachen Worten: Südafrikas Rohstoffe rechtfertigen die Tolerierung der Apartheid nicht – rein ökonomisch betrachtet. Ethisch ist diese Haltung noch nie diskutabel gewesen.

18. Apartheid an Deutschen Schulen
Das Ärgernis Kulturabkommen

Die Auswärtige Kulturpolitik gilt als die »Dritte Säule« der Außenpolitik. Ob die Praxis diesem Anspruch gerecht wird, ist sehr umstritten, aber eines ist klar: Die Kulturbeziehungen der Bundesrepublik mit anderen Ländern haben eine politische Dimension. Kulturpolitik ist keine liebenswürdige Verzierung der »eigentlichen« Politik, sie unterliegt politischen Rahmenbedingungen, und sie hat politische Wirkungen. Ziel der auswärtigen Kulturpolitik ist nicht nur die Vermittlung deutscher Kultur aus Vergangenheit und Gegenwart im Ausland und die Förderung der deutschen Sprache in der Welt, Ziel ist auch – eine Nummer kleiner ist es nicht zu haben – die kulturelle Begegnung zwischen den Völkern.

Gemessen an diesen Zielen war die kulturelle Zusammenarbeit zwischen der Bundesrepublik und der Republik Südafrika ein Ärgernis von Anfang an. Einen ordentlichen rechtlichen Rahmen erhielt die kulturpolitische Zusammenarbeit zwischen der Bundesrepublik und Südafrika im Jahr 1963. Am 25.12.1963 trat das Kulturabkommen zwischen den beiden Ländern in Kraft – am Ende des Jahres, in dem Südafrika ein Zensurgesetz gegen unerwünschte Bücher beschlossen hatte.

Das (am 31. März 1986 durch Kündigung zunächst ausgelaufene) Kulturabkommen ist ein seltenes Dokument für einen vollständigen Realitätsverlust. Schon der erste Satz – drei Jahre nach dem Massaker von Sharpeville formuliert, zu einem Zeitpunkt, als die Verurteilungen des Apartheid-

Systems in der ganzen Welt sich schon häuften – spricht von dem Bestreben, »eine freundschaftliche Zusammenarbeit auf kulturellem Gebiet zu pflegen und dadurch das gegenseitige Verständnis zwischen beiden Völkern zu fördern«.
Freundschaftliche Zusammenarbeit?
Gegenseitiges Verständnis?
Zwischen welchen Völkern?
Es scheint, daß die damalige Bundesregierung das Kulturabkommen mit Südafrika genauso betrachtet hat wie die 17 Abkommen, die sie vorher schon abgeschlossen hatte. Die Vereinbarungen über kulturelle Begegnungen, Austauschprogramme, Stipendien, Kulturveranstaltungen usw. gehen mit keinem Wort auf die besondere Situation Südafrikas ein – und zwar ganz einfach deshalb nicht, weil es nicht um die kulturelle Begegnung zwischen den Völkern ging, sondern um die Kulturkontakte zwischen der Bundesrepublik und der weißen Minderheit in Südafrika. Es ist ein Abkommen, das die Mehrheit der Menschen in Südafrika vom Kulturaustausch ausgeschlossen hat. Dahinter steckte eine Denkweise, der wohl überhaupt nicht in den Sinn kam, daß es in Südafrika auch eine schwarze Kultur geben könnte. Die deutschen Politiker und Diplomaten hatten sich damit ganz der Apartheids-Ideologie angeschlossen, die eine schwarze Kultur leugnet. Zum Wesen der Apartheid gehört es, daß den Schwarzen das Bewußtsein ihrer kulturellen Minderwertigkeit eingeimpft wird. Die Lehrpläne für die sogenannte Bantu-Erziehung sorgten dafür, daß den Schwarzen in Südafrika auch ihre Geschichte und ihr kulturelles Erbe gestohlen wurde. Die Schwarzen sollten nichts haben, worauf sie als Schwarze hätten stolz sein können. Apartheid ist auch kulturelle Unterdrückung. Sie zeigt auch hier ihre enge Verwandtschaft mit dem Kolonialismus.
Das Kulturabkommen von 1963 stört sich nicht daran, daß der größte Teil der in Südafrika lebenden Menschen auf-

grund der Apartheids-Gesetze (getrennte Wohngebiete, eingeschränktes Aufenthaltsrecht und damals natürlich auch noch die ganze »petty Apartheid«, also die Rassentrennung an sämtlichen Orten) niemals die Chance haben würde, an einem der Programme teilzunehmen.
Es störte sich nicht an der Zensur und nicht an einem einseitigen Visumzwang, der es den Südafrikanern erlaubte, zu entscheiden, welche Repräsentanten deutscher Kultur nach Südafrika kommen konnten und welche nicht. Heino – ja, Günter Grass – nein.
Die Beschränkung des Kulturabkommens auf den Kontakt mit der herrschenden weißen Minderheit läßt sich aus der ausdrücklichen Regelung des Begriffs »Landessprache« entnehmen. Als südafrikanische Landessprache werden Englisch und Afrikaans genannt – die viel weiter verbreiteten Sprachen der Schwarzen gibt es nicht.
Völkerrechtswidrig war die Einbeziehung des »Territoriums Südwestafrika« in den Geltungsbereich des Kulturabkommens spätestens von dem Zeitpunkt an, wo die Vereinten Nationen Südafrika die Treuhandschaft über Namibia entzogen (1966) – und geändert wurde dies lediglich durch eine das Abkommen rechtlich nicht verändernde deutsche Verbalnote von 1977. Unbeeindruckt vom Beschluß der UN-Vollversammlung von 1969, der alle Staaten aufforderte, die kulturellen Beziehungen mit Südafrika abzubrechen, setzten die Bundesregierungen ihre kulturelle Zusammenarbeit mit dem Apartheid-Staat fort, unbeeindruckt auch von der Tatsache, daß andere Länder (1977 Belgien und die Niederlande) ihre Kulturabkommen kündigten und schließlich nur noch die Bundesrepublik und Paraguay solche Abkommen praktizierten.
Im Zuge der Neuorientierung der deutschen Südafrika-Politik in der zweiten Hälfte der siebziger Jahre versuchte die sozial-liberale Koalition, die deutschen kulturpolitischen

Aktivitäten auch auf den schwarzen Bevölkerungsteil auszudehnen.
Jetzt wurde das Kulturabkommen plötzlich als ein wirksames Instrument zur Überwindung der Apartheid dargestellt. Die neue Haltung fand ihren Niederschlag in einem »Sonderprogramm Südliches Afrika«, das seit 1980 im Kulturhaushalt des Auswärtigen Amtes auftaucht. Für die mehr als 20 Mio. Schwarzen standen damals ganze 1 Mio. DM zur Verfügung. Im Jahr 1986 lag der Haushaltsansatz immer noch erst bei 2,5 Mio. DM. Konkret bedeutet dieses Programm: Im »Science Education Centre Soweto« werden schwarze Sekundarschullehrer in naturwissenschaftlichen Fächern fortgebildet. Dieses aus einer privaten Initiative entstandene Projekt ist zweifellos nützlich, es hat aber nichts mit Auswärtiger Kulturpolitik zu tun. Es ist reine Entwicklungshilfe für ein Land, das der Mehrheit seiner Bevölkerung ein angemessenes Bildungssystem vorenthält.
Das zweite Projekt ist ein Stipendienprogramm für nichtweiße Studenten an offenen »weißen« Universitäten (und an der schwarzen Universität von Kwazulu). 1985 gab es aus diesem Programm 50 geförderte nichtweiße Studenten an den Universitäten Witwatersrand, Durban und Kapstadt sowie 20 Studenten an der schwarzen Universität von Zululand (für ein lediglich einjähriges Studium zur Fortbildung bereits ausgebildeter Lehrer zur Erlangung eines Diploms). Die Vergabe der Stipendien regelt das South African Institute of Race Relations, eine Praxis, die von Vertretern der Schwarzen, darunter Bischof Tutu, mehrfach heftig kritisiert wurde.
Die Erfahrungen mit diesem Stipendienprogramm sind rundheraus gesagt schlecht. Es konnte auch eigentlich keine Überraschung sein, daß die nichtweißen Studenten unter dem Handicap der wesentlich schlechteren Bildungsvoraussetzungen für die Schwarzen leiden würden.

Ganz abgesehen von den Handicaps des südafrikanischen Alltags. Die nichtweißen Studenten müssen von ihren vorgeschriebenen Wohngebieten zur Universität pendeln – bis zu vier Stunden Fahrzeit am Tag sind keine Ausnahme. Es wird jetzt in Bonn erwogen, diese Handicaps durch die Förderung eines »Pre-University-years« teilweise auszugleichen. Dabei sollen junge Schwarze, die das Reifezeugnis bereits haben, in einem einjährigen Sonderkurs auf das Studium an den weißen Universitäten vorbereitet werden.
Das dritte Projekt im »Sonderprogramm Südliches Afrika« ist die Förderung dreijähriger Deutschkurse an den mit Bundesmitteln geförderten deutschen Schulen. Diese Sprachkurse sind für nichtweiße Kinder benachbarter Schulen bestimmt. Erfolgreiche Absolventen sollen so die Möglichkeit erhalten, in die deutschen Schulen aufgenommen zu werden. An diesen Kursen nahmen laut Auskunft der Bundesregierung 1982 insgesamt 601 Schüler teil. Eine Delegation des Auswärtigen Amtes, die 1985 die sechs deutschen Schulen in Südafrika und Namibia besuchte, fand insgesamt 43 nichtweiße Kinder an diesen Schulen – bei einer Gesamtschülerzahl von 3 500, also knapp über 1 %!
Über die Schulen wird noch einiges zu berichten sein. Zunächst ist aber festzuhalten, daß das »Sonderprogramm Südliches Afrika« zu seiner Durchführung nicht auf das Kulturabkommen angewiesen war. Im Gegenteil, es wurde ohne Bezugnahme auf das Abkommen gestartet. Andere Länder, die ähnliche Projekte in Südafrika durchführen, brauchen dazu ebenfalls kein Kulturabkommen.
Eigentlicher Schwerpunkt der deutschen Kulturarbeit in Südafrika sind die (privaten) deutschen Schulen. Davon existieren in Südafrika vier (Pretoria, Johannesburg, Hermannsburg und Kapstadt) und in Namibia zwei (Windhuk und Karibib). Nach Bonner Definition handelt es sich um »Sprachgruppenschulen«, Schulen also für die deutschspra-

chige Bevölkerungsgruppe. Die Schulen sind vor z. T. langer Zeit von deutschen Einwanderern gegründet worden, Träger sind private Schulvereine. Die Bundesrepublik läßt sich diese Schulen eine Menge kosten, insbesondere durch die Entsendung von Lehrern. 1981 wurden im Bundeshaushalt 12 Mio. DM für die deutschen Schulen bereitgestellt, 1986 waren es 15 Mio. DM.

Diese Schulen sind weiße Elite-Schulen. Sie unterstehen der südafrikanischen Schulaufsicht und führen zu südafrikanischen Abschlüssen (deshalb ist Deutsch in den oberen Klassen auch nicht mehr die Unterrichtssprache). Von den 3 500 Schülern sind 2 000 Deutsche. Die rein weißen Schulen wurden Ende der siebziger Jahre von der damaligen Bundesregierung gezwungen, sich für nichtweiße Schüler zu öffnen. Die Schulvorstände mußten dazu mit der Drohung der Zuschußverweigerung geradezu erpreßt werden. Die Mühe war vergeblich. Das Projekt ist vollständig gescheitert – die Zahlen zeigen es. Die Schulen hatten bald heraus, daß diese politische Nötigung für sie nicht gefährlich werden konnte, weil nichtweiße Kinder kaum eine Chance haben würden, die Aufnahmevoraussetzungen (Kenntnis der deutschen Sprache so weit, daß sie deutschem Unterricht folgen können) zu erfüllen und daß sie im übrigen wegen ihrer sozialen Handicaps bald scheitern würden. Und schließlich: Man mußte schwarze Eltern, die ihr Kind anmelden wollten, nicht auch noch ermutigen ...

Die angebotenen Sprachkurse können das Problem nicht lösen, weil die schwarzen Kinder neben ihrer Muttersprache ohnehin schon Englisch und Afrikaans lernen müssen – die Überforderung ist offenkundig. Mit dem Konzept der Sprachgruppenschule ist die Rassenintegration nicht zu erreichen. Denkbar wäre deshalb die Umwandlung in Begegnungsschulen, wo dann – wenigstens in einem Zweig – Deutsch als Fremdsprache gelehrt, aber nicht als Unterrichtssprache verwendet wird. Prinzipiell muß man fragen, warum ausgerechnet in Südafrika die relativ höchsten Aufwendungen für deutsche Schulen gemacht werden, wenn diese Schulen nicht einmal von den Lerninhalten her deutschen Vorstellungen genügen. Ein Beispiel: An der deutschen Schule in Johannesburg werden im Widerspruch zur Schulordnung nicht nur Mathematik und Naturwissenschaften, sondern auch Erdkunde und Geschichte auf Englisch unterrichtet – auf der Grundlage südafrikanischer Lehrbücher, die aber gleichwohl laut Schulordnung »die Vertrautheit mit den Landschaften des deutschen Sprachraums und der geschichtlichen Entwicklung Deutschlands« – so die Definition des Unterrichtsziels – sicherstellen sollen. Eine Analyse der verwendeten Lehrbücher zeigt, daß diese Bücher – was europäische Geographie und Geschichte angeht – von Fehlern, Verkürzungen, Auslassungen und einseitigen Wertungen nur so wimmeln.

Das Geographie-Lehrbuch der Klasse 9 enthält 5 Seiten über Deutschland, ausschließlich über das Ruhrgebiet. Nach diesem Buch wird über den Rhein Eisenerz von Spanien an die Ruhr transportiert; ist Essen die Heimat der »Krupps« seit dem 16. Jahrhundert und spezialisiert als Waffenschmiede, und nach diesem Buch wachsen die Industriestädte rasch und ohne Planung, sind überbevölkert, haben enge und verstopfte Straßen, verfallene, ungesunde Häuser.

In der Klasse 8 wird deutsche Geschichte nach einem Buch gelehrt, in dem europäische Geschichte nach Napoleon praktisch nicht mehr stattfindet. Dafür allerdings vermittelt das Buch intensiv das offizielle, gefälschte Bild der Geschichte Südafrikas. Die Europakarte der Reformationszeit nennt als Länder Frankreich, Österreich, Sachsen und Pommern. Prag liegt in Sachsen, Berlin in Pommern, die Wartburg an der Weser, Augsburg auf der Höhe von Basel. Unter dem Stichwort Industrialisierung wird auch Karl

Marx erwähnt, dessen Schriften man in Südafrika nicht kaufen kann. Der vollständige Text lautet: »A more revolutionary form of Socialism, called communism, was preached by a German called Karl Marx.«
Die südafrikanische Landeskunde, die an den deutschen Schulen natürlich auch vermittelt wird, führt zur Übernahme der südafrikanischen Apartheid-Vorstellungen. Man darf wohl fragen, ob der deutsche Steuerzahler es wirklich hinnehmen muß, daß Kinder entsandter deutscher Experten in Südafrika eine schlechte Note in Erdkunde erhalten, wenn sie Transkei, Ciskei, Venda und Bophutatswana nicht als souveräne Staaten im südlichen Afrika nennen, zumal sie in Deutschland vielleicht schon gelernt hatten, daß diese Länder keine souveränen Staaten sind. Die UNESCO hat 44 südafrikanische Schulbücher analysiert (History in black and white: an analysis of South African school history textbooks) mit dem Ergebnis, daß diese Bücher historische Fakten zum Zweck der Legitimierung der Verhältnisse in Südafrika manipulieren.
Pro Schüler zahlt der deutsche Steuerzahler in Johannesburg immerhin 2 103 DM jährlich.
Das Mißverhältnis von 10:1 zwischen dem Aufwand für weiße Schulen und den Bildungsmaßnahmen für die schwarze Mehrheit kann nicht toleriert werden. Die Bundesregierung hat jedoch einen Weg eingeschlagen, der wenig Hoffnung auf Besserung verspricht. Bis 1985 lehnte sie die Kündigung des Kulturabkommens ab. Dann beschlossen die EG-Außenminister am 10. 9. 1985, die Kulturbeziehungen zu Südafrika abzubrechen – klar und eindeutig eine Sanktion. Der Bundesaußenminister sagte an diesem Tag in Luxemburg die Kündigung des deutsch-südafrikanischen Kulturabkommens zu. Auf dem Weg nach Bonn kam ihm offenbar Franz-Josef Strauß in den Sinn und der Ärger, den die Kündigung für die Koalition bringen würde – und flugs

erfand Genscher ein völkerrechtliches Novum, die Änderungskündigung. Das Abkommen wurde also gekündigt, aber gleichzeitig wurden Verhandlungen über ein neues Abkommen angeboten. Diese Verhandlungen haben am 28.4.1986 in Pretoria begonnen. Es scheint, daß Genschers Taktik dahin zielt, den Südafrikanern ein Abkommen anzubieten, das für sie unakzeptabel ist. Jedenfalls gewann die ANC-Führung diesen Eindruck, nachdem sie von der deutschen Verhandlungsdelegation nach den Gesprächen in Pretoria in ihrem Exil in Lusaka informiert wurde.

Wenigstens der ANC hält von dem trickreichen Spiel der deutschen Außenpolitik nichts. Er schätzt den Prestigegewinn der weißen Minderheitsregierung allein durch die Tatsache der Verhandlungen mit Bonn als unannehmbar ein. In der Sache müssen die Verhandlungen spätestens an der Frage der Einbeziehung der sogenannten unabhängigen Homelands scheitern, weil Südafrika das nicht zugestehen und selbst Bonn darauf heute nicht mehr verzichten kann.

Das Kapitel kulturelle Zusammenarbeit ist aber damit nicht beendet. Immer noch laufen die Austauschprogramme des DAAD, immer noch findet Schüleraustausch statt, und immer noch vermittelt die Zentralstelle für Arbeitsvermittlung der Bundesanstalt für Arbeit Praktikantenstellen in Südafrika. Entsandte deutsche Lehrer, die sich gegen die Apartheid in Südafrika wenden, müssen mit immer größeren Schwierigkeiten bis zur Verhaftung und Ausweisung rechnen.

Die Auswärtige Kulturpolitik spiegelt im Fall Südafrika das gesamte Dilemma der deutschen Südafrika-Politik wider: In der ersten, längsten Phase wurde die Apartheid einfach übersehen, dann wurden ein paar notdürftige, im Ergebnis marginale Korrekturen angebracht, und am Schluß fehlte wieder einmal die Entschlossenheit, sich von der weißen Regierung wirklich zu distanzieren. Zufrieden ist jetzt überhaupt keiner – wahrhaftig ein Meisterstück deutscher Diplomatenkunst.

Ob der weitgehende kulturelle Boykott Südafrikas irgenwelche Wirkungen gezeigt hat, ist schwer zu sagen. Von allen Maßnahmen anderer Regierungen, die den Apartheid-Staat isolieren sollen, kümmern sich die weißen Südafrikaner um den Kulturboykott am wenigsten. Lange Zeit haben sie auch auf rein kommerzieller Basis die Künstler in ihr Land holen können (bzw. in das »südafrikanische Las Vegas« Sun City im Homeland Bophutatswana), die sie haben wollten. Seit einiger Zeit hat das »Divestment« jedoch auch das Show-Gewerbe erreicht. Bekannte Stars gehen nicht mehr nach Südafrika, weil sie negative Auswirkungen auf ihre Popularität fürchten. Schlimmer als ein gekündigtes Kulturabkommen war für die weiße südafrikanische Öffentlichkeit jedenfalls die Entscheidung der amerikanischen Produzenten der Fernsehserie »Dallas«, diese Serie nicht mehr nach Südafrika zu verkaufen.

Ein anderer Boykott muß jedoch erwähnt werden, der die weiße südafrikanische Gesellschaft hart getroffen hat: der Sportboykott. Die weißen Südafrikaner sind durch und durch sportbegeistert. Der Ausschluß Südafrikas aus nahezu allen internationalen Wettbewerben, nicht nur von den Olympischen Spielen, wurde und wird als schmerzhaft empfunden. Jede Durchbrechung des Sport-Embargos wird in der weißen südafrikanischen Presse als großer Sieg gefeiert. Die deutschen Sportverbände haben sich mehr widerwillig als überzeugt den Boykottbeschlüssen ihrer internationalen Fachverbände angeschlossen. Sie hätten anderenfalls den eigenen Ausschluß riskiert.

Die Begründung für den Sport-Boykott liegt in der auch im Sport praktizierten Rassentrennung. Südafrika hat auf den internationalen Druck in bemerkenswerter Weise reagiert: Im Spitzensport sind gemischtrassige Teams inzwischen üblich. Dies wird von Südafrika-Freunden als Argument für die Aufhebung des Sport-Boykotts verwendet – gerade auch in den deutschen Sportverbänden eine verbreitete Haltung. Sie übersieht den kosmetischen Charakter dieser Maßnahme. In einem Land mit getrennten Schulsystemen und strikt getrennten Wohngebieten ist rassisch integrierter Schul- und Breitensport nicht möglich.

Die Aufweichungstendenzen gegenüber dem Sport-Boykott haben den Bundestag erreicht. Im September 1985 setzten CDU/CSU und FDP einen Beschluß durch, der auch den Sportverkehr in die Verhandlungen über ein neues Kulturabkommen einbeziehen will. Sollte die Bundesregierung diesem Antrag entsprechend verfahren, müßte der deutsche Sport mit völliger internationaler Isolierung rechnen.

19. Tatort New York
Schlußlicht in der UNO

Die Hauptbühne des internationalen Kampfes gegen die Apartheid sind die Generalversammlung der Vereinten Nationen und das Forum des Weltsicherheitsrates. Entgegen modischer Kritik an der UN und ihren Organisationen, die behauptet, erst mit dem Einzug der Dritten Welt in New York sei es zu einer unfruchtbaren »Resolutionitis« und Einmischungen in die inneren Angelegenheiten anderer Länder, wie z. B. Südafrika, gekommen, haben sich die Vereinten Nationen von Anfang an aktiv um das Problem der Rassendiskriminierung gekümmert. Die Rassenfrage taucht bereits im ersten Artikel der Charta der Vereinten Nationen auf, wo als Ziel der Organisation festgelegt ist, »eine internationale Zusammenarbeit herbeizuführen, um internationale Probleme wirtschaftlicher, sozialer, kultureller und humanitärer Art zu lösen und Achtung vor den Menschenrechten und Grundfreiheiten für alle ohne Unterschied der Rasse, des Geschlechts, der Sprache oder der Religion zu fördern und zu festigen«.

Im Hinblick darauf kam das Thema Rassendiskriminierung in Südafrika – in diesem Fall unter dem speziellen Aspekt der Diskriminierung der in Südafrika lebenden Inder – schon im Jahr 1946 auf die Tagesordnung der Vollversammlung. Indien war der Antragsteller.

Eindeutige Ablehnungen des Rassismus enthalten drei weitere Grundsatzdokumente der Vereinten Nationen: die »Allgemeine Erklärung der Menschenrechte«, der »Internationale Pakt über bürgerliche und politische Rechte« sowie

der »Internationale Pakt über wirtschaftliche, soziale und kulturelle Rechte«. Nach Auffassung der Völkerrechtler stellen die Charta, die Menschenrechtserklärung und die beiden Menschenrechtspakte mit ihrem Diskriminierungsverbot nach Rasse, Hautfarbe und Herkunft allgemein gültiges, zwingendes Völkerrecht dar.
1952 kam es auf Antrag von 13 afrikanischen und asiatischen Ländern erneut zu einer Behandlung der Südafrika-Frage auf der Generalversammlung, 1957 verlangte die Generalversammlung die Abschaffung der Apartheid – alles noch vor der Unabhängigkeitswelle in Afrika, die ab 1960 die Zahl der afrikanischen UN-Mitglieder auf 50 ansteigen ließ. Die Afrikaner stellen damit die stärkste Regionalgruppe in den Vereinten Nationen. Ihr Stimmenblock hat Gewicht, und sie haben mehr und mehr gelernt, dieses Gewicht auch einzusetzen. Es versteht sich von selber, daß die starke afrikanische Präsenz in der UN sicherstellt, daß das Thema Südafrika auf der Tagesordnung der Weltorganisation bleibt. Es mag mit der afrikanischen Einheit nicht so furchtbar weit her sein (wie mit der europäischen auch nicht, um jedem Hochmut vorzubeugen), aber in der Ablehnung der Apartheid sind sich die Afrikaner einig. Apartheid ist für sie heute das letzte noch existierende Stück der Unterdrückung, die der Kontinent insgesamt jahrhundertelang erlitten hat. Man tut also gut daran, das afrikanische Engagement nicht zu unterschätzen. Und mögen die Afrikaner heute auch noch schwach sein – ihre weltpolitische Position wird sich ändern, und es könnten Sanktionen und Boykottbeschlüsse aus einer ganz anderen Richtung in eine ganz andere Richtung kommen – aus Afrika gegen den Westen. Das Thema Boykott wird jedenfalls in der Organisation für afrikanische Einheit bereits diskutiert, und ein Hauptziel dieses Boykotts wäre die Bundesrepublik Deutschland.
Unter dem Aspekt des Völkerrechts sind vor allem folgende

Entscheidungen der Vereinten Nationen zum Rassismus-Thema bedeutend:

1. Die Resolution der Generalversammlung vom 20. 11. 1963, die alle Formen der Rassendiskriminierung als Verletzung der Menschenrechte und Grundfreiheiten bezeichnet.
2. Das am 7. 3. 1966 verabschiedete, auf dieser Resolution beruhende »Internationale Übereinkommen zur Beseitigung jeder Form von Rassendiskriminierung«, das auch in der Bundesrepublik geltendes Recht ist. Mit dem Beitritt zu diesem Übereinkommen hat sich die Bundesrepublik verpflichtet, von Rassendiskriminierung gefährdete Menschen zu schützen, Rassendiskriminierung in jeder Weise zu verhindern und rassistischer Propaganda und rassistischen Organisationen entgegenzuwirken. Zwar sind in der Bundesrepublik Gründung und Mitgliedschaft in einer rassistischen Vereinigung (§ 129 StGB) und Aufstachelung zum Rassenhaß (§ 131 StGB) unter Strafe gestellt, diese Bestimmungen beziehen sich jedoch, wie die Entstehungsgeschichte und die Rechtsprechung zeigen, auf Antisemitismus. Ob Propaganda für die Apartheid auf der Grundlage dieser Paragraphen in der Bundesrepublik strafbar ist, müßte erst noch festgestellt werden.
3. Das »Internationale Übereinkommen über die Bekämpfung und Ahndung des Verbrechens der Apartheid« vom 18. 7. 1976. Dieses Abkommen ist von der Bundesrepublik nicht ratifiziert worden. Dennoch ist unbestritten, daß sich auch aus dieser Konvention Völkerrechtsnormen ergeben, die ohne weiteres bindend sind – z. B. die Bestimmungen, die der Völkermord-Konvention entnommen sind, und die Qualifizierung der Apartheid als Verbrechen, die der Sicherheitsrat in Resolution 556 vom 23. 10. 1984 übernommen hat.

Die Vereinten Nationen haben auch früh damit begonnen, das Apartheid-System als Verstoß gegen die internationale Friedenspflicht und als Bedrohung des Weltfriedens zu betrachten. Bis 1960 hatte sich die UN-Politik im wesentlichen auf die Menschenrechtsfragen bezogen, danach auch auf die in der UN-Charta enthaltene einzige Ausnahme vom Prinzip der Nichteinmischung in innere Angelegenheiten, nämlich die Feststellung des Sicherheitsrates, »daß eine Bedrohung des Friedens, ein Friedensbruch oder eine Angriffshandlung vorliegt«. Resolution 134 des Sicherheitsrates vom 1.4.1960 enthielt als Reaktion auf das Massaker von Sharpeville, als die südafrikanische Polizei am 21.3.1960 mehr als 60 Teilnehmer einer friedlichen Demonstration erschossen hatte, erstmalig die Feststellung, daß die Apartheid-Politik »den Weltfrieden und die internationale Sicherheit gefährden könnte«. 1963 ging der Rat weiter und stellte fest, »daß die Lage in Südafrika ernsthaft den Weltfrieden und die internationale Sicherheit stört«. Gleichzeitig rief er alle Staaten zu einem freiwilligen Waffenembargo gegen Südafrika auf, was allerdings hinter dem Beschluß der Vollversammlung 1962 zurückblieb, die bereits einen umfassenden Wirtschaftsboykott Südafrikas gefordert hatte.
Der Sicherheitsrat setzte außerdem eine Expertengruppe unter Vorsitz der Schwedin Alva Myrdal ein, die Vorschläge für eine friedliche Lösung der Konflikte in Südafrika vorlegen sollte. Bereits im Mai 1964 lag der Bericht vor – er setzte nicht auf Boykott, sondern auf Zusammenarbeit mit der Regierung Südafrikas. Angestrebt wurde ein für alle Menschen in Südafrika repräsentativer Nationalkonvent. Die Myrdal-Kommission schlug aber Wirtschaftssanktionen für den Fall vor, daß Südafrika die Zusammenarbeit verweigern sollte. Während der Sicherheitsrat, der allein bindende Beschlüsse fassen kann, diese Vorschläge nicht aufgriff, verabschiedete die Vollversammlung Resolution auf Resolu-

tion. 1966 forderte sie das Verbot von Krediten an Südafrika und an südafrikanische Gesellschaften, 1968 verlangte sie Sanktionen auf dem Gebiet der Kultur, der Erziehung und des Sports. 1969 sprach sie sich für ein Verkehrsembargo aus.

Der Sicherheitsrat nahm das Südafrika-Thema erst nach den Unruhen von Soweto im Jahr 1976 wieder auf. Resolution 392 vom 19. Juni 1976 verurteilt Südafrika wegen seiner Gewaltmaßnahmen gegen die Schwarzen; Resolution 418 von 1977 enthält die erste und bisher einzige bindende Sanktion: das Waffenembargo (siehe Kapitel »Ein deutsches Schießgewehr«). Die Resolutionen 417 (1977), 473 (1980) und 556 (1984) verurteilen das juristische Vorgehen Südafrikas gegen den Widerstand der Apartheidsgegner in Südafrika, 556 fordert zusätzlich die Aufhebung der Verbote und Beschränkungen für den südafrikanischen Widerstand und verlangt die Auflösung der Bantustan-Strukturen (d. h. der Homelands) und die Rücknahme der Aberkennung der südafrikanischen Staatsbürgerschaft für die Bewohner der sogenannten unabhängigen Homelands. Resolution 554 (1984) erklärt die südafrikanische Verfassungsreform zur Verletzung der UN-Charta und bestreitet die Gültigkeit des Verfassungs-Referendums.

Resolution 569 vom 26. 7. 1985 befaßt sich mit dem Ausnahmezustand und verurteilt Südafrika wegen der Massenverhaftungen und Erschießungen.

Zahlreiche Sicherheitsrats-Resolutionen und Beschlüsse anerkennen ausdrücklich die Legitimität des Widerstands gegen die Apartheid (282 von 1970, 311 von 1972, 392 von 1976 und 556 von 1984). Die Generalversammlung rief alle Staaten und Organisationen schon 1967 zur »moralischen, politischen und materiellen Unterstützung« des Widerstandes auf. Folgerichtig wurden die Befreiungsbewegungen von Namibia (SWAPO) und Südafrika (ANC, PAC) als authentische Repräsentanten der Völker von Namibia und Südafrika anerkannt. Ausdrücklich wurde ferner in einer Definition des Begriffs der »Aggression« festgelegt, daß der Kampf der betroffenen Völker gegen »Kolonial- und Rassenherrschaft« nicht als Aggression zu betrachten ist. Diesem Gesichtspunkt wurde auch außerhalb der Vereinten Nationen Rechnung getragen. Im Zusatzprotokoll zu den Genfer Rotkreuz-Verträgen, der Grundlage des humanitären Kriegsvölkerrechts, von 1976 werden bewaffnete Konflikte, »in denen Völker gegen rassistische Regimes in Ausübung ihres Rechts auf Selbstbestimmung« kämpfen, in den Regelungsbereich des humanitären Kriegsvölkerrechts einbezogen. Die Bundesrepublik hat dieses Protokoll zwar unterzeichnet, die Bundesregierung weigert sich jedoch, es dem Bundestag zur Ratifizierung zuzuleiten – wofür allerdings bisher nicht die Rassismus-Bestimmung maßgeblich war.

Der Gedanke des Selbstbestimmungsrechts für das südafrikanische Volk ist von den Vereinten Nationen ebenfalls aufgenommen worden. Dies war lange Zeit umstritten, denn anders als im Fall Namibia erschließt sich die koloniale Struktur Südafrikas nicht auf den ersten Blick. Die Vereinten Nationen gehen davon aus, daß der Ausschluß der Bevölkerungsmehrheit von den politischen Entscheidungen und besonders natürlich die Bantustan-Politik eine besondere Form des Kolonialismus darstellen, und daß deshalb die Auseinandersetzungen in Südafrika auch als von der UN-Charta gedeckter Kampf eines Volkes um seine Selbstbestimmung gesehen werden müssen.

Was die Beschlußpraxis der Vereinten Nationen in jedem Einzelfall völkerrechtlich bedeutet, könnte Stoff für ungezählte Seminare und Doktorarbeiten sein. Ganz eindeutig ist jedoch der politische Wille der Staatengemeinschaft, das System der Apartheid nicht zu tolerieren.

Mit einer, allerdings entscheidenden Ausnahme: Bisher haben es die westlichen Sicherheitsratsmitglieder USA und Großbritannien, die mit dem Vetorecht ausgestattet sind, verstanden, bindende Wirtschaftssanktionen gegen Südafrika zu verhindern. Die Vollversammlung hat zwar mehrfach vom Sicherheitsrat umfassende und nach Artikel VII der Charta bindende Maßnahmen verlangt, z.B. 1984 ein Ölembargo, ein Kreditembargo, ein Investitionsverbot und einen Handelsboykott. Auch nach der Verhängung des Ausnahmezustandes im Juli 1985 scheiterten entsprechende Resolutionsentwürfe am Veto der USA und Großbritanniens. Allerdings hat der Sicherheitsrat in Resolution 569 vom 26.7.1985 eine Reihe von freiwilligen Wirtschaftssanktionen empfohlen. (Zur Sanktionsdiskussion siehe Kapitel »Der Augenblick der Wahrheit«.)

Die Bundesrepublik brauchte sich bis zum Jahr 1973 an der Anti-Apartheid-Diskussion der Vereinten Nationen nicht zu beteiligen. Erst in jenem Jahr trat sie im Zuge der Ostpolitik der Regierung Brandt/Scheel gleichzeitig mit der DDR der Weltorganisation bei. In der Begründung zum Beitrittsgesetz vom 8.2.1973 erklärte die damalige Bundesregierung: »Die Bundesrepublik Deutschland wird außerdem ... der Bekämpfung der Rassendiskriminierung ... besondere Beachtung schenken.«

So sollte es auch geschehen. Allerdings sieht diese Beachtung in der Praxis so aus, daß die Bundesregierung mit ihrem Abstimmungsverhalten in den Vereinten Nationen dafür sorgt, daß die Bekämpfung der Rassendiskriminierung nicht zu weit getrieben wird. In seiner jährlichen Rede vor der UN-Vollversammlung verurteilt der Bundesaußenminister zwar regelmäßig die Apartheid und fordert Südafrika zu einer Änderung seiner Politik auf, eine Umsetzung der UN-Beschlüsse in der deutschen Politik ist aber nicht zu erkennen, und die Analyse des deutschen Stimmverhaltens in der

Generalversammlung zeigt, daß sich die Bundesrepublik in der kleinen Gruppe von Staaten befindet, die die Anti-Apartheid-Politik der Weltorganisation nicht mittragen.
Dem ebenfalls in der Generalversammlung zur Abstimmung stehenden jährlichen Bericht über die »Aktivitäten fremder wirtschaftlicher und anderer Interessen, die die Unabhängigkeit von Namibia behindern« hat die Bundesrepublik seit 1973 kein einziges Mal zugestimmt, sondern sie hat sich nach einem nicht erkennbaren Muster entweder der Stimme enthalten oder den Bericht abgelehnt.
Wenn man das Abstimmungsverhalten der Bundesrepublik analysiert, muß beachtet werden, daß die vorgelegten Resolutionsentwürfe natürlich unterschiedliches Gewicht haben. Zur außenpolitischen Wertung ist auch aufschlußreich zu sehen, wie sich das Stimmverhalten der Bundesrepublik im Kontext der EG-Staaten, die ihre Außenpolitik auch in den UN bekanntlich abstimmen, darstellt und wie es sich zu den Abstimmungen anderer Staaten verhält.
Beim deutschen Eintritt in die UN 1973 und 1974 bewegte sich die Bundesrepublik bei Abstimmungen zum südlichen Afrika noch gut im Mittelfeld der EG. Gegenüber den USA, Großbritannien und Frankreich zeigten sich positive Unterschiede. Die Bundesrepublik stimmte 1973 noch 5 von 8 Resolutionen zu, Frankreich nur 2 und Großbritannien und USA nur je einer.
1975 setzte dann ein Prozeß der Angleichung des Stimmverhaltens der Bundesrepublik an Frankreich und Großbritannien ein, der sich im wesentlichen bis 1982 hinzog. 1975, 1976 und 1977 zeigte die Bundesrepublik bei den Apartheid-Resolutionen dasselbe Verhalten wie diese beiden Verbündeten, 1978 wich die Bundesrepublik geringfügig, 1979 und 1980 etwas deutlicher positiv von den beiden ab.
Allerdings war die Bundesrepublik 1978 schon auf die rechte, blockierende Seite des EG-Spektrums gerückt.

1981 zeigte Frankreich bei den Südafrika-Resolutionen ein positiveres Stimmverhalten. Dadurch wurde die Bundesrepublik zusammen mit Großbritannien das EG-Land mit dem restriktivsten Stimmverhalten. Das setzte sich 1982 fort und erreichte 1983 (im Jahr 1 der Wende) einen dramatischen Höhepunkt. So hat die Bundesrepublik ebenso wie Großbritannien und die USA im Jahr 1983 nur einer einzigen Südafrika-Resolution (von insgesamt elf) zugestimmt, alle anderen EG-Partner sagten bei mindestens 5 Resolutionen Ja (Ausnahme Italien mit 4 Ja).
1984 zeigt sich dann wieder eine Bewegung zur Mitte, 1985 findet sich die Bundesrepublik jedoch erneut wieder am rechten Rand der EG-Staaten.
Betrachtet man die Entscheidungen der letzten drei Jahre im einzelnen, so zeigt sich folgendes Bild:
1983 stimmte die Bundesrepublik lediglich routinemäßig dem UN-Trust-Fonds für Südafrika zu. (Dieser 1965 eingerichtete freiwillige Fonds unterstützt Opfer der Apartheid mit humanitären Mitteln. Bisher wurden ca. 20 Mio. Dollar eingezahlt.) Die wichtigen Resolutionen zu Sanktionen gegen Südafrika, zur militärischen und nuklearen Zusammenarbeit mit Südafrika, zum Ölembargo gegen Südafrika und zur Situation in Südafrika lehnte sie ab, ebenso die Resolution zu den Beziehungen zwischen Israel und Südafrika. 1984 lehnte die Bundesrepublik die Resolutionen zu umfassenden Sanktionen und zu den Beziehungen zwischen Israel und Südafrika ab. Bei den Beschlüssen zur Apartheid im Sport und zur Konzertierten Internationalen Aktion gegen die Apartheid enthielt sie sich, den Resolutionen zur Situation in Südafrika, zur öffentlichen Information gegen die Apartheid sowie dem Trust-Fonds und dem Arbeitsprogramm des Anti-Apartheid-Ausschusses stimmte sie zu.
1985 lehnte die Bundesrepublik ab: umfassende Sanktionen, die Beurteilung der Situation in Südafrika, die Weltsank-

tionskonferenz (abgehalten im Juni 1986 in Paris ohne Beteiligung der Bundesregierung), die Verurteilung der Beziehungen zwischen Israel und Südafrika. Sie enthielt sich beim Arbeitsprogramm, bei der Internationalen Konvention gegen die Apartheid im Sport und bei der Konzertierten Aktion für die Abschaffung der Apartheid. Positiv stimmte sie wiederum nur bei den politisch wenig relevanten Themen Information über Apartheid und Trust-Fonds.

Im Jahre 1985 wurde besonders kritisch vermerkt, daß die Bundesrepublik auch dem einzigen westlichen Resolutionsentwurf zur Südafrika-Politik nicht zustimmen wollte. Dieser von den nordischen Staaten eingebrachte Entwurf verlangte wirksame mandatorische Sanktionen gegen Südafrika. Wie weit fortgeschritten die Isolierung in den UN bereits ist, zeigt die kleine Zahl von Verbündeten der Bundesrepublik bei dieser Abstimmung: Es waren Großbritannien und die USA (beide dagegen) und Grenada (!), Israel und Malawi (Enthaltungen). Für den nordischen Antrag hatten 149 Staaten gestimmt. (Die Bundesrepublik enthielt sich.)

In den Vereinten Nationen wird dieses Abstimmungsverhalten natürlich nicht isoliert gesehen, sondern in Verbindung gesetzt zur nationalen Politik im übrigen. Nachdem selbst die USA und Großbritannien mit wenn auch bescheidenen staatlichen Sanktionen in der Realisierung der UN-Beschlüsse bereits weitergegangen sind, bildet die Bundesrepublik Deutschland heute in der internationalen Staatengemeinschaft mit ihrer Politik gegenüber Südafrika das Schlußlicht.

Bisher ist die Bundesrepublik noch nicht voll in das Scheinwerferlicht der UN-Kritik gerückt, weil die Veto-Mächte USA und Großbritannien mit ihrer Blockadepolitik im Sicherheitsrat ein naheliegenderes Ziel geboten haben. Dies wird sich jedoch ändern. Die Bundesregierung strebt für die Sitzungsperiode 1987/88 wiederum einen Sitz im Weltsicherheitsrat an. Spätestens dann wird sie Farbe bekennen müssen – vor allem, wenn – was zu erwarten ist – die amerikanische und britische Südafrikapolitik sich ändern. Auch in der afrikanischen Staatengruppe hat die Bundesrepublik wachsendes Ungemach zu befürchten. Die OAU ist bereits dabei, sich auf Bonn einzuschießen (darüber mag man in Bonn jetzt lächeln, eines Tages wird man es nicht mehr).

Die Bundesrepublik ganz allein gegen den Rest der Welt, vielleicht noch unterstützt von Grenada und Malawi? Bonn wird sich entscheiden müssen. Die weltweite Isolierung in einer außenpolitischen Frage, die im Lauf der Jahre zu einem absoluten Spitzenthema der internationalen Politik geworden ist, kann nicht im Interesse der Bundesrepublik liegen. Daß ausgerechnet die Deutschen beim Kampf gegen den Rassismus nicht mitziehen wollen, das wird in der ganzen Welt nicht mehr verstanden werden. Natürlich hat die Mehrheit nicht immer recht – aber ist es wirklich wahrscheinlich, daß nur die Bundesrepublik Deutschland die richtige Einstellung zu Südafrika hat und alle anderen nicht? Wahrscheinlich ist, daß die Bundesrepublik Glaubwürdigkeit und Ansehen verliert. Auf Dauer kann kleinlicher Krämergeist Außenpolitik eben doch nicht ersetzen.

20. Deutschlands koloniales Erbe
Namibia wird nicht frei

So emotional und weitgehend irrational die Südafrika-Diskussion in der Bundesrepublik auch verläuft: Es gibt noch eine Steigerung. Wenn über Namibia, das ehemalige Deutsch-Südwest, gesprochen wird, dann bricht die gesamte unbewältigte koloniale Vergangenheit der Deutschen wieder auf. Namibia ist wirklich ein besonderes Kapitel. Der deutsche Einfluß im Land ist immer noch groß, und die meisten Beobachter halten diesen Einfluß für nicht eben förderlich. Konservative Kreise in der Bundesrepublik haben Namibia im Grunde ihres Herzens als deutsche Kolonie oder wenigstens deutsches Schutzgebiet immer noch nicht aufgegeben – wahrscheinlich deshalb, weil in diesem Land, abgeschnitten von den politischen, sozialen und kulturellen Entwicklungen des ursprünglichen Mutterlandes, unter den Deutschen eine schwarz-weiß-rote Gesinnung überlebt hat, wie man sie sonst nicht mehr findet. Namibia – ein Museum des deutschen Wilhelminismus mit lebendem Inventar? Liebevoll werden scheinbar unausrottbare Legenden gepflegt – etwa die von der herausragenden Tüchtigkeit und Vorbildlichkeit der Deutschen als Kolonialherren, oder die, daß sich die Schwarzen Namibias nichts sehnlicher wünschen, als heim ins Reich zu kehren, oder die, daß es in »Südwest« niemals Rassenprobleme gegeben habe.
Mit Recht haben die Namibia-erfahrenen Helga und Ludwig Helbig ihre große Aufräumaktion unter all dem nationalen Gerümpel und chauvinistischem Schutt »Mythos Deutsch-Südwest« genannt. In ihrem Vorwort schreiben sie: »Nami-

bia, das sind verdrängte Kapitel deutscher Geschichte. Hier fand der erste Völkermord statt, den Deutsche begingen. Hier gab es die ersten Konzentrationslager der deutschen Geschichte. Hier wurde dreißig Jahre vor Hitler deutsches Herrenmenschentum praktiziert. Hier wurde die schwarze Bevölkerungsmehrheit in ein Unterdrückungssystem gepreßt, das Südafrika nahtlos in seine Apartheidspolitik übernehmen konnte.« Den Gegenpol zu dieser Feststellung grausamer Tatbestände bildet eine Äußerung des CSU-Politikers Dr. Richard Jäger, eines ehemaligen Bundesjustizministers, heute Menschenrechtsbeauftragter (!) der Bundesregierung bei den Vereinten Nationen. Diese Äußerung fiel unglaublicherweise im Deutschen Bundestag, der ja schon viel gehört hat, aber so etwas kaum. Jäger sagte am 18. 1. 1980: »Dabei brauchen wir Deutsche in Deutschland uns der Deutschen in Südwest-Afrika nicht zu schämen: weder ihrer historischen noch ihrer heutigen Leistungen.« Aber genau das Gegenteil ist wahr. Es besteht Anlaß zum Schämen. Und es besteht Anlaß, eine Chance zu ergreifen, die das deutsche Volk gegenüber den Juden wegen der Gründlichkeit der Ausrottungspolitik nicht wirklich ergreifen konnte, die Chance der Wiedergutmachung. In Namibia könnte eine Schuld aus der Vergangenheit abgetragen werden, es könnte die Geschichte ein Stück weit korrigiert werden. Keine Bundesregierung hat das so gesehen. Immer war der ultrarechte Einfluß, dem es um die Privilegien der deutschstämmigen Einwohner Namibias ging, stärker als der Wille, dem gesamten Volk von Namibia zur Selbstbestimmung und zur Freiheit zu verhelfen.

Kaum ein anderes Land hatte so lange unter dem Joch fremder Herrschaft und auswärtiger Bevormundung zu leiden wie Namibia, das ehemalige Deutsch-Südwestafrika. Und noch heute wartet dieses wüstenreiche und dünnbesiedelte Land zwischen Südafrika und Angola auf seine Unabhängigkeit. Wie die Zeichen der internationalen Politik stehen, wird das Territorium, das von der Republik Südafrika völkerrechtlich illegal besetzt ist und verwaltet wird, auch in absehbarer Zeit nicht in eine international anerkannte Unabhängigkeit entlassen. Die Soldaten des Apartheidregimes liefern sich mit den Kämpfern der Befreiungsbewegung SWAPO im Norden des Landes einen blutigen Buschkrieg, den keine Seite für sich entscheiden kann, dessen unmenschliche Folgen die Bevölkerung Namibias aber Tag für Tag zu spüren bekommt.

Über hundert Jahre ist es nun schon her, daß die deutsche Kolonialherrschaft in Südwestafrika ihren Anfang nahm. Den Ausschlag dazu gaben die Unternehmungen des Bremer Kaufmanns Adolf Lüderitz, der im Mai 1883 von dem Bethanierhäuptling Josef Fredericks einen Küstenstreifen im Süden des Landes für ein paar Gewehre erwarb. Das Gebiet wurde ein Jahr später, am 24. April 1884, unter deutsche Schutzherrschaft gestellt – die deutsche Kolonialpolitik war geboren. Der Inbesitznahme weiteren Landes von privater Seite folgten die Abschlüsse von Schutzverträgen zwischen Vertretern des deutschen Kaiserreichs und den einzelnen Stammesführern. Bis 1890 hatte sich das Schutzgebiet auf die bis heute bestehenden Grenzen ausgedehnt.

Da die formaljuristische Herrschaft nicht den tatsächlichen Machtverhältnissen entsprach, hatte das Kaiserreich fünf Jahre nach der Flaggenhissung 1889 die erste deutsche Schutztruppe nach Deutsch-Südwestafrika entsandt, um das Land de facto unter Kontrolle zu bringen und für die Herstellung von »Recht und Ordnung« zu sorgen.

Weil in Deutschland selbst aber die ökonomische Erschließung der Kolonie vorerst auf wenig private Interessenten stieß, erwies sich die Kolonialpolitik erst einmal als Verlustgeschäft. Auch die Besiedlung des Territoriums sollte nur schleppend vorangehen.

Das deutsche Engagement in Südwestafrika muß angesichts der wenig erfreulichen Entwicklung, die die Kolonie nahm, vor dem Hintergrund des damals in Europa herrschenden imperialistischen Zeitgeistes gesehen werden.
Aber es ging nicht nur um Deutschlands Platz an der Sonne, um Gleichberechtigung und Weltgeltung. Es gab massiven innenpolitischen Druck – und wo Druck ist, da gibt es auch Interessen.
Interesse an deutschen Kolonien in Afrika hatten in erster Linie Hamburger und Bremer Kaufleute, die ihre Geschäfte an der afrikanischen Küste gerne unter dem Schutz des Reiches abwickeln wollten. Natürlich hat es an großen Worten nicht gefehlt, und wenn man die Argumente der reichsdeutschen Kolonialbewegung nachliest, stößt man auf sehr langlebige Betrachtungsweisen. Kolonien waren demnach nötig zur Sicherung der Rohstoffbasis, zur Erschließung neuer Märkte für Industrieprodukte und zur Sicherstellung der eigenen Ernährung. Zunächst aber war die Sache viel ordinärer: Es ging im wesentlichen um Schnaps. Die gesamte deutsche Ausfuhr nach Afrika bestand noch 1883 zu 48 % aus Branntwein. Führender Exporteur war Hamburg (1884 war der Spirituosenanteil an Hamburger Afrikaexporten 66 %). In Hamburg hatte sich eine ganze Industrie gebildet, die für Afrika billigste Spirituosen zusammenpanschte. Bei der bekannten verheerenden Wirkung dieser Erzeugnisse unter den Afrikanern müssen sie hochgiftig gewesen sein. Hinter den Schnapsfabrikanten standen als Zulieferer die ostelbischen Großgrundbesitzer. So kam schon eine bemerkenswerte Lobby zueinander.
Diese Zusammenhänge waren den Politikern wohlbekannt. Das Ergebnis der Berliner Kongo-Konferenz, die Deutschland in Afrika zu einer kolonialen Großmacht aufsteigen ließ, definierte der Inspektor der Norddeutschen Missionsgesellschaft, Jahn, im Jahr 1885 so: »Geradeheraus gesagt, so

ist das Interesse dieser Besitzergreifung: nicht in der Einfuhr von Tabak, Pulver und besonders Branntwein gestört zu werden.« Und auch in der Umgebung von Bismarcks kolonialem Vollstrecker, Gustav Nachtigal, wußte man, daß der Schutz des Reiches dem Schnaps, diesem »schnöden Erzeugnis«, galt. Der Größte im deutschen Afrika-Geschäft war die Hamburger Firma Woermann – Reederei und Handelshaus. Ihr begegnet man wieder, wenn man sich in die Geschichte Namibias vertieft. Die Firma Woermann verdiente mit überhöhten Preisen beim Transport von Truppen und Material zur Niederwerfung des Hereroaufstandes ein Vermögen.

Die einheimische Bevölkerung hatte seinerzeit keineswegs auf den kaiserlichen Schutz gewartet. Ihren Häuptlingen war klar geworden, auf welch niederträchtige Weise ihre Völker um ihr Land gebracht worden waren.

Im Schutzgebiet leistete vor allem der Stamm der Namas Widerstand gegen die unerwünschte Fremdherrschaft, so daß kriegerische Auseinandersetzungen nicht ausblieben. Auch wirtschaftlich gelang es trotz der skrupellosen und betrügerischen Methoden der Farmer und Händler beim Erwerb von Land und Vieh nicht, die vollkommene Kontrolle über das Land zu erreichen. Die ökonomische Vormachtstellung der Hereros, die sich auf einen riesigen Bestand an Rinderherden gründete, wurde erst gebrochen, als 1897 eine Rinderpest über das Gebiet hereinbrach, die den Viehbestand der Hereros um fast 90 % reduzierte, sie damit ihrer Existenzgrundlage beraubte und das Ende ihres faktischen Machtmonopols zur Folge hatte. Erst jetzt, als der stärkste und stolzeste Stamm des Landes von europäischen Gütern und Waren abhängig geworden war, wurden sich die Afrikaner ihrer Gefährdung durch die immer rücksichtslosere Kolonisation voll bewußt.

Die Anzahl der deutschen Siedler hatte sich bis zur Jahrhundertwende enorm gesteigert, und das soziale Konfliktpotential wuchs. Auch die von Major Leutwein als Gouverneur anfangs angestrebte Politik des Ausgleichs ließ sich angesichts der feindlichen Einstellung der Siedler, die die Afrikaner lediglich als Sklaven oder Bedienstete sahen, nicht durchführen.

Der wirtschaftliche Niedergang der Hereros und das damit einhergehende Bewußtwerden ihrer Unterdrückung führten schließlich zum großen Herero-Aufstand 1904, dessen berühmte Schlacht am Waterberg und seine Folgen als erster Völkermord der Deutschen in die Annalen einging. Den Kämpfen und der gezielten Ausrottung fielen nahezu 80 % des Stammes zum Opfer.

Nicht viel besser erging es Namas und Damaras, die ebenfalls zu großen Teilen während der blutigen Auseinandersetzungen mit den Schutztruppen vernichtet wurden. Nach den bis 1907 anhaltenden Kämpfen hatte die deutsche Kolonialmacht erstmals fast das gesamte Land unter Kontrolle gebracht. (Bis in den Norden des Gebietes, das die Ovambos besiedelten, waren die kaiserlichen Soldaten noch nicht vorgedrungen.) Auch begann die Kolonie langsam, Gewinn zu erwirtschaften, was wesentlich auf die Entdeckung der schier unerschöpflichen Diamantenvorkommen 1908 zurückzuführen war. Die Entwicklung eines lückenlosen Systems gesetzlicher Kontrollmaßnahmen sorgte dafür, daß jeglicher afrikanische Emanzipationsprozeß bereits im Keime erstickt werden konnte. Die Bewirtschaftung wurde intensiviert, die Besiedlung erhöht, die Infrastruktur erweitert und der bereits existierende Rassenunterschied juristisch verankert. Diese gesetzlich festgeschriebene Herrschaftsform zeigt, daß die von der südafrikanischen Regierung bis heute praktizierte Apartheid-Politik als eine Fortsetzung der von den deutschen Kolonialherren angewandten »Eingeborenenpolitik« betrachtet werden kann.

Im Versailler Friedensvertrag wurde das Ende der deutschen Kolonialherrschaft in Südwestafrika formal festgelegt (tatsächlich hatte es sich schon zu Beginn des Ersten Weltkrieges abgezeichnet), und das Gebiet wurde 1920 vom Völkerbund der Südafrikanischen Union als sogenanntes C-Mandat übertragen. Nach dem Ende des Völkerbundes wandelten die Vereinten Nationen alle Mandate und Treuhandschaften um, doch weigerte sich Südafrika, mit den UN ein Treuhandschaftsabkommen zu schließen, da es die UN nicht als Rechtsnachfolger des Völkerbundes anerkannte. Als das Apartheid-Regime trotz weltweiter Proteste keine Anstalten machte, die Rassenpolitik aufzuheben, erklärten die UN 1966 das Mandat für beendet und unterstellten das Territorium der direkten Verantwortung der UN. Der Beschluß wurde vom Weltsicherheitsrat bestätigt, und 1969 erklärte er die Anwesenheit Südafrikas in der ehemaligen deutschen Kolonie für illegal. Als die Regierung in Pretoria angesichts des internationalen Drucks erkennen mußte, daß eine Einverleibung des Territoriums in das eigene Staatsgebiet nicht durchzusetzen war, versuchte sie, mit der Einberufung einer verfassunggebenden Versammlung, an der alle elf ethnischen Gruppen Namibias beteiligt waren, eine ihr genehme Lösung zu forcieren. Dieser Entwicklung konnte schließlich der Westen nicht länger tatenlos gegenüberstehen.

Die internationalen Verhandlungen um die Zukunft Namibias

Lange Zeit war das Schicksal der ehemaligen deutschen Kolonie aus dem Blickfeld der deutschen Außenpolitik geraten. Man schien sich mit dem Status quo abgefunden zu haben, daß Namibia – diese Bezeichnung hatten die UN

1968 aus der Taufe gehoben – wie eine fünfte Provinz von Südafrika verwaltet wurde. So war auch bis 1974 das 1953 wiedereröffnete deutsche Konsulat in Windhuk der deutschen Botschaft in Pretoria unterstellt, und in das 1962 mit Südafrika geschlossene Kulturabkommen war Südwest ausdrücklich miteinbezogen.

Erst im Zuge der Ereignisse, die Mitte der siebziger Jahre dazu geführt hatten, daß im südlichen Afrika ein neues Kräfteverhältnis entstanden war, besann sich auch die Bundesrepublik auf ihre Verantwortung gegenüber ihrer ehemaligen Kolonie. Zu den Entwicklungen, die diesen Bewußtseinswandel bewirkten, zählten in erster Linie die sowjetisch-kubanische Intervention in Angola, demzufolge die Etablierung eines revolutionären Regimes in Angola wie zuvor in Mosambik, die Verstärkung des Guerillakampfes in Rhodesien sowie die zunehmenden innenpolitischen Erschütterungen Südafrikas.

Selten zuvor war das südliche Afrika und damit auch Namibia so in den Blickpunkt weltpolitischen Interesses gerückt und zu einem Schwerpunkt der internationalen Politik geworden. Angesichts des sowjetischen Vordringens in dieser Region, der Mitgliedschaft der Bundesrepublik in den UN und der vielfältigen Beziehungen zu den Deutschen und Deutschstämmigen in Namibia konnte die Bundesregierung bei der Lösung der Namibiafrage nicht beiseite stehen. Auch die zunehmende wirtschaftliche Bedeutung Schwarzafrikas, das in der Namibiafrage den Standpunkt der UN wesentlich beeinflußte und eine deutsch-südafrikanische Kooperation auf welchem Gebiet auch immer äußerst kritisch betrachtete, ließ die Stimmen in Bonn mehren, die eine aktive Beteiligung der Bundesrepublik an der Entwicklung Namibias forderten.

Bis dahin hatte die deutsche Politik sich tatsächlich wenig für Namibia interessiert. »Südwest« war ein Tummelfeld reiselustiger Konservativer, die sich an der so typisch deutschen Ordnung des Landes regelrecht berauschen konnten. Besonderes Interesse zeigte seit jeher Franz-Josef Strauß. In Windhuk bekannte er sich 1966 zu den gegen die Unabhängigkeit gerichteten Vorstellungen der Namibia-Deutschen, die »bis zur letzten Konsequenz gehen« würden, um nicht aus dem südafrikanischen Staatsverband ausscheiden zu müssen.

Auch die sozialliberale Koalition hatte zunächst keinen Zugang zur Namibia-Problematik. Walter Scheel, der allzusehr auf den Rat des damaligen deutschen Botschafters in Pretoria, Sonnenhol, hörte (Sonnenhol war jederzeit bereit, über das Unrecht in Südafrika und Namibia hinwegzusehen, weil er die geopolitischen Interessen des Westens höher einschätzte als die moralische Verantwortung) – Walter Scheel fiel als Bundesaußenminister zu Namibia nichts anderes ein als ein Aufruf zum Gewaltverzicht. In seiner Rede anläßlich des deutschen UN-Beitritts erteilte Scheel 1973 in New York ausdrücklich auch dem gewaltsamen Widerstand gegen Kolonialismus und Rassismus eine Absage.

Erst Scheels Nachfolger, Außenminister Hans-Dietrich Genscher, sah über die emotionale Bindung hinaus die Notwendigkeit, durch eine Beteiligung am Dekolonialisierungsprozeß ein weiteres Vordringen der sowjetischen Einflußsphäre zu verhindern, zumal, wie die Erfahrung gezeigt hatte, die Beseitigung kolonialer Strukturen das Entstehen eines Machtvakuums mit sich bringen konnte, welches die Sowjetunion nur allzu schnell wieder füllte.

Durch ihre besondere Verantwortung gegenüber Namibia waren die Vereinten Nationen für Genscher ein Aktionsforum, um auf internationaler Ebene mit diplomatischen Mitteln eine aktive Namibia-Politik zu betreiben und sich damit nicht nur bilateral den schwarzafrikanischen Staaten als glaubwürdiger Partner bei der Überwindung des Kolo-

nialismus und der Rassendiskriminierung darzustellen. Ziel Genschers war es, einer für die UN annehmbaren Namibia-Lösung zum Durchbruch zu verhelfen.
Schon lange lastete auf den Westmächten der Druck der Forderung der UN-Mehrheit, zur Lösung des Konfliktes im südlichen Afrika beizutragen. Mit der Absicht des südafrikanischen Premiers, in Windhuk eine Interimsregierung einzusetzen, hatte die Entwicklung auch einen für die internationale Anerkennung einer Unabhängigkeit Namibias gefährlichen Verlauf genommen. So kam es, daß im Frühjahr 1977 die fünf westlichen Mitglieder des Sicherheitsrates, zu denen 1977 und 1978 neben den USA, Großbritannien, Frankreich und Kanada auch die Bundesrepublik Deutschland gehörte, gemeinsam die Initiative ergriffen und sich den beiden hauptbeteiligten Parteien im Namibia-Konflikt, Südafrika einerseits und der Befreiungsbewegung SWAPO andererseits, als Vermittler zur Verfügung stellten. Der Kampf der SWAPO, die von den UN als »einzige und authentische Vertreterin des namibischen Volkes« anerkannt ist, gegen die südafrikanische Armee wird von den meisten schwarzafrikanischen Staaten und der UN-Mehrheit unterstützt.
Von Beginn an sollten auch die Frontstaaten Angola, Botswana, Mosambik, Sambia und Tansania in die Verhandlungen miteinbezogen werden, da sie insbesondere auf die SWAPO einen mäßigenden Einfluß ausüben konnten.
Nach einjährigen Verhandlungen und Konsultationen legte die Kontaktgruppe, wie die fünf Westmächte genannt wurden, einen Lösungsplan vor, der von den Vereinten Nationen überwachte Wahlen in Namibia zu einer verfassunggebenden Versammlung vorsah. Während einer siebenmonatigen Übergangsphase sollte eine multinationale Überwachungseinheit der UNO, die UNTAG, die Einhaltung des vorher abzuschließenden Waffenstillstands, den stufen-

weisen Abzug der südafrikanischen Truppen und den demokratischen Wahlablauf sichern sowie die Aufrechterhaltung der Ordnung garantieren. Im Dezember 1978 war schließlich die Entlassung Namibias in die Unabhängigkeit vorgesehen.

Nach anfänglichen Schwierigkeiten wurde der Plan im Sommer 1978 von beiden beteiligten Parteien akzeptiert und anschließend vom Weltsicherheitsrat im September in Resolution 435 verabschiedet. Diese Resolution bildete die Ausgangsbasis für alle künftigen Verhandlungen um eine friedliche Lösung des Problems und stellt bis heute die einzig realistische Grundlage für eine international anerkannte Unabhängigkeit Namibias dar.

Aufgrund fortwährender südafrikanischer Einwände wurde jedoch die Durchführung des Planes immer wieder verzögert. Vor allem weigerte sich Pretoria, seine Truppen aus dem Territorium abzuziehen, da es den UN und ihrer UNTAG eine parteiische Haltung zugunsten der SWAPO vorwarf und somit befürchtete, daß die Truppen der UN eventuellen Einschüchterungsversuchen seitens der als marxistisch eingestuften SWAPO im Zuge des Wahlkampfes nicht energisch genug gegenübertreten würden. Der eigentliche Grund lag natürlich in der Befürchtung, daß die Befreiungsbewegung angesichts ihres großen Rückhaltes in der schwarzen Bevölkerung, und nicht nur beim Stamm der Ovambos, wie immer wieder behauptet wird, die Wahlen mit großer Wahrscheinlichkeit für sich entscheiden würde. Damit hätte Südafrika nicht nur politisch den Puffer zum schwarzen Afrika, sondern auch die wertvollen Rohstoffe des Gebietes eingebüßt.

Hinzu kam die Erkenntnis, daß den verbalen Drohungen der Westmächte, im Falle einer weiteren südafrikanischen Kompromißlosigkeit gegen das Land Sanktionen zu verhängen, keine Taten folgen würden. So sah sich Premierminister

Botha zu keinen Konzessionen veranlaßt. Ganz im Gegenteil kündigte er für Dezember 1978 die Durchführung von Wahlen in Windhuk ohne Beteiligung oder Aufsicht der UN an, aufgrund deren Namibia in die Unabhängigkeit entlassen werden sollte. Von vielen internen Parteien wie der SWAPO-D von Andreas Shipanga, einem ehemaligen SWAPO-Funktionär, der SWANU und auch von der SWAPO Sam Nujomas boykottiert, ging die von Südafrika favorisierte DTA als Sieger aus den umstrittenen Wahlen hervor.

Diese DTA – Demokratische Turnhallen-Allianz –, benannt nach dem Versammlungsort in der ehemaligen Turnhalle von Windhuk, war das besondere Hätschel- und Ziehkind der deutschen Konservativen. CDU und CSU sowie die ihnen angeschlossenen Stiftungen – Konrad-Adenauer-Stiftung und Hanns-Seidel-Stiftung – griffen massiv zugunsten der DTA in den »Wahlkampf« ein und bemühten sich vor allen Dingen um die internationale Anerkennung der aus den Scheinwahlen hervorgegangenen DTA-Scheinregierung. Für die Bemühungen des deutschen Außenministers und seiner vier Kollegen bedeutete diese Wahl einen schweren Rückschlag. Dagegen verlief die Entwicklung in Namibia ganz im Sinne der CDU/CSU-Opposition im Bundestag, da sie den Verhandlungen der Kontaktgruppe mit großer Skepsis gegenüberstand und wie die südafrikanische Regierung in der UN lediglich einen Verbündeten der SWAPO sah. Genscher, so die CDU/CSU, verharmlose mit seiner Afrika-Politik die sowjetische Gefahr und leiste mit seiner Anpassung an die Forderungen der SWAPO gar einer marxistischen Terrororganisation Unterstützung.

Der Terrorismus-Vorwurf war in der Zeit der Schleyer-Entführung und -Ermordung und der folgenden Terrorismus-Hysterie in der Bundesrepublik innenpolitisch besonders gut zu gebrauchen. Die Debatten und Fragestunden des

Bundestages in den Jahren nach 1977 wiederholten auf CDU/CSU-Seite gebetsmühlenhaft den Vorwurf an die Bundesregierung und die damaligen Koalitionsparteien, mit Terroristen unter einer Decke zu stecken. Die CDU/CSU hatte sich nie die Mühe eines intensiven Kontakts mit der SWAPO gemacht. Ihr genügten die Beschreibungen der Namibia-Deutschen, um sicher zu sein, daß man in der SWAPO eine von Moskau gesteuerte marxistische Killerorganisation sehen müßte. Daß die SWAPO ein völlig normales Produkt des Kolonialismus auf der Grundlage eines völlig normalen afrikanischen Nationalismus ist, mochte und mag der christliche Parteienverbund nicht einsehen. Dieser vollständige Realitätsverlust hängt zusammen mit der geopolitischen Obsession führender Außenpolitiker der Unionsparteien. Insbesondere die Entwicklung in Angola sahen sie als Beweis für die sowjetische Einkreisungspolitik. Und das ist noch das Positivste, was man zu diesem Ausfall der Hirnfunktionen sagen kann: Die CDU/CSU konnte das Namibia-Problem nur vor dem Hintergrund ihres langen, verbitterten und letztlich vergeblichen Kampfes gegen die Entspannungspolitik sehen.

Nachdem auch die beiden Berichte des UN-Generalsekretärs Kurt Waldheim an den Sicherheitsrat über Fragen der UNTAG-Zusammensetzung sowie der Errichtung von SWAPO-Basen innerhalb Namibias nicht dazu beitragen konnten, die anscheinend unüberbrückbaren Gegensätze zwischen den beteiligten Parteien zu überwinden, war nach zweijährigen Verhandlungen die Diplomatie der Westmächte an einem absoluten Tiefpunkt angekommen, um nicht zu sagen, die Initiative war bereits gescheitert.

Im Sommer 1979 sollte ein Vorschlag des damaligen angolanischen Präsidenten Neto, beiderseits der namibisch-angolanischen Grenze eine entmilitarisierte Zone (DMZ) einzurichten, die zum Stillstand gekommenen Verhandlungen wieder beleben. Mit dieser neuen Idee gedachte man der südafrikanischen Forderung nach einer wirksameren Sicherung gegen Infiltrationsversuche der SWAPO Rechnung zu tragen. Tatsächlich gelang es der Kontaktgruppe bis zum Sommer 1980, alle technischen Einwände Pretorias zu beseitigen und von beiden Seiten eine Zustimmung zum DMZ-Konzept zu erreichen, doch ließen neue Kritikpunkte Südafrikas nicht lange auf sich warten. Der alte Vorwurf, es mangele an dem für die Durchführung des Planes notwendigen Vertrauen vor allem in die Fähigkeit der UN, während der Übergangsphase eine unparteiische Rolle zu spielen, wurde wieder aufgewärmt und in den Vordergrund gestellt. Um auch dieses Hindernis aus dem Weg zu schaffen, berief der Generalsekretär der UN für Januar 1981 in Genf ein sogenanntes Pre-Implementation-Meeting ein. Erstmals konnten auch die internen Parteien Namibias neben der SWAPO Delegationen zu den Verhandlungen entsenden. Zwar hatten die Westmächte diese über den Stand der Verhandlungen immer auf dem Laufenden gehalten, doch waren sie niemals wie die SWAPO zu den Gesprächen als Verhandlungspartner zugelassen worden.

Trotz deutlich zu erkennender Konzessionsbereitschaft auf Seiten der SWAPO im Hinblick auf die Frage der Unparteilichkeit der UN ließ die südafrikanische Delegation die Konferenz platzen, mit der Begründung, angesichts des nicht auszuräumenden Mißtrauens könne Resolution 435 noch nicht durchgeführt werden.

Einen großen Einfluß auf den Verlauf der Konferenz und auf die immer starrer werdende Haltung der südafrikanischen Regierung dürfte ohne Zweifel die Erwartung gehabt haben, daß unter dem neuen amerikanischen Präsidenten Reagan nicht nur eine Neuausrichtung der amerikanischen Afrika-Politik zu erwarten war, sondern damit auch eine neue Politik der Kontaktgruppe. In dieser Einschätzung

stimmten sowohl die Bonner Regierung als auch die Opposition überein. Über die Konsequenzen der südafrikanischen Haltung aber war man sich in Bonn nicht einig. Stimmen aus den Reihen der SPD wurden laut, die Bundesregierung könne sich nun nicht länger ohne Gesichtsverlust gegen die Forderung der UN nach Verhängung von Sanktionen gegen Südafrika sperren. Das Auswärtige Amt dagegen sah darin kein Mittel, die festgefahrenen Positionen aufzulockern.
Die diplomatischen Versuche der Westmächte waren spätestens mit dem für sie so enttäuschenden Verlauf der Genfer Konferenz gescheitert. Konflikte innerhalb der Kontaktgruppe, wobei die Bundesrepublik, Kanada und Frankreich auf der einen Seite, Großbritannien und die USA auf der anderen Seite standen, bewirkten neben dem aufgrund der unversöhnlichen Haltung Pretorias eingetretenen Stillstand eine weitere Schwächung der westlichen Verhandlungsposition.
P.W. Botha ging von der Überlegung aus, eine Regierung Reagan würde sich bei ihrer Afrika-Politik auf ihre globalstrategischen Interessen besinnen, weshalb die Verhinderung einer Machtübernahme der SWAPO in Namibia auch im Sinne der amerikanischen Regierung liegen müßte. Zudem konnte sich Pretoria auf die Erfahrung der letzten Jahre verlassen, daß die Westmächte aus ökonomischen Gründen daran interessiert waren, Sanktionen gegen das rohstoffreiche Südafrika und Namibia zu vermeiden.
In der Folgezeit ließ Washington die Kontaktgruppe verkümmern; es reduzierte die Konsultationen mit seinen vier westlichen Partnern erheblich und intensivierte im Gegenzug seine bilateralen Gespräche mit der südafrikanischen Regierung. Um den gemeinsamen strategischen Interessen gerecht zu werden, brachten die Amerikaner ein neues Element in die Namibia-Debatte ein. Vor einem Rückzug der südafrikanischen Truppen aus Namibia und der Entlas-

sung des Gebietes in die Unabhängigkeit sollten die kubanischen Truppen Angola verlassen.
Mit diesem sogenannten »Linkage« war die gemeinsame westliche Namibia-Politik am Ende. Hans-Dietrich Genscher akzeptierte das Linkage formal nie, fügte sich aber in seiner Antwort auf die Große Anfrage der SPD-Opposition zur Politik im südlichen Afrika vom Dezember 1983 in das für ihn jetzt Unvermeidliche und nannte das Linkage »ein unübersehbares politisches Faktum«. Es mag dahingestellt bleiben, ob den Amerikanern von Anfang an klar war, was sie mit der Verquickung der beiden Fragen erreichen würden: freies Spiel für Pretoria. Denn jetzt hatte es die südafrikanische Regierung in der Hand, durch Unterstützung der Rebellenorganisation UNITA und durch direkten militärischen Druck auf Angola die weitere Präsenz der kubanischen Truppen zu erzwingen und damit die Unabhängigkeit Namibias auf den St. Nimmerleinstag zu verschieben.
In der Linkage-Politik offenbart sich die Unzulänglichkeit und Voreingenommenheit der amerikanischen Afrika-Politik. Die USA haben nie einen richtigen Zugang zu den afrikanischen Problemen gefunden. Die Dekolonisierung haben sie zwar gefördert und unterstützt, aber die Fähigkeit, die Afrikaner ihren eigenen Weg gehen zu lassen, haben sie nie aufgebracht. Wo es heute sowjetische Präsenz in Afrika gibt, läßt sich in jedem Einzelfall leicht nachweisen, daß diese Länder geradezu in die Arme Moskaus getrieben wurden. Im Fall Angolas war das Auftauchen der Sowjetunion bzw. der Kubaner, die nach amerikanischer Lesart ihre Agenten sind, ein geradezu traumatisches Erlebnis – als würde der Westen sich anders verhalten, wenn er Positionsvorteile wahrnehmen kann.
In den letzten Jahren hat sich die amerikanische Afrika-Politik mehr und mehr darauf versteift, der Sowjetunion eine empfindliche Niederlage zu bereiten und sie und die

Kubaner zum Rückzug aus Angola zu bringen. Zweifellos gibt es in der amerikanischen Administration und besonders in ihrem Umfeld Kräfte, die ein weltpolitisches Roll-back anstreben – ohne zu realisieren, daß die fünfziger Jahre schon lange vorbei sind. In Angola soll eine Art Probe aufs Exempel gemacht werden. Nicht die Unabhängigkeit Namibias ist das Ziel Washingtons, sondern der Prestigeverlust Moskaus.

Wenn man wirklich raumfremde Truppen aus dem Süden Afrikas zum Rückzug bringen wollte, wofür in ganz Afrika eine Menge spricht, dann hätte es wesentlich effektivere Optionen gegeben. Zum Beispiel hätte man die Unabhängigkeit Namibias erzwingen müssen (was möglich war) und die UNITA von ihren Hilfsquellen abschneiden müssen. Die angolanische Regierung ist ja keineswegs glücklich über die teure kubanische Truppenpräsenz. Solange sie aber von militärisch überlegenen Kräften bedroht wird und sich einer Guerilla erwehren muß, hinter der die stärkste Militärmacht des südlichen Afrika steht, solange wird sie den Rückzug der Kubaner kaum betreiben können.

Wieder einmal war es der Ost-West-Konflikt, der sich wie ein dunkler Schatten auf die afrikanischen Hoffnungen gelegt hatte. Die weiße südafrikanische Regierung hat jedenfalls schnell begriffen, daß die Amerikaner ihr das Geschenk gemacht haben, das sie am besten gebrauchen kann: Zeit. Seit dem Linkage spielen sie in Namibia auf Zeit und hoffen, daß ihr zweiter, im Juni 1985 gestarteter Versuch, in Namibia eine Marionettenregierung zu installieren, vielleicht doch irgendwann politisch anerkannt wird.

Vielleicht sollte der Westen den südafrikanischen Bramarbas P.W. Botha aber einmal beim Wort nehmen. Bei mehreren Gelegenheiten, z.B. bei seinem Bonn-Besuch im Jahr 1984 und auch im Gespräch mit Willy Brandt im Jahr 1986, hatte Botha erklärt, der Westen könne Namibia haben. Wenn

Südafrika sich zurückziehen solle, dann werde es das tun, allerdings nicht nur mit seinen Truppen, sondern auch mit Personal, Kapital und Investitionen. Wenn man einmal ausrechnet, wieviel Südafrika tatsächlich zum Vorteil Namibias zahlt, also die Leistungen abzüglich der Kosten für die Apartheid, die innere Sicherheit und das Militär, dann wird das eher unter dem Betrag liegen, den die westlichen Industriestaaten für ein unabhängiges Namibia als Entwicklungshilfe zur Verfügung stellen würden.

Jedenfalls, nachdem das Unglück mit dem Linkage, das sich schon unter Carter angekündigt hatte, einmal passiert war, war es dann den gemeinsamen Bemühungen der deutschen und der französischen Regierung zu verdanken, daß sich die USA doch noch zu einer Fortsetzung der gemeinsamen Namibia-Politik mit ihren westlichen Partnern bereit erklärten – aber auf Sparflamme. Auch auf Wunsch Genschers war es am Rande des Weltwirtschaftsgipfels in Ottawa im Juli 1981 zwischen den fünf Außenministern zu Beratungen über die Namibia-Frage gekommen, wobei deutlich zutage trat, daß der gemeinsame Fortgang der Initiative vom Verhalten der USA abhing. Genscher hatte sich gegen eine Änderung der Resolution 435 zur Wehr gesetzt und gefordert, neue Anstrengungen zu unternehmen, um die Verhandlungen wieder in Schwung zu bringen. Immerhin konnte sich die Kontaktgruppe im Sommer 1981 darauf einigen, 435 weiterhin als Grundlage für eine Namibia-Lösung anzuerkennen.

Auf der Basis erneuter Gespräche mit Südafrika verabschiedeten die Fünf im September 1981 in New York ein Drei-Phasen-Konzept, das in Übereinstimmung mit 435 vertrauensbildende Gespräche über Verfassungsprinzipien und das Wahlsystem (Phase I), über Größe, Zusammensetzung und Stationierung der UNTAG sowie die Sicherstellung eines objektiven Verhaltens der UN (Phase II) und zuletzt die

Festlegung des Waffenstillstandes und die darauffolgende Durchführung des Lösungsplanes (Phase III) vorsah.
Zwar gelang es der Kontaktgruppe bis zum Beginn des Jahres 1982, bezüglich der Verfassungsprinzipien weitgehend Übereinstimmung zwischen den zwei Kontrahenten Südafrika und SWAPO zu erzielen, doch entzündeten sich später die Meinungsverschiedenheiten an dem zu praktizierenden Wahlsystem. Die Westmächte hatten eine Kombination von Verhältnis- und Mehrheitswahlrecht vorgeschlagen, mit dem zwar Südafrika einverstanden war, das aber die SWAPO als zu kompliziert ablehnte.
Die fünf Außenminister hatten ihre Hoffnung, doch noch zur Durchführung von Resolution 435 zu gelangen, noch nicht aufgegeben. Als dann aber der von südafrikanischer Seite vorgeschlagene Termin für einen Waffenstillstand vom 15. August 1982 verstrich, ohne daß ein weiteres Vorwärtskommen in Sicht gewesen wäre, schien eine erfolgreiche Beendigung der diplomatischen Initiative nicht mehr greifbar.
So kam es auch während der Regierungszeit der sozialliberalen Koalition nicht mehr zu weiteren Gesprächen, geschweige denn zu einer Lösung des Namibia-Konflikts. Das Scheitern der diplomatischen Aktivitäten auf der internationalen Bühne war im Herbst 1982 offensichtlich.
Was hatte die Kontaktgruppe nach fünf Jahren zähen Verhandelns geschafft? Genscher und seine Amtskollegen hatten ihr Ziel, Namibia in die Unabhängigkeit zu führen, nicht erreicht. Die ehemalige deutsche Kolonie befindet sich noch heute unter südafrikanischer Herrschaft. Einzig der Lösungsplan, wie er in Resolution 435 festgehalten ist, ist von allen Bemühungen übriggeblieben. Ein Plan nur, gewiß. Aber er ist noch heute Grundlage und Ausgangsbasis für eine friedliche Lösung der Namibia-Frage.
Pretoria war es in dieser Zeit der internationalen Bemühun-

gen sogar noch gelungen, politisch an Boden zu gewinnen, indem es zum Alliierten der amerikanischen Regierung in ihrer Angolapolitik wurde. Die Anzahl der südafrikanischen Truppen in Namibia hat sich nicht verringert, sondern im Gegenteil nahezu verdoppelt (von ca. 50 000 auf knapp 100 000). Auch die militärischen Auseinandersetzungen wurden trotz der Verhandlungen nicht eingeschränkt.

Bis heute hat sich allerdings auf der internationalen Bühne nichts mehr getan, was Namibia einer Unabhängigkeit auf der Grundlage von 435 nähergebracht hätte. Die Kontaktgruppe existiert de facto nicht mehr.

Gleichwohl ist die Namibia-Frage eines der sensibelsten Problemfelder der deutschen Außenpolitik geblieben.

In den Koalitionsparteien besteht ein ständiger und zahlenmäßig beachtlicher Druck auf die Bundesregierung, 435 endlich aufzugeben, die Regierung der Vielparteienkonferenz anzuerkennen und Entwicklungsprojekte in Namibia zu beginnen. Den politischen Druck organisiert eine aus dem Haushalt der Windhuker Marionettenregierung (also letztlich aus südafrikanischen Mitteln) finanzierte Public-Relations-Agentur in Bonn, die unter dem Namen Namibia Information Office aufwendige Informationen vertreibt, Umfragen veranstaltet und Besuche nach und aus Namibia organisiert und finanziert. Chef der Agentur ist Volker Stoltz, der in den sechziger Jahren persönlicher Referent des damaligen F.D.P.-Bundesgeschäftsführers, späteren Wirtschaftsministers und Dresdner-Bank-Chefs Dr. Hans Friederichs war. Das wichtigste Instrument der PR-Arbeit von Stoltz ist sein Namibia-Pressedienst, in dem er vorzugsweise Koalitionsabgeordnete zu Wort kommen läßt, die mit der Namibia-Politik Genschers nicht einverstanden sind. Eine regelrechte Kampagne hatte er gegen die Beurteilung des Auswärtigen Amtes in Gang gesetzt, die von der südafrikanischen Regierung eingesetzte Übergangsregierung in Windhuk sei »null und nichtig«. Und tatsächlich taucht diese Wertung in der Antwort der Bundesregierung auf eine Große Anfrage der Grünen im Frühjahr 1986 nicht mehr auf. Stoltz war es außerdem gelungen, Repräsentanten von CDU/CSU und FDP sowie (ohne Parteiauftrag) das SPD-Mitglied Zeitler, Präsident des Bundesverfassungsgerichts, zur Amtseinführung der Scheinregierung nach Windhuk zu bringen.

Der verbalen und formalen Kontinuität zum Trotz häufen sich die Anzeichen, daß die Bonner Namibia-Politik in der Praxis doch zum Opfer der Wende geworden ist. So verteidigte die Bundesregierung im Sommer 1985 die Reise von zwei Bundeswehroffizieren nach Namibia als private Urlaubsreise, obwohl diese Offiziere sich von der südafrikanischen Armee in das Kampfgebiet hatten führen lassen und über ihre Erlebnisse bei einer Veranstaltung der für eine interne (= südafrikanische) Lösung Lobbyarbeit verrichtenden Deutsche SWA/Namibia-Vereinigung berichtet hatten. Man fragt sich, wie sich die Bundesregierung wohl verhalten hätte, wenn Bundeswehroffiziere in ihrem Urlaub nach Afghanistan reisen und sich dort von der sowjetischen Armee in das Kampfgebiet bringen lassen würden, was völkerrechtlich (und in der Bundesrepublik beamtenrechtlich) denselben Tatbestand darstellt. Ebenso wurde eine Reise des Staatsministers im Bundeskanzleramt, Friedrich Vogel, nach Namibia als private Urlaubsreise dargestellt, obwohl der Staatsminister in Namibia politische Gespräche geführt hatte.

Auch die Weigerung, entsprechend der UN-Beschlüsse keine Entwicklungszusammenarbeit mit Namibia vor der Unabhängigkeit zu betreiben, wird inzwischen unterlaufen. Aus dem Etat des Bundesministers für wirtschaftliche Zusammenarbeit sind privaten Trägern der Entwicklungshilfe inzwischen 70 Mio. DM an Zuschüssen für Projekte in

Namibia bewilligt worden. Und schließlich hatte Außenminister Genscher während des letzten Bonn-Aufenthaltes von Sam Nujoma im September 1985 keine Zeit für den Präsidenten der SWAPO.

Die Namibia-Politik ist einer der ganz seltenen Fälle, wo sich die Bundesrepublik auf weltpolitisches Terrain vorgewagt hat, ohne ganz unmittelbar involviert zu sein. Es war wichtig und notwendig, das zu tun – aber Erfolge sind ausgeblieben. Weder konnte die deutschsprachige Minderheit in Südafrika in nennenswertem Umfang politisch beeinflußt werden – man muß nur die Windhuker »Allgemeine Zeitung« lesen, eines der ekelerregendsten Presseerzeugnisse in deutscher Sprache, um zu wissen, woher der Wind immer noch weht –, noch konnte Südafrika zu einer rationaleren Politik bewegt werden.

In beiden Fällen fehlte es an der letzten Konsequenz. Im Fall der Namibia-Deutschen wurden die Bemühungen der sozialliberalen Bundesregierung von der massiven Unterstützung der DTA und später der VPK durch die Unionsparteien konterkariert, und im Fall Südafrika wird zwar erst die Veröffentlichung der Akten des Auswärtigen Amtes im nächsten Jahrhundert Klarheit schaffen, was bei der Reise der fünf westlichen Außenminister nach Südafrika und Namibia im Jahr 1978 tatsächlich geschehen ist, aber die zahlreichen Erklärungen Genschers gegen eine Sanktionspolitik gegenüber Südafrika lassen nur den Schluß zu, daß er auch in diesem Fall den Knüppel lieber im Sack gelassen hat. Vielleicht war er auch ganz froh, sich hinter David Owen, damals ein Gegner, heute ein Befürworter von Sanktionen, in der Deckung halten zu können.

Das traurige Ergebnis: Den Schwarzen in Namibia geht es immer noch so schlecht wie unter der deutschen Kolonialherrschaft. In Namibia ist die Existenz derjenigen, denen das Land in Wirklichkeit gehört, mühselig und menschenunwürdig. Wo es angeblich nie Apartheid gegeben hat, bestimmen Paßgesetze, Wanderarbeit, Reservate, schlechte Bildungs- und Arbeitsbedingungen und politische Unterdrückung den Alltag von 90 % der Menschen.

Diese 90 % sind 10 Reservaten zugeteilt, die etwa 40 % der Gesamtfläche Namibias ausmachen und schon 1897 von den Deutschen erfunden worden waren. Den 8 % Weißen gehört 60 % des Bodens – natürlich in den Gebieten, wo die Bodenschätze und günstige Bedingungen für Landwirtschaft anzutreffen sind. Die Homeland-Politik wird in Namibia genauso praktiziert wie in Südafrika. Ein Drittel der Schwarzen lebt in lagerähnlichen Siedlungen unter unwürdigen Bedingungen an der Peripherie der weißen Wohngebiete. Diese Menschen sind Kontrakt- oder Wanderarbeiter, die auch keine Chance auf einen besseren Arbeitsplatz haben. Wenn sie aber aus irgendeinem Grund als Arbeitskräfte nicht mehr gebraucht werden, dann schiebt man sie rücksichtslos ab ins Reservat.

Zu allem übrigen herrscht in Namibia Krieg. Die Militarisierung des Landes wurde immer weiter vorangetrieben. Heute steht die Hälfte des Territoriums von Namibia mit 80 % der Bevölkerung unter Kriegsrecht. Mehr und mehr werden auch schwarze Namibier – allerdings immer entsprechend ihrer ethnischen Zugehörigkeit – in die Armee übernommen. Südafrika will aus dem Krieg gegen die SWAPO einen Krieg von Namibiern gegen Namibier machen. Die schwarzen Truppen werden deshalb bevorzugt an den vordersten Linien eingesetzt.

Noch eindeutiger als in Südafrika gilt für Namibia, daß seine Bevölkerung von der ins Exil getriebenen Befreiungsbewegung repräsentiert wird. Ohne Zweifel würde die SWAPO freie Wahlen jederzeit gewinnen. Es gibt für den Westen keinen Anlaß, diesen Wahlsieg zu fürchten. Natürlich existieren in der SWAPO sehr unterschiedliche ideologische

Strömungen. Evangelische Beobachter meinen jedoch, als wesentlichstes Charakteristikum der SWAPO ihre christliche Prägung zu erkennen. Was es letztlich auch sei: Auch der SWAPO ist an einem friedlichen Miteinander mit den Weißen in Südafrika gelegen. Sie legt sogar besonders großen Wert auf die Mitarbeit der Deutschen, weil sie, so sagte selbst Sam Nujoma, doch so anerkannt tüchtig sind.

Die Bundesrepublik und die SWAPO

Bestand schon bei der Formulierung der Politik gegenüber Namibia im Bundestag keine Übereinstimmung, so waren bezüglich der Einschätzung der SWAPO nicht einmal mehr marginale Gemeinsamkeiten zu erkennen.
Zwar betrachtete die sozial-liberale Bundesregierung die SWAPO als bedeutsame politische Kraft und als realen Machtfaktor bei der Lösung des Konflikts, doch hatte sie dem Drängen der UN und der OAU, die Befreiungsbewegung als einzige und authentische Vertreterin des Volkes von Namibia anzuerkennen, nie nachgegeben. Zu Beginn der Amtszeit von Schmidt und Genscher waren die Beziehungen noch von einem starken Mißtrauen seitens der SWAPO gekennzeichnet, was nicht zuletzt daran lag, daß die Bundesregierung in Windhuk noch ein Konsulat unterhielt.
Mit der schrittweisen Annäherung an die SWAPO und durch gezielte entwicklungspolitische Unterstützungsmaßnahmen beabsichtigte das Auswärtige Amt unter Genscher, eine günstige Ausgangsposition für den Fall zu schaffen, daß die Befreiungsbewegung eines Tages in Windhuk die Regierungsgeschäfte übernehmen würde. Da Genscher auf der einen Seite das Ziel verfolgte, in Namibia eine kommunistische Machtübernahme zu verhindern, er aber andererseits in seiner Politik eine künftige SWAPO-Regierung miteinkal-

kulierte, mußte er versuchen, ein Abdriften der SWAPO in die Abhängigkeit von der Sowjetunion zu verhindern und der Bewegung im Gegenzug Anreize für eine anderweitige Orientierung zu bieten.
Eine strikte Haltung nahm das Auswärtige Amt in der Frage der Gewaltanwendung ein. Die Legitimierung der SWAPO als relevante politische Kraft war in keiner Weise gleichzusetzen mit der Legitimierung ihrer Vorgehensweise. Um der SWAPO klarzumachen, daß eine Zusammenarbeit mit der in Namibia lebenden weißen Minderheit auch nach der Unabhängigkeit nur im Sinne aller Namibier sei, empfing Außenminister Genscher den SWAPO-Chef Sam Nujoma im Oktober 1980 und im Mai 1981 in Bonn, was auf heftigste Kritik der Unionsparteien stieß.
Die Position der SPD gegenüber der SWAPO unterschied sich gegenüber den anderen Parteien in drei Punkten: hinsichtlich der Einschätzung ihrer ideologischen Abhängigkeit von der Sowjetunion, bei der Frage nach der Legitimation von Gewaltanwendung und bei der Bereitschaft, der Bewegung Unterstützung zukommen zu lassen. Zwar konnten auch engagierte SPD-Politiker wie Holtz, Corterier und Lenelotte von Bothmer nicht die regelmäßigen Kontakte Nujomas zum Ostblock und die in Ansätzen erkennbare ideologische Ausrichtung an der kommunistischen Großmacht übersehen, doch war ihrer Überzeugung nach keine dogmatische Orientierung am Marxismus-Leninismus zu erkennen. Als Hauptkriterium für eine Zusammenarbeit galt daher SWAPO's Status als Kämpfer für eine unterdrückte Mehrheit. Das Ziel der SPD lag primär in der Errichtung einer schwarzen Mehrheitsherrschaft, nicht so sehr in der Verhinderung einer ideologisch an der Sowjetunion orientierten Regierung in Namibia. Zwar lehnten die Sozialdemokraten ebenso wie die anderen Parteien die Anwendung von Gewalt zur Durchsetzung politischer Ziele ab, doch gleich-

zeitig durfte ein solches grundsätzliches Bekenntnis zur Gewaltfreiheit nicht dazu führen, die Realität im südlichen Afrika zu übersehen, d. h. daß die von der SWAPO angewendete Gewalt der Bekämpfung eines Staatsterrorismus diente. So lehnte es die SPD strikt ab, SWAPO-Kämpfer auch nur in die Nähe von Terroristen zu stellen, wie es die Unionsparteien taten, und plädierte als einzige Partei für eine Unterstützung und damit gegen die neutrale Haltung, die das Auswärtige Amt bevorzugte.

Die Einstellung der Unionsparteien gegenüber Sam Nujoma und seiner Bewegung war hauptsächlich durch eine auf ideologische Komponenten reduzierte Sichtweise gekennzeichnet. Demzufolge versuchten sie eine Machtübernahme der SWAPO zu verhindern. Unter machtpolitischen Gesichtspunkten fungierte nach ihrer Auffassung die SWAPO lediglich als Instrument des sowjetischen Expansionsstrebens und bildete zusammen mit den Frontstaaten nur eine Figur auf dem strategischen Schachbrett der kommunistischen Großmacht.

Die Frage nach dem Ursprung der Gewalt in Namibia wurde nicht diskutiert. Vor allem die CSU arbeitete darauf hin, eine Lösung des Konfliktes ohne Beteiligung der SWAPO zu erreichen, da ihr eine friedliche Lösung nur unter Ausschluß dieser Bewegung von der politischen Herrschaft über das Land vorstellbar schien. Favorisierte Kraft im parteipolitischen Spektrum der ehemaligen Kolonie war eindeutig die DTA, für deren Unterstützung sich in erster Linie Franz-Josef Strauß aussprach. Er sah in der Politik des Außenministers die Vermehrung des Konfliktpotentials und in dem Empfang des SWAPO-Führers in Bonn bereits die Legitimierung des internationalen Terrorismus. Auch der 1977 gegen die Stimmen der Opposition gefällte Beschluß, das deutsche Konsulat in Windhuk zu schließen, bedeute eine reine Aufwertung der SWAPO und leiste einer kommu-

nistischen Machtübernahme durch die SWAPO geradezu Vorschub.
Tatsächlich hatte das Auswärtige Amt mit der Schließung des Konsulats eine langjährige Forderung der UN, der OAU und der SWAPO erfüllt. Der Vorwurf, die Schließung widerspreche der Bedürfnislage der Deutschen in Namibia, war ungerechtfertigt, da die Ersatzlösung, die konsularische Betreuung über Rechtsanwälte und die Botschaft in Pretoria, sogar nach Meinung der Betroffenen selbst besser und reibungsloser funktionierte. So muß denn auch dieser Beschluß nicht nach seiner formalen Auswirkung beurteilt werden, sondern nach seiner politischen Bedeutung.

Die Deutschen in Namibia

Auf der deutschen Namibia-Politik lastet durch die im Lande lebende deutsche Bevölkerung eine ganz besondere Verantwortung, deren emotionale Komponente gerade unter Berücksichtigung der deutschen kolonialen Vergangenheit ihren Ausdruck in allzu häufigen unsachlichen Auseinandersetzungen und Angriffen fand. Über die genaue Anzahl der heute noch in Namibia lebenden Deutschen und Deutschstämmigen existieren keine genauen Unterlagen oder Statistiken, und so schwanken die Angaben darüber ganz erheblich, und zwar je nach politischer Ausrichtung.
Während in Kreisen der CSU meist von 25 000 bis 30 000 Deutschen in Namibia die Rede ist, wobei hier nicht zwischen Deutschstämmigen und deutschen Staatsangehörigen differenziert wird, gab das Auswärtige Amt 1977 folgende Zahlen an: Die Gesamtzahl der Deutschen betrug demnach »lediglich« 18 000, worunter 6 400 bundesdeutsche Staats-

bürger, 1600 Doppelstaatler und 10000 südafrikanische Staatsangehörige fielen.

Aber auch diese 18000 hatten es geschafft, der ehemaligen Kolonie einen unverkennbaren Stempel aufzudrücken. So ist die Pflege deutscher Kultur und Geschichte in Namibia stärker und traditionsgebundener als in irgendeinem Teil Deutschlands, was allerdings oft über ein noch von anderen Volksgruppen zu akzeptierendes Maß hinausgeht. Der Wille zur Behauptung der eigenen Identität ist ungebrochen und je nach dem Datum ihrer Auswanderung trifft man dort »Wilhelminer« und auch Nationalsozialisten, die allerdings trotz ihrer Lautstärke über keinen echten politischen Einfluß verfügen.

Vor allem im wirtschaftlichen Bereich hat die deutsche Minderheit enormen Einfluß, wobei sie jedoch weniger im Bergbau und in der Industrie zu finden ist – diese Schlüsselpositionen werden meist von Südafrikanern besetzt –, sondern vielmehr in mittelständischen Berufen, also Anwälte, Ärzte oder Lehrer, in der Gastronomie und in Reisebüros. Am stärksten vertreten ist die deutsche Minderheit aber wohl unter den Farmern, die in erster Linie von der Rinder- und Karakulschafzucht leben.

Die politische Haltung der deutschen Bevölkerung in Namibia war immer wieder zum Anlaß sachlicher, aber auch unsachlicher Kritik geworden. Zwar kann nicht bestritten werden, daß die Deutschen dort erst seit wenigen Jahren Anzeichen einer sozialen und politischen Reformbereitschaft erkennen ließen, doch spiegeln so pauschale und undifferenzierte Urteile, wie sie aus dem Munde des ehemaligen UNO-Kommissars für Namibia, Sean McBride, zu vernehmen waren, die politische Realität dann doch nicht wider. Er sah in allen Deutschen lediglich Hakenkreuzfahnen schwingende Rassisten, die nach wie vor Hitlers Geburtstag feiern. Generell ist das politische Spektrum der

Deutschen in Namibia allerdings unbezweifelbar sehr weit nach rechts verschoben.
Man kann heute davon ausgehen, daß sich die deutsche Bevölkerung über ein relativ weites politisches Spektrum ausdehnt, wobei aber der liberalste und auch kleinste Teil noch weit davon entfernt ist, SWAPO als politische Führung anzuerkennen, und sich bestenfalls mit der Politik Genschers identifizieren kann. Doch auch dazu ist nur eine geringe Anzahl der sehr lange als völlig unpolitisch geltenden Deutschen bereit. Ist auf der einen Seite ein nicht zu übersehender Teil noch nicht dazu bereit, auf alte Privilegien zu verzichten, so ist auf der anderen Seite das Aufkommen eines pragmatischen Flügels nicht zu verkennen, der sich mittels Kompromissen auf die Realität einzustellen versucht, d. h. sich in einem unabhängigen Namibia auf eine Zusammenarbeit mit der schwarzen Bevölkerung konzentrieren würde.
Erst 1977 hatte sich die Interessengemeinschaft Deutschsprachiger Südwester (IG) gebildet. Angesichts der Entwicklung in Namibia hatte man die Notwendigkeit gesehen, sich endlich auch politisch zu organisieren. Obwohl sich die IG nicht explizit als politische Partei versteht, will sie laut ihrer Satzung »zur Lösung der politischen Probleme nach demokratischen Grundsätzen« beitragen und bei der Suche nach einer friedlichen, sowohl von der Bevölkerung als auch international anerkannten Lösung der Unabhängigkeitsfrage beitragen.
In erster Linie sollten die Beziehungen zur Bundesrepublik Deutschland ausgebaut werden. Die gemeinsamen Grundsätze manifestierten sich in der übereinstimmenden Ablehnung der SWAPO und ihres Alleinvertretungsanspruches, der politischen und materiellen Unterstützung der DTA und der Überzeugung, daß ein enges Zusammenwirken mit Südafrika für jede künftige Regierung in Windhuk unerläßlich sein würde.

Im Lauf der internationalen Verhandlungen hatte sich ein Teil der IG merklich von der Politik der DTA distanziert, doch nur wenige konnten sich mit der Politik Genschers einverstanden erklären, auch wenn sie eine wesentliche Veränderung, die der Schließung des Konsulates 1977 gefolgt war, seiner Initiative zu verdanken hatten: So wurde es ihnen ermöglicht, von Namibia aus die bundesdeutsche Staatsbürgerschaft zu erwerben. In keinem Winkel der Erde ist es – seither von dieser Ausnahme abgesehen – möglich, die deutsche Staatsbürgerschaft vom Ausland her zu erwerben, noch dazu ohne vorher Jahre in der Bundesrepublik gelebt zu haben. Genscher war mit diesem Erlaß dem Bedürfnis der Namibia-Deutschen nach Sicherheit einen großen Schritt entgegengekommen. (Dank hat ihm dieser Rückversicherungsschein für die Deutschen bei den Betroffenen dennoch nicht eingetragen.)
Die internationalen Verhandlungen der Kontaktgruppe um die Zukunft Namibias verfolgten Vertreter der IG mit großem Interesse, doch waren ihre Versuche, ebenso wie die der DTA und anderer interner Parteien, neben der SWAPO als eigenständiger Verhandlungspartner zugelassen zu werden, erfolglos geblieben. Zwar hat die IG die Gelegenheit anläßlich des Besuchs des deutschen Außenministers 1978 in Windhuk genutzt, um auf ihr unverständliche Lücken in Resolution 435 zu verweisen, doch dürfte die Kritik nur wenig Einfluß auf den Verlauf der Verhandlungen gehabt haben.
Erstmals war es der IG 1981 vergönnt gewesen, maßgeblich auf Drängen der deutschen Botschaft in Pretoria, als Beobachter an den Genfer Verhandlungen teilzunehmen, wo es schließlich sogar zu einem Gespräch zwischen Vertretern der IG und Sam Nujoma gekommen war. Dies muß als ein Teil der von Genscher verfolgten Strategie gesehen werden, die Interessengemeinschaft von einer vorbehaltlosen Unterstützung der DTA abzubringen und mit starken Kräften des

Vorstandes einen neuen Kurs einzuschlagen. Ein Erfolg Genschers kann insoweit konstatiert werden, als es in der Folgezeit zu mehreren Gesprächen in der genannten Konstellation gekommen war. Es muß allerdings erwähnt werden, daß dieser neue Kurs heftige Diskussionen innerhalb der deutschen Gemeinschaft ausgelöst hatte und bei weitem nicht von allen getragen wurde. Mehr als ein paar hundert Deutsche sind es nicht, die diese Kontakte billigen.

Der konservative Flügel der IG dagegen hatte seine ganze Hoffnung auf einen Regierungswechsel in Bonn gesetzt, in der Überzeugung, eine CDU/CSU geführte Regierung würde die Interessen der Deutschen in Namibia besser vertreten als die damalige Koalition. Allerdings hatten sogar Unionspolitiker bereits vor der »Wende« vor übertriebenen Erwartungen gewarnt, da man erstens davon ausgehen müsse, daß Genscher auch nach einem Regierungswechsel dem Auswärtigen Amt vorstehen würde, und zweitens, daß sich die Bundesrepublik ungeachtet ihrer jeweiligen Regierung in ihrer Außenpolitik und speziell der Namibia-Politik an gewissen Rahmenbedingungen, wie sie etwa durch die Mitgliedschaft bei den UN gegeben sind, zu orientieren habe. Und so haben sich einige Grundpositionen tatsächlich erhalten, wenn auch die Namibia-Politik insgesamt unklar und verwaschen erscheint, weil sie ein Element des Machtpokers in der Bonner Koalition geworden ist. Der Direktor der Südafrika-Stiftung in Bonn, Rudolf Gruber, hatte seine südafrikanischen Auftraggeber rechtzeitig gewarnt: In Europa sei es so, daß Sozialisten in der Regierung beileibe nicht so eklig wären wie in der Opposition, und umgekehrt seien Konservative in der Regierung auch nicht so entgegenkommend wie in der Opposition. So blieb entgegen allen Beteuerungen vor allem des bayerischen Ministerpräsidenten Franz-Josef Strauß das deutsche Konsulat in Windhuk auch bis zum heutigen Tag geschlossen.

Was macht Namibia eigentlich für den Westen so interessant, wenn man einmal von der historischen Vorbelastung der Bundesrepublik Deutschland als Nachfolgestaat der ehemaligen Kolonialmacht absehen will? Zum Teil sind es dieselben Überlegungen, die auch Südafrika zu einem Problemfall für die westliche Politik gemacht haben: die strategisch wichtige Lage, die Rohstoffvorkommen, die Gefahr erweiterten sowjetischen Einflusses im südlichen Afrika. Bei genauerer Analyse reduziert sich das strategische Interesse auf einen einzigen, besonderen Rohstoff: Uran. Und hier ist die Bundesrepublik besonders stark betroffen. Bei der Primäruranversorgung besteht in der Bundesrepublik eine fast 100prozentige Einfuhrabhängigkeit, da die im Lande produzierten Mengen nur einen minimalen Anteil des Bedarfs decken.
Der Import von Uranoxid (U_3O_8), dem wichtigsten Ausgangsstoff zur Produktion von Kernenergie, erfolgt laut den Statistiken nur aus Kanada, England, Frankreich, den USA – und Südafrika. Aus den Statistiken geht nicht hervor, daß das Uran, das aus Südafrika geliefert wird, in Wahrheit zum großen Teil aus Namibia stammt. Und da ein Teil der anderen Lieferländer ebenfalls Uran aus Südafrika bezieht, muß der wirkliche Prozentsatz des Uranimports aus Südafrika bzw. Namibia höher liegen. Hinsichtlich der Reserven in der Produktion nimmt Südafrika auch hier eine führende Rolle ein. Ein Großteil des Urans stammt aus der größten Uran-Mine der Welt, der Rössing-Mine bei Swakopmund in Namibia, doch läßt sich der Importanteil hier nur schätzen, da Uranoxid-Einfuhren aus Namibia eben nicht in deutschen Außenhandelsstatistiken ausgewiesen sind. Bei einer realistischen Schätzung dürfte der Lieferanteil zwischen 30 und 40 % liegen. Exakte Angaben sind auch deshalb nicht verfügbar, weil der Rohstoffbezug aus Namibia nicht zuletzt aufgrund des vom Namibia-Rat der UN

erlassenen »Decret No. 1«, das den Bezug namibischer Mineralien untersagt, zum Politikum geworden ist. Obwohl die Bundesregierung die Rechtsgültigkeit dieses Dekrets immer bestritten hatte, wäre ein offensichtlicher Uranimport aus Namibia ein großes Hindernis für die internationalen Verhandlungen zur Implementierung von Resolution 435 gewesen.

Das Bundesforschungsministerium hatte die 1966 begonnenen Erschließungsarbeiten der Rössing-Mine mit sechs Mio. DM unterstützt. Auch die »Deutsche Urangesellschaft mbH« hatte zwei Mio. DM investiert, mußte aber ihr Beteiligungsangebot an dem Unternehmen 1973 zurückziehen, da die Bundesregierung aufgrund massiver Kritik von Seiten der UN und der schwarzafrikanischen Staaten nicht bereit war, Bundesgarantien zu übernehmen. Der Import von Uran aber lief weiter.

Wolff Geisler, der in detektivischer Kleinarbeit die Kapitalinteressen und -beteiligungen deutscher Unternehmen in Südafrika und Namibia aufgedeckt hat, gibt für die Rössing-Mine, die immerhin ⅙ des westlichen Gesamtbedarfs an Uran liefert, folgende Besitzanteile an:

General-Mining und Industrial Corporation: zusammen 26 %; Urangesellschaft 25,6 % (incl. ca. 4 % schweizerische und österreichische Anteile); Rio Tinto Zinc 25,6 %; Kansei 12,8 %; Iran 15 % B-Aktien.

Das Rössing-Uran wird u. a. von der Deutschen Afrikalinie (das ist die unrühmlich bekannte alte Hamburger Woermann-Linie), zur Weiterverarbeitung nach USA, Kanada, Frankreich und Großbritannien transportiert. Es wird dann in verschiedenen Ländern angereichert und schließlich in Hanau von der Hanauer Brennelemente-GmbH zu Brennelementen verarbeitet.

Die am Rössing-Geschäft angeblich beteiligte Urangesellschaft befindet sich – wiederum laut Wolff Geisler – zu 66 %

im Bundesbesitz. Beteiligt seien außerdem die Dresdner Bank und der Staat Kuwait. Das wirtschaftliche Engagement deutscher Unternehmen in Namibia geht allerdings noch viel weiter. 70 deutsche Unternehmen sind in Namibia registriert – als einzige Bank übrigens die Dresdner Bank.

Hatten schon die reichen Rohstofflager Südafrikas und Namibias die Möchtegern-Strategen in der Bundesrepublik auf den Plan gerufen, so bereitete ihnen die geostrategische Lage des Landes noch mehr Kopfzerbrechen. In Anbetracht der Tatsache, daß die Sowjetunion ihre militärische Präsenz im Indischen Ozean ausbaute, befürchteten sie, daß eine Machtübernahme der von Moskau politisch und materiell unterstützten SWAPO in Namibia der vorletzte Schritt zur endgültigen Kontrolle über den Seeweg um das Kap der Guten Hoffnung sein würde. Die Unterbrechung der Ölversorgung, der gesamten Rohstoffzufuhr und letztlich der sowjetischen Beherrschung Europas müßten die Folge sein – so das Szenario der Unionsparteien.

Gerade Abgeordnete der CDU/CSU-Fraktion waren der Überzeugung, im südlichen Afrika gegen eine groß angelegte Expansionsstrategie der Sowjet-Union antreten zu müssen, und sahen somit in Südafrika und Namibia das letzte Bollwerk gegen den Kommunismus. Eine Namibia-Politik, wie sie Außenminister Genscher mit seiner Einbeziehung der SWAPO in alle Verhandlungen betrieb, fand deshalb in CDU-CSU-Kreisen keinerlei Rückhalt. Unter diesen Bedingungen – nämlich einer möglichen SWAPO-Regierung in Windhuk – war und ist man an einer Unabhängigkeit Namibias nicht interessiert.

So wird das deutsche koloniale Erbe in Afrika unrühmlich verwaltet. Namibia soll im Grunde Kolonie bleiben – nicht der Bundesrepublik, aber Südafrikas. Die historische Schuld wird auf diese Weise nicht abgetragen. Neue Schuld häuft sich auf. Da nützt bei denjenigen, die sich rühmen, Politik aus christlicher Verantwortung zu betreiben, auch die eindeutige Haltung der zahlreichen katholischen Ordensleute aus Deutschland in Namibia nichts. Im Gegenteil: Einen besonders unbequemen Pater riet Strauß einfach auszuweisen. Und das geschah dann auch. Die Leidtragenden sind die Menschen in Namibia. Deutsche haben dieses Leid in die Welt gebracht. Und Deutsche sorgen jetzt mit dafür, daß es bestehen bleibt.

21. Der Augenblick der Wahrheit
Streit um die Sanktionen

Die seit Mitte 1984 eskalierende Krise in Südafrika hat die Diskussion über Sanktionen gegen Südafrika neu belebt. Im Grunde ist es ein altes Thema. Die Länder der Dritten Welt haben in den sechziger Jahren in den Vereinten Nationen immer wieder versucht, mandatorische Sanktionen der Staatengemeinschaft durchzusetzen. Die eher entmutigenden Erfahrungen mit dem Boykott Rhodesiens haben in den sechziger Jahren den Elan stark gedämpft. Auch das Ölembargo der OPEC hat Südafrika nicht zum Nachgeben veranlaßt. Dennoch ist das Thema seit Anfang der achtziger Jahre wieder auf der Tagesordnung, und alle Anzeichen sprechen dafür, daß der Moment der Wahrheit nahegerückt ist.

Sanktionen sind ein umstrittenes, aber legitimes Mittel der Außenpolitik. Sie können politischer und diplomatischer Natur sein, sie können wirtschaftlicher Natur sein und im äußersten Fall sogar militärische Aktionen einschließen. Politisch und diplomatisch ist Südafrika schon lange mit Sanktionen belegt. Es ist ein Pariastaat geworden, mit dem viele Länder überhaupt nichts zu tun haben wollen und der in der internationalen Staatengemeinschaft praktisch nicht mehr geduldet ist. Die Isolierung im Bereich des Sports, der Kultur, der Wissenschaft und der Medien ist weit fortgeschritten.

Es existiert auch bereits eine breite Palette wirtschaftlicher Sanktionen, angefangen beim Rüstungsembargo der UN über den Ölboykott der OPEC bis hin zu selektiven Maßnahmen einzelner Staaten, darunter die USA, und Staatengruppen wie der EG.

Über die militärische Option wird nur in Afrika gesprochen, je weiter weg von Südafrika, desto mehr. Aber immerhin hat auch Robert Mugabe, der Ministerpräsident von Zimbabwe, nach dem südafrikanischen Angriff auf seine Hauptstadt Harare eine afrikanische Interventions-Streitmacht gefordert.

Es geht also nicht ums Prinzip, sondern um das Ausmaß von Sanktionen. Die Kernfrage ist, was man erreichen will und welche Mittel dazu geeignet erscheinen. Beide Fragen sind im Westen keineswegs im Sinne eines einheitlichen, planvollen Vorgehens entschieden.

Aktive Außenpolitik haben im südlichen Afrika in den letzten Jahren nur die Vereinigten Staaten getrieben. Halbherzige Versuche der Europäer gerieten wie erwartet zur Blamage. Das Dilemma der amerikanischen Südafrika-Politik, deren Architekt und Exekutor Chester Crocker ist, besteht darin, daß die USA zwei Ziele miteinander verbinden wollen, die sich offenkundig nicht miteinander verbinden lassen. Sie wollen einerseits, daß in Südafrika den Menschenrechten Geltung verschafft wird, und sie wollen andererseits, daß die weißen Südafrikaner das in einem langfristig angelegten Prozeß selber tun. Diese Politik des »constructive engagement« kam zu spät, und sie überschätzte die Fähigkeit der Regierung Botha zu rationalem Verhalten. In der Praxis war es eine Zuckerbrot-und-Peitsche-Politik, die Botha einen Zeitgewinn verschaffte, sowohl im eigenen Land als auch besonders in Namibia.

Das »constructive engagement« ist gescheitert. Die Neukonzipierung der amerikanischen Südafrika-Politik ist im Gange, und diese neue Konzeption wird den Standpunkt der südafrikanischen Machtelite realistischer einbeziehen, sie wird den innenpolitischen Stellenwert der Rassismusfrage in den USA berücksichtigen, und sie wird die Linie der Reagan-Administration bestätigen, die alle Formen von

Sanktionen bereits vorexerziert hat: politisch gegenüber der Sowjetunion (SALT II), wirtschaftlich (Handelsembargo) und militärisch (Verminung von Häfen und Unterstützung der Contras) gegenüber Nicaragua und ebenfalls militärisch (Luftangriff) und wirtschaftlich (Handelsboykott) gegenüber Libyen.

Die Sanktionsbereitschaft der USA ist in den letzten Jahren gewachsen. Die USA werben auch ganz offen um Verständnis für die Verwendung von Handelsbeziehungen als Instrument der Außenpolitik. Der US-Botschafter in Bonn, Richard Burt, hat am 25. April 1986 in einer Rede vor der deutsch-amerikanischen Handelskammer in München ein sehr grundsätzliches Plädoyer für die Instrumentalisierung der Außenwirtschaftspolitik gehalten und dabei nicht nur Nützlichkeitserwägungen angestellt, sondern auch die Moral ins Spiel gebracht: »Selbst wenn wir die Wirksamkeit von Sanktionen in Zweifel ziehen, gibt es für ihre Verhängung bisweilen eine moralische Begründung. Möchten wir wirklich mit einer anderen Regierung zu tun haben, deren Verhalten wahrhaft verwerflich ist?«

Diese Haltung wird in der Bundesrepublik scharf kritisiert. Der außenpolitische Sprecher der CDU/CSU-Bundestagsfraktion Hans »Johnny« Klein bezeichnete noch am 10. 7. 86 Sanktionen als »Maßnahmen zur Beruhigung des eigenen Gewissens«. Prinzipiell muß man zwischen mehreren Sanktionsformen unterscheiden – in der härtesten Form geht es darum, ein anderes Land zu bestrafen für politische Taten, die man nicht hinnehmen kann oder will. In der milderen Form geht es darum, die Politik eines anderen Landes zu beeinflussen.

Und in der moralischen Form geht es darum, ein anderes Land auf einem Weg, den man nicht billigen kann, nicht auch noch zu unterstützen. Im Fall Südafrika stehen die beiden letzten Formen zur Debatte.

Die Diskussion in der Bundesrepublik verwendet prinzipielle und praktische, auf den Einzelfall bezogene Argumente. Der prinzipielle Einwand, bisher auch von der Bundesregierung vertreten, lautet, daß ein exportorientiertes Land sich den Luxus von Sanktionen nicht leisten kann. Es müsse unbedingt am Prinzip des freien Welthandels festhalten. Wenn man so von den eigenen Interessen ausgeht, müßte man allerdings auch berücksichtigen, daß fortgesetzte Handelsbeziehungen mit Südafrika zu Beeinträchtigungen im wesentlich bedeutenderen Handel mit den Staaten der OAU führen können.
Dieser Gesichtspunkt ist aber aus einem anderen Grunde in enthüllender Weise vorgeschoben. Zu oft hat die Bundesrepublik Sanktionen schon mitgemacht. Der gesamte Osthandel ist aus politischen Gründen eingeschränkt. Der Rhodesienboykott und das Rüstungsembargo gegen Südafrika wurden akzeptiert. Im Falkland/Malvinen-Krieg wurden Handelsbeschränkungen gegenüber Argentinien verhängt. Im Zusammenhang mit der Asylanten-Problematik (Einreisen über Berlin) schloß der Bundeskanzler Sanktionen gegen die DDR nicht aus. (Ob solche Sanktionen wirklich nur das SED-Politbüro treffen würden?)
Ernsthafter ist eine lange Zeit auch in der SPD vorherrschende Auffassung: Wenn die Bundesrepublik im Fall Südafrika nachgibt, wie kann sie sich dann noch amerikanischen Sanktionswünschen gegenüber der Sowjetunion und ihren Verbündeten glaubhaft widersetzen? Diese Sicht ist in einer merkwürdigen Weise unpolitisch. Einmal Sanktionen – immer Sanktionen: Das ist keine rationale Position. Vielmehr muß immer gefragt werden, ob ein außenpolitisches Mittel für den angestrebten Zweck tauglich ist oder nicht. Bei der Wahl der Mittel ist der Gesichtspunkt der Opportunität nicht nur legitim, sondern notwendig. Ein Abbruch der Handelsbeziehungen zur Sowjetunion z. B. könnte nur

sinnvoll sein, wenn man zurückkehren möchte zum kalten Krieg. Wenn man aber den Abbau von Spannungen will, wäre das Gegenteil richtig, nämlich entwickelte Beziehungen zu haben.

Es ist nicht zu verkennen, daß die Zweck-Mittel-Frage eine moralische Kalamität gerade im Hinblick auf die Sowjetunion und ihre Verbündeten schafft. Die Menschenrechtssituation im Ostblock ist nicht akzeptabel – aber zeigt nicht die Erfahrung, daß erhöhter Druck auf die Sowjetunion (kalter Krieg) eine innenpolitische Verhärtung auslöst, während ein System der Kooperation und Vertrauensbildung wenigstens Chancen zur Liberalisierung eröffnet?

Der Versuch, Südafrika durch enge Kooperation zum Wandel zu bewegen, ist im übrigen lange genug gemacht worden und hat im Ergebnis den Wandel nur unwahrscheinlicher gemacht.

Prinzipieller Natur ist auch der Einwand, daß Sanktionen erfahrungsgemäß nichts bewirken, weil sie nicht funktionieren. Das ist zunächst einmal ein Eingeständnis eigener Prinzipienlosigkeit. Es besagt, daß man höherwertiger außenpolitischer Ziele zuliebe dennoch nicht auf irgendeine Chance der Gewinnmitnahme verzichten möchte. Das mag eine realistische Einschätzung sein, aber im konkreten Fall entscheidet allein der politische Wille, ob Sanktionen greifen oder nicht. Wenn man von vorneherein zur Umgehung von Embargo-Bestimmungen ermuntert, werden sie auch umgangen.

Zur Wirksamkeit von Sanktionen haben amerikanische Wissenschaftler eine Untersuchung vorgelegt, die alle Sanktionsfälle der letzten 80 Jahre umfaßt und empirisch nachweist, daß Sanktionen in 40 % aller Fälle ihren Zweck erfüllt haben. Die beiden am meisten zitierten historischen Vorbilder – die Völkerbund-Sanktionen gegen Italien wegen der Besetzung Abessiniens und der Rhodesien-Boykott gegen die einseitige Unabhängigkeitserklärung von Ian Smith –

geben für das Argument der Unwirksamkeit nichts her. Die Abessinien-Sanktionen waren unvollständig – ausgerechnet Öllieferungen waren ausdrücklich ausgenommen –, und das Rhodesien-Embargo konnte wegen der gemeinsamen Grenze Rhodesiens mit Südafrika praktisch nicht kontrolliert werden. (Ein maßgeblicher und unbeugsamer Befürworter der Sanktionen gegen Italien war übrigens seinerzeit die Südafrikanische Union.)

Kommen wir zum Kern der Sache, zum konkreten Fall Südafrika. Da heißt es dann:

1. Wer Sanktionen fordert, kennt die Buren nicht. Damit macht man alles nur noch schlimmer.
2. Sanktionen treffen die Falschen. Leidtragende wären die schwarzen Arbeitnehmer und die Nachbarstaaten.
3. Sanktionen sind für uns zu teuer, sie kosten eigene Arbeitsplätze.

Die Mentalität der Buren ist zweifellos ein Faktor, der beachtet werden muß. Daß sie nicht schnell kapitulieren werden, darf man getrost unterstellen. Aber die Buren sind nicht mehr die Voortrekker von 1836. Sie leben auch nicht alle auf dem Land, sondern nur 17 %. Sie leben als Städter in einer Industriegesellschaft. Die berühmte Wagenburg, in die sie sich zurückziehen könnten, gibt es nicht mehr. Man muß sich immer wieder klarmachen, daß Weiß-Südafrika kein Agrarland mehr ist.

Die Auswirkungen möglicher Sanktionen auf die Schwarzen in Südafrika und die Nachbarstaaten kann man nicht wegwischen. Natürlich gibt es keine Berechnungen über mögliche Arbeitsplatzverluste und Einkommenseinbußen. Es ließe sich auch argumentieren, daß Sanktionen eine Rückentwicklung von kapitalintensiver zu arbeitsintensiver Produktionsweise auslösen würden und somit mehr Arbeitsplätze für Schwarze schaffen würden. Dies setzt aber eine großzügige Einschätzung der Dauer von Sanktionen voraus.

Entscheidend bei der Beurteilung dieser Frage muß die Meinung der Betroffenen sein. Und es gibt nicht den geringsten Zweifel, daß die Schwarzen Sanktionen wollen und bereit sind, die für sie bitteren Folgen auf sich zu nehmen. So argumentieren alle schwarzen Führer, die Gewerkschaften, die Bürgerrechtsorganisationen, die Befreiungsbewegungen – und die Kirchen, einschließlich der römisch-katholischen. Die Schwarzen fühlen sich in der Lage, auch eine Zeit noch bittrerer Not zu ertragen. Den Weißen trauen sie das nicht zu. Und sie rechnen damit, daß eine wirksame Kombination von innerem und äußerem Druck das erwünschte Ergebnis relativ schnell herbeiführen wird.
Das kann man bezweifeln, aber das ändert nichts daran, daß Dritte nicht das Recht haben, die Betroffenen zu bevormunden und den Anspruch zu erheben, sie wüßten besser, was für die Schwarzen gut ist oder nicht, als diese selber. Es steckt eine grenzenlose Menschenverachtung in dieser Denkweise, denn sie unterstellt ja ganz offen, daß den Unterdrückten die Beseitigung der Unterdrückung kein persönliches Opfer wert ist. Erst kommt das Fressen, dann die Moral? Daß dieser Zynismus gegenüber den Schwarzen Südafrikas nicht gerechtfertigt ist, haben sie oft genug bewiesen, denn ihre eigenen Streik-, Boykott- und Widerstandsaktionen sind ja mit persönlichen Opfern verbunden, bis zum Einsatz des eigenen Lebens.
Die Probleme der Nachbarstaaten im Fall von Sanktionen liegen offen zutage. Grundsätzlich gilt hier dasselbe wie für die schwarzen Südafrikaner auch. In einer Art Güterabwägung sind sie zu dem Ergebnis gekommen, daß sich auch für sie das Opfer lohnen würde. Auch sie versprechen sich eine Verbesserung ihrer wirtschaftlichen Lage, wenn der aggressive Druck Südafrikas erst einmal von ihnen genommen wird. Diese Annahme wird durch seriöse ökonomische Annahmen gestützt. Kurzfristig allerdings könnten die Fol-

gen äußerst schmerzhaft sein. Am 30.6.85 waren in Südafrika 371 008 Fremdarbeiter aus Schwarzafrika registriert – die meisten aus Lesotho (139 827), Mosambik (68 665), Malawi (30 144), Botswana (27 814) und Swasiland (22 255). Dazu kommt eine unbekannte, vermutlich hohe Zahl illegaler Arbeitskräfte aus diesen Ländern in Südafrika. Dennoch wären nicht die Einnahmeverluste durch die Ausweisung der Fremdarbeiter das Hauptproblem, sondern die Abhängigkeit vom südafrikanischen Transportsystem und vom Handel mit Südafrika. Massive wirtschaftliche Sanktionen gegen Südafrika wären also nur zu verantworten bei einem gleichzeitigen, noch massiveren Hilfsprogramm für die Nachbarländer, speziell für die sogenannten Geiselstaaten Lesotho, Botswana und Swasiland.

Es bleibt die Frage nach den eigenen Kosten. Hier muß man wohl sehen, daß die kurzfristigen Verluste im Sanktionsfall zwar hoch sein können, daß aber die langfristigen Verluste bei Fortsetzung der bisherigen Politik wesentlich höher ausfallen werden. Die »Sanktionen von innen« durch Aktionen gegen ausländische Unternehmen und Lieferungen werden zwangsläufig kommen, wenn die Hoffnungen der Schwarzen weiter enttäuscht werden. Eine solche Abwägung zwischen eigenen kurzfristigen und langfristigen Interessen wird in der Bundesrepublik innerhalb der Solidaritätsbewegung für Südafrika nicht gerne gesehen und als »schamlos« bezeichnet. Aber auch der Kampf für eine gute Sache sollte das Gehirn nicht ausschalten. In einer Demokratie braucht eine politische Kursänderung – und das wäre eine Sanktionspolitik gegenüber Südafrika – die Akzeptanz der Gesellschaft (wie dieselbe Solidaritätsbewegung bei den Kernkraftwerken ja auch richtig argumentiert). Immerhin müßte man dem Arbeiter bei BMW, Daimler-Benz und VW – um nur die Automobilproduzenten zu nennen – schon erklären, warum sein Arbeitsplatz in Gefahr geraten könnte.

Die Ausfuhr der Bundesrepublik nach Südafrika betrug 1985 weniger als ein Prozent der Gesamtausfuhren. Arbeitsmarktauswirkungen könnten also eintreten, wenn auch nicht in einem sehr hohen Umfang, weil die Exporte nach Südafrika zur klassischen deutschen Exportpalette gehören und wegen der führenden Stellung der Bundesrepublik in diesen Sektoren andere Absatzmärkte leicht erschlossen werden könnten. (Im übrigen hat es schon 1985 einen drastischen Einbruch bei den Ausfuhren nach Südafrika gegeben, ohne daß die Arbeitsplatzverluste hätten quantifiziert werden können. Sie sind durch Exportsteigerungen in andere Länder ausgeglichen worden.) Wenn man unterstellt, daß in der Bundesrepublik 7 Mio. Arbeitsplätze vom Export abhängen, dann könnten etwa 60000 Arbeitsplätze von einem Totalboykott Südafrikas betroffen sein. Dies ist eine Zahl, die völlig innerhalb der normalen Schwankungsbreiten im Export liegt. Bei immer noch steigender Exporttendenz der Bundesrepublik ist das eigene Risiko sehr gering.
Auf der Einfuhrseite stoßen wir wieder auf das Rohstoffproblem. Hier wäre mit den bekannten Übergangsproblemen bei Chrom, Ferrochrom, Vanadium und Platin zu rechnen. Auf der Investitionsseite entstehen zur Zeit jedenfalls keine Probleme; weil die südafrikanischen Konjunkturaussichten so schlecht sind, daß niemand an neue Investitionen denkt. Wenn aber die Investitionsmöglichkeiten per se eingeschränkt werden, verliert auch die mögliche südafrikanische Repressalie – Enteignung der ausländischen Unternehmen – viel von ihrem Gewicht.
Südafrika ist tatsächlich, rein wirtschaftlich betrachtet, ein klassischer Anwendungsfall für Sanktionen. Während der Außenhandel mit Südafrika für die westlichen Industriestaaten nur geringfügige Bedeutung hat, ist er für Südafrika lebenswichtig. Eine vernünftige Sanktionspolitik würde auch nicht mit einem Totalboykott beginnen, sondern sich

auf die für das Apartheid-System selbst strategisch wichtigen Bereiche Energie, Transport und Kommunikation, Technologie und Rohstoffe konzentrieren. Es wäre ja nicht sinnvoll, die südafrikanische Wirtschaft zerstören zu wollen. Es muß vielmehr darum gehen, Weiß-Südafrika klarzumachen, daß es den Weg des Wandels endgültig beschreiten muß. Mit je weniger Sanktionen das erreicht werden kann, desto besser. Nur: Mit der Drohung ist es heute nicht mehr getan. Und auch Einzelaktionen von Staaten reichen nicht aus, so notwendig und unverzichtbar sie im Hinblick auf die Beendigung der Unterstützung der Apartheid auch sind. Schnelle Wirkung verspricht nur eine gemeinsame Aktion der westlichen Industriestaaten.

In der Diskussion über Sanktionen gegen Südafrika tauchen immer wieder zwei Begriffe auf, die jenseits staatlicher Maßnahmen unterschiedliche gesellschaftliche Strategien bezeichnen: Divestment und Disinvestment. Divestment wird in den USA auf breiter Front praktiziert. Es besteht darin, daß einzelne Bürger, Gruppen oder Körperschaften ihre Geschäftsverbindungen mit Unternehmen abbrechen, die mit Südafrika Geschäfte machen. Diese Strategie war im Hinblick auf die amerikanischen Banken sehr wirkungsvoll. Der Entzug von Konten, Anteilen, Sicherheiten, Fonds usw. durch Anti-Apartheid-Gruppen hat in der Kosten-Nutzen-Rechnung für die Banken ergeben, daß sich das Südafrika-Geschäft nicht mehr lohnte. In der Bundesrepublik ist Divestment in dieser Form schwerer möglich (außer durch Kirchen und Gewerkschaften). Divestment kennt auch andere Formen des Druckes: Kaufboykott, Auftragsstopp etc. Es ist eine indirekte Strategie, die auf Südafrikas Geschäftspartner zielt.

Disinvestment dagegen meint den Abzug bereits getätigter Investitionen in Südafrika (der prinzipiell auch über Divestment-Taktiken erzwungen werden kann). Disinvestment ist in vollem Gange, wobei allerdings nur relativ wenige Firmen die Apartheid als Grund ihres Rückzugs nennen. Disinvestment führt nicht automatisch zu Arbeitsplatzverlusten in Südafrika, weil sich der Rückzug ja im Normalfall nicht so abspielt, daß ein Unternehmen seine Maschinen nach Hause zurückholt. Im Regelfall wird das Unternehmen an eine südafrikanische Firma verkauft – so geschehen bei Coca-Cola. Das Problem für die südafrikanische Wirtschaft liegt im Kapitalentzug.

Wohin soll Weiß-Südafrika durch Sanktionen gebracht werden? Das Ziel müßte sein, die weiße Regierung zu veranlassen, die Voraussetzungen für eine Verhandlungslösung zu schaffen. Diese Voraussetzungen sind: Abbau des gesamten Apartheid-Systems einschließlich des gesamten Apparates zu seiner Sicherung, Freilassung Nelson Mandelas und aller politischen Gefangenen, freie politische Betätigung für alle Bevölkerungsgruppen durch Wiederzulassung der verbotenen Organisationen, Aufhebung aller Bannverfügungen und Abschaffung der Zensur.

Wenn dies erreicht wäre, könnten Verhandlungen mit den authentischen Führern der Bevölkerung über die künftige politische und gesellschaftliche Struktur Südafrikas in Gang kommen, aber nur dann. Nicht die Abschaffung der Apartheid wäre Gegenstand der Verhandlungen (in einer Übergangsregierung, einem Nationalkonvent oder ähnlichem), sondern Gegenstand wäre die Frage, was an die Stelle des bisherigen Systems gesetzt wird und in welchen Einzelschritten und in welchem Zeitrahmen eine neue Verfassung für Südafrika realisiert wird.

Dies ist ein optimistisches Szenario. Aber ein anderes optimistisches Szenario gibt es nicht. Alle anderen vorstellbaren Entwicklungen führen direkt in die Katastrophe. Es gibt keine Garantie mehr dafür, daß der Westen es schaffen kann, Südafrika auf den einzigen Weg zu bringen, der noch

Hoffnung verheißt. Wenn er es aber nicht einmal versucht, und wenn er es nicht sehr schnell versucht, dann gibt es allerdings eine Garantie: nämlich die, daß das Unheil seinen Lauf nehmen wird.
Weltpolitisch ist die Sanktionsfrage die Gretchenfrage der Südafrika-Politik geworden. Die »Ablehnungsfront« Reagan, Thatcher, Kohl hielt im Sommer 1986 noch. Alle drei verwenden längst widerlegte Argumente und sind – vor allem Kohl – mit moralischen Werturteilen nicht zurückhaltend. Für Kohl sind die Befürworter von Sanktionen Heuchler. Sein Problem ist, daß er sich nicht vorstellen kann, daß es Menschen gibt, für die Geld nicht alles bedeutet. Kohls wahre Interessen sind jedoch unschwer zu erkennen: Er setzt wieder einmal auf das (un)gesunde Volksempfinden. Seine Südafrika-Position schließt sich nahtlos an sein Verhalten in Israel, an den Bitburg-Fall und seine Rückendeckung für antisemitische Flegeleien in seiner eigenen Fraktion an. Ihn interessieren nicht die leidenden Menschen in Südafrika. Ihn interessieren die Stimmen der eben nicht mitleidenden Mehrheit in der Bundesrepublik. Gegen Apartheid zu kämpfen – ist kein Wahlkampfschlager. Aber gegen die anzugehen, die gegen Apartheid streiten und an Christlichkeit und Moral erinnern, auch wenn es etwas kostet – das ist ein Wahlkampfthema. Kohl instrumentalisiert jedes politische Thema zu seinen persönlichen Gunsten. Er ist wahrscheinlich noch nicht einmal ein Rassist. Er spekuliert nur auf den Rassismus der anderen. Und das ist schlimmer.

22. Friedlicher Wandel

Im Wettlauf mit der Zeit

Die Regierung Botha betrachtet sich als im Krieg befindlich. Vom »totalen Krieg« als Antwort auf die »totale Bedrohung« hatte vor Jahren schon Verteidigungsminister General Malan gesprochen. Der jetzige Präsident Botha formulierte die zivile Version. Sein Programm hieß: adapt or die – anpassen oder sterben. Die Anpassung geschah durch Korrekturen der Apartheid in Randbereichen und Konzentration auf das wesentliche, die administrative Beseitigung der schwarzen Mehrheit in Südafrika bei gleichzeitiger Verfügung über das schwarze (billige) Arbeitskräftepotential. Diese Politik ist nicht aufgegeben. Botha und seine Anhänger zur Aufgabe zu zwingen, nachdem sie Vernunftsgründen nicht zugänglich waren, muß jetzt das Ziel der westlichen Politik sein.

Die Frage nach der deutschen Verantwortung für das fortbestehende Unrecht in Südafrika und die Frage, was nun anders werden muß, gehören untrennbar zusammen. Die Verantwortung ist groß – so groß, daß Mitschuld noch ein milder Ausdruck dafür ist. Wir Deutsche haben den weißen Südafrikanern jahrzehntelang geholfen, das Apartheid-System immer weiter auszubauen und zu festigen. Wir haben auch selber Vorteil gezogen aus der Unterdrückung und Ausbeutung in Südafrika.

Die Bestandsaufnahme der deutsch-südafrikanischen Kooperation über die Jahre hinweg ist moralisch vernichtend. Diese Zusammenarbeit kann deshalb auch außenpolitisch nicht gerechtfertigt sein. Es dient den Interessen der Bundesrepublik Deutschland nirgendwo auf der Welt, wenn sie auf der Seite der Unterdrücker steht. Doch genau das geschieht immer wieder, besonders in Afrika. Südafrika ist kein Einzelfall. Noch keine Bundesregierung hat es bisher vermocht, auch in Afrika die Frage der Menschenrechte zum Maßstab ihres eigenen Handelns zu machen. Da läßt man ein Land wie Äthiopien links liegen, weil es angeblich Menschenrechte verletzt, und da stützt man gleichzeitig schlimme Despoten in Zaire, Malawi, Togo und anderswo. Die Berufung auf die Menschenrechte wirkt wie eine hohle Phrase und kann nur noch Bitterkeit auslösen. Was wirklich zählt, ist der Stellenwert eines Landes im Ost-West-Konflikt. Etwas Schlimmeres kann Afrika insgesamt nicht passieren.

Es fragt sich, welchen Interessen die deutsche Außenpolitik in Südafrika und Namibia folgt. Ihrem Anspruch nach will sie zur Verwirklichung der Menschenrechte beitragen und Rassismus und Kolonialismus überwinden helfen. Die praktische Politik aber folgt der Reagan-Administration, deren doppelte Moral in Menschenrechtsfragen geradezu notorisch ist. Gegen Nicaragua wird sogar Krieg geführt, weil die Sandinisten angeblich die Bevölkerung unterdrücken. Im Fall Südafrika soll es bei diplomatischer Einwirkung bleiben, und das wird atemberaubend zynisch auch noch mit den längst widerlegten Argumenten von der überragenden strategischen Bedeutung Südafrikas für den Westen begründet, wobei Südafrika hier immer als ein Südafrika unter garantiert weißer Kontrolle zu verstehen ist.

Außenpolitisch ist die deutsche Südafrika-Politik ein weiterer, gravierender Beleg für einen rapiden Souveränitätsverlust. Nur wer nicht ganz Herr seiner eigenen Entschlüsse ist, kann einer so fatalen, unredlichen Politik folgen. Afrikanische Beobachter äußern immer häufiger die Vermutung, daß die Reagan-Administration deshalb nicht an einer Lösung

der Konflikte in Südafrika und Namibia interessiert ist, weil sie die südafrikanische Karte für den vielleicht eines Tages kommenden großen weltpolitischen Kuhhandel mit der Sowjetunion in Reserve behalten möchte. Apartheid gegen Afghanistan? Es klingt unwahrscheinlich und überschätzt wohl auch das sowjetische Interesse am südlichen Afrika. Aber daß der Verdacht entstehen konnte, ist schon bezeichnend genug.
Die Bundesrepublik Deutschland hat unabhängig von den Weltmachtinteressen der USA im südlichen Afrika eine eigene Verantwortung, der sie sich stellen muß. Keiner kann sich mehr herausreden mit der Behauptung, man könne die weiße Minderheit durch enge Zusammenarbeit sozusagen »zivilisieren«. Wieviel Jahrzehnte Mißerfolg sind nötig, um einzusehen, daß man sich geirrt hat?
Wie viele Menschen müssen in Südafrika, in Namibia, in Angola, in Mosambik noch sterben, wie oft muß Südafrika seine Nachbarn noch bombardieren, wie viele ergebnislose Gespräche mit P.W. Botha müssen noch geführt werden, bis man endlich einsieht, daß das Regime in Pretoria keinen durchgreifenden Wandel will, sondern den Bürgerkrieg bis zur letzten Konsequenz ausfechten will?
Es geht jetzt darum, den Weißen in Südafrika klarzumachen, daß sie in diesem Bürgerkrieg nichts zu gewinnen, aber alles zu verlieren haben. Die Bürgerkriegs-Option ist für Botha nur offen, solange er glaubt, sich darauf verlassen zu können, daß der Westen ihn letzten Endes doch nicht fallen läßt – nach der Devise, die ein früherer amerikanischer Präsident im Fall eines mittelamerikanischen Diktators aufgestellt hat: Er ist ein Dreckskerl, aber er ist unser Dreckskerl. Mit Botha geht das nicht so leicht. Er ist auch kein Somoza oder Trujillo. Er ist aber auch kein Verbündeter des Westens. Verbündete dieser Art dürfen nicht toleriert werden. Was bleibt denn an demokratischer Glaubwürdigkeit

gegenüber den Ländern der Dritten Welt noch übrig, wenn Washington, London und Bonn Botha immer wieder das geben, was er am meisten braucht: Zeit?

Die Zeit für einen radikalen Schnitt ist gekommen. Gerade wer einen friedlichen Wandel in Südafrika will, gerade wer das Überleben der Weißen am Kap sichern möchte, der muß jetzt die Verbindungslinien durchschneiden, die das Apartheid-System am Leben erhalten. Weitermachen wie bisher: Das bedeutet nur, den Konflikt zu verlängern und die Apartheid erst in einem Meer von Blut untergehen zu lassen.

Vieles hat sich geändert. Es ist keine Zeit mehr, irgendwelche Modelle zu entwickeln. Die künftige Ordnung in Südafrika wird nicht in Gesprächen zwischen Washington und der Botha-Regierung ausgehandelt werden. Verhandlungspartner werden die verfolgten wirklichen Führer der Mehrheit in Südafrika und die Vertreter der weißen Minderheit sein. Was heute für den Westen noch möglich ist, ist allein dies: die beiden Parteien an den Verhandlungstisch zu bringen.

Verhandlungsgegenstand kann nicht die Abschaffung der Apartheid sein, nicht die Freilassung Nelson Mandelas und aller politischen Gefangenen, nicht die Zulassung der verbotenen Organisationen, nicht der Rückzug der Polizei aus den Wohngebieten der Schwarzen. Verhandelt werden kann nur über die Verfassung eines Südafrika nach der Apartheid und über den Weg zu dieser Verfassung. Alles andere sind Voraussetzungen für das Verhandeln, die allein die Weißen schaffen müssen.

Und das ist der eigentliche strategische Hebel, den der Westen noch zur Verfügung hat. Er kann und muß den weißen Südafrikanern die Augen öffnen und sie dahin bringen, daß wirklich verhandelt wird. Für einen letzten Versuch im Guten ist es zu spät. Es gibt nun wahrlich genug überzeugende Beweise, daß die Bothas den Westen für einen

Papiertiger halten. Die moralische Verurteilung macht ihnen nichts mehr aus. Ihre Rechthaberei und ihr Überlegenheitsgefühl schützen sie wie ein Panzer. Die kleinen Konzessionen, die Botha bisher gemacht hat und von denen man ohne weiteres zugeben muß, daß sie für viele seiner Anhänger große, zu große Konzessionen sind, kamen zustande, als die ersten, vor allem finanziellen Sanktionen von der internationalen Finanzwelt selbst verhängt wurden.

Sanktionen sind notwendig. Sie sind auch möglich. Alle praktischen Argumente dagegen sind nicht stichhaltig. Und müssen wirklich noch mehr Zeugen dafür aufgeboten werden, daß die betroffenen Menschen auf diese Sanktionen sehnsüchtig warten? Reicht das Wort der katholischen Bischöfe in Südafrika nicht? Und das der Kirchen des Südafrikanischen Kirchenrats? Darf man Botha mehr glauben als einem Beyers Naudé, einem Tutu, einem Boesak? Genügen die Appelle der schwarzen Gewerkschaften nicht? Bedeutet die Aufforderung der UDF nichts? Sollte der ANC nicht wissen, was die Menschen in Südafrika wirklich wollen?

Sanktionen, so heißt es immer wieder, werden Südafrika in ein Chaos stürzen. Woher weiß man das? Und woher weiß man, ob nicht ohne Sanktionen das Chaos noch viel größer würde? Und wie nennt man das, was jetzt in Südafrika herrscht? Die schrillen Schreckensschreie sind nur verständlich, wenn man unterstellt, daß die weiße Minderheit sich auch vom Entzug der wirtschaftlichen Unterstützung nicht beeindrucken lassen wird. Aber das ist sehr unwahrscheinlich. Natürlich gibt es keine Garantie für die Wirksamkeit von Sanktionen. Aber es gibt im Prinzip nur zwei Möglichkeiten: Entweder die Weißen kommen zu dem Ergebnis, daß die Apartheid sich nicht mehr lohnt und schaffen sie ab, oder sie werden tatsächlich auch mit Sanktionen fertig und verteidigen ihr Unterdrückungssystem – dann müssen sie es aber wenigstens ohne Hilfe des Westens tun.

Bothas totale Strategie ist noch nicht an ihrem Ende angelangt. Noch ist er abhängig von westlicher Kapitalzufuhr, von westlichem Technologietransfer und von den westlichen Märkten. Das kann sich ändern. Gerade die deutsche Wirtschaft hat ein Übersoll geleistet, um die Weißen so stark zu machen, daß sie glauben, am längeren Hebel zu sitzen.

Eine kluge westliche Politik wird nicht mit einem Totalboykott Südafrikas beginnen. Sie darf aber keinen Zweifel daran lassen, daß auch dieses letzte Mittel eingesetzt wird, wenn ausgewählte Sanktionen zu keiner überzeugenden Reaktion führen. Die Sanktionen sind kein Selbstzweck. Sie dienen nicht der Bestrafung der anderen und nicht der eigenen moralischen Erhöhung. (Um von der Moral noch etwas zu retten, ist es auch schon zu spät.) Die Sanktionen sind ein Transmissionsriemen, die einen Prozeß in Südafrika selbst in Gang setzen sollen – durch Druck derjenigen auf die Regierung Botha, die durch Sanktionen etwas zu verlieren haben. Ein Katalog möglicher Sanktionen der ersten Stufe müßte international die Beendigung des Kapitalverkehrs und der Exportbürgschaften, ein Ausfuhrverbot für alle strategisch wichtigen Güter, ein verbindliches Ölembargo, einen schrittweisen Abbau des Bezugs südafrikanischer Rohstoffe, ein totales Einfuhrverbot für südafrikanische Agrarprodukte und eine Unterbrechung des Luftverkehrs enthalten. Er wäre zu ergänzen durch einen Katalog positiver Maßnahmen, der die Ausweitung der Verhaltensregeln für ausländische Unternehmen, die Verstärkung der Bildungs- und Ausbildungsaktivitäten in der schwarzen Bevölkerung, materielle Hilfe für die Opfer der Apartheid und des Krieges in Namibia, enge politische Zusammenarbeit mit dem Widerstand und wirksame materielle Unterstützung für die Befreiungsbewegungen enthalten müßte.

Gleichzeitig müßte die Namibia-Politik des Westens revidiert werden. Die festgefahrene Initiative der Kontaktgruppe kann wieder in Gang kommen, wenn die USA auf die Verbindung der Namibia-Frage mit dem Abzug der Kubaner aus Angola und auf die Unterstützung der UNITA verzichten. Die Resolution 435 des UN-Sicherheitsrats, die freie Wahlen unter UN-Aufsicht vorschreibt, ist nach wie vor das einzige denkbare Lösungsmodell. Auf keinen Fall darf die Interimsregierung in Namibia, die nur von Pretorias Gnaden existiert, weiter aufgewertet werden. Der Rohstoffbezug aus Namibia muß aufhören.

Die zu erwartenden südafrikanischen Gegenmaßnahmen werden die schwarzafrikanischen Nachbarländer treffen. Der wirtschaftliche Schaden, den Südafrika seinen Nachbarn zufügen kann, muß durch verstärkte Wirtschaftshilfe und schnelle Rehabilitierung der Schienenwege, Straßen und Häfen im südlichen Afrika außerhalb der Republik Südafrika aufgefangen werden. Man wird sich auf akute Versorgungsprobleme z. B. in Lesotho einzustellen haben. Für dieses Land könnte eine Luftbrücke notwendig werden.

Darüber hinaus muß die Bundesrepublik noch zusätzliche Leistungen erbringen, die sich aus ihrer besonders tiefen Verstrickung ergeben:

Sie muß die Verhandlungen über ein neues Kulturabkommen abbrechen. Sie muß Südafrika vom strategischen Nachschub aus Deutschland abschneiden und die Ausfuhr von Waren, die der COCOM-Liste gegenüber dem Ostblock entsprechen, eindeutig verbieten. Sie muß die rechtlichen Voraussetzungen dafür schaffen, daß keine angeblich zivilen Güter mehr nach Südafrika exportiert werden, die dann militärisch oder polizeilich verwendet werden. Sie muß es deutschen Unternehmen verbieten, in Südafrika Rüstungsaufträge auszuführen.

Eine solche Sanktionspolitik würde dem Widerstand in Süd-

afrika und Namibia einen ungeheuren Auftrieb geben und zu der Kombination von innerem und äußerem Druck führen, die das Apartheid-System zusammenbrechen ließe. Sie würde dem Westen auch soviel Glaubwürdigkeit zurückgeben, daß Gespräche mit dem ANC über einen Gewaltverzicht in Südafrika vielleicht nicht wie heute von vorneherein aussichtslos wären. Für die Gewalt in Südafrika ist auch der Westen, ist auch die Bundesrepublik verantwortlich. Die westliche Politik hat die Schwarzen zu der Überzeugung gebracht, daß sie von außen keine Hilfe zu erwarten haben.
Es wird notwendig sein, den Weißen in Südafrika den genauen Sinn einer solchen westlichen Südafrika-Politik zu erklären. Man wird ihnen sagen müssen, daß Südafrika nach der Apartheid und Namibia nach der Unabhängigkeit Hilfe beim Wiederaufbau und in der weiteren Entwicklung erwarten können.
Man muß ihnen aber auch die unangenehmen Seiten sagen. Unterhalb des Prinzips »one person – one vote« gibt es keine Lösung. Die schwarze Mehrheitsregierung ist unvermeidlich. Es kann auch nicht das Ziel des Westens sein, eine demokratisch legitimierte Regierung verhindern zu wollen. Die Besitzverhältnisse in der Industrie, bei den Banken und in der Landwirtschaft werden nicht bleiben, wie sie sind. Der Wettbewerb um Arbeitsplätze wird härter werden. Es wird viele Weiße geben, die das alles unter keinen Umständen akzeptieren werden. Wenn sie das Land verlassen, werden sie merken, daß sie nicht viele Auswanderungsmöglichkeiten haben. Sie werden keine Asylsuchenden sein, denn auch für sie wird eine südafrikanische Verfassung gelten, die sich an den individuellen Menschenrechten orientiert. Gruppenprivilegien für die Weißen wird es nicht geben, aber zum friedlichen Übergang gehört der Verzicht auf einen umgekehrten Rassismus.
Es gibt im Westen sicher auch Gutgläubige, die Bothas

Reformversprechen für wahr halten und sie nicht nur als bequeme Entschuldigung für eigene Untätigkeit benutzen. Der Begriff »Reform« ist im Zusammenhang mit den Problemen Südafrikas im Grunde nicht brauchbar. Allenfalls ließe sich sagen, daß die Abschaffung der Apartheid mit einer grundlegenden Veränderung des gesamten südafrikanischen Staats- und Gesellschaftssystems einhergehen müßte. Apartheid jedenfalls, und hier liegt oft das Mißverständnis, kann nicht reformiert werden. Sie kann nur, wie Schwedens ermordeter Ministerpräsident Olof Palme gesagt hat, abgeschafft werden.

Ob, wann und wie ein solcher Übergang kommt, ist nicht zu beantworten. Sicher ist nur: Unter den jetzigen Umständen wird es ihn nicht geben, mit Sanktionen des Westens vielleicht.

Man kann Wunschvorstellungen entwickeln, wie das Zusammenleben der Rassen in Südafrika künftig organisiert werden soll. Man kann von einem »Modell« Südafrika träumen – das wäre dann ein Modell für einen Sieg der Vernunft über Haß und Gewalt. Man kann aber den Schwarzen keine Vorschriften mehr machen, wie das Land, das eben auch ihr Land ist, in Zukunft aussehen soll.

In der deutschen Südafrika-Literatur gibt es durchaus phantasievolle Ideen. Sie reichen von Teilungsvorschlägen über föderalistische Modelle bis zu konkordanzdemokratischen Vorstellungen nach Schweizer Vorbild. Vieles spricht für einen starken Föderalismus in Südafrika. Föderalismus ist ein wirksamer Minderheitenschutz. Aber die Aussichten sind nicht günstig. Die maßgeblichen Sprecher der Schwarzen wollen einen Einheitsstaat.

Das alles ist zu verhandeln. Man soll Rat nicht verweigern, wenn er gesucht wird, aber man soll ihn auch niemandem aufzwingen. Das gilt auch für diejenigen in der Bundesrepublik, die der Mehrheit in Südafrika ein dogmatisch-sozialistisches System vorschreiben möchten, wie sie es in der Bundesrepublik nicht durchsetzen können.

Ob man bei denjenigen, die in Politik und Wirtschaft zu entscheiden haben, dem Weg zur Einsicht etwas nachhelfen kann? Das Beispiel USA zeigt, daß engagierte Bürger durch ihr Verhalten sehr wohl Wirtschaftsbosse und Volksvertreter beeinflussen können. Der Früchteboykott der evangelischen Frauenarbeit in der Bundesrepublik hat vielleicht bisher nur einen aufklärerischen Effekt, von vielen getragen hätte er auch ökonomische Wirkungen. Öffentliche Kritik an den deutschen Unternehmen, die mit Botha immer noch zusammenarbeiten, ist nötig und hilfreich. Man kann Konten bei Banken kündigen, die Südafrika mit Geld versorgen. Man kann das moralische Gewicht der beiden großen Kirchen stärker einsetzen. Wenn Christen ihre Abgeordneten über ihre Ansicht zu § 218 sehr nachdrücklich informieren, warum nicht auch über Südafrika? Die Kommunalpolitik bietet Möglichkeiten der Einflußnahme – von den öffentlich-rechtlichen Kreditinstituten bis zu den Energieversorgungsunternehmen. Gewerkschaften und Betriebsräte können in ihren Unternehmen darauf achten, daß in Südafrika mehr als nur der EG-Kodex einigermaßen eingehalten wird. An erster Stelle aber ist und bleibt die Politik gefordert. Nach so vielen Jahrzehnten des Wegsehens, der Gleichgültigkeit, der Leichtgläubigkeit, nach Jahrzehnten der Rücksichtnahme auf die Interessen der exportierenden Wirtschaft, die in Deutschland nur selten weiterblicken konnte als bis zum nächsten schnellen Profit, nach Jahrzehnten der Unterstützung der Apartheid durch aktives Handeln und durch Unterlassen, muß die deutsche Politik ihre Zweideutigkeiten gegenüber den Menschen in Südafrika endlich ablegen. Sie muß sich entscheiden. Sie kann nicht länger in beiden Lagern stehen.

Die Apartheid ist ein Prüfstein für uns, eine Herausforderung, ein Aufruf an unser Gewissen und an unseren Verstand. In der Politik kommen Dinge vor, die unmoralisch sind, aber für vernünftig gehalten werden. Es kommen auch Dinge vor, die unvernünftig sind, aber als moralisch gelten. Der Fall Südafrika zeigt, daß auch Dinge vorkommen, die unmoralisch und unvernünftig zugleich sind.

Der Westen könnte in Südafrika starke Partner finden, an erster Stelle den ANC. Wer einen friedlichen Wandel will und wer ein demokratisches, nichtrassistisches Südafrika als Alternative zur Apartheid anstrebt, kann sich nur auf den ANC stützen. Seine Freiheitscharta von 1955 ist neben dem Gründungsaufruf der UDF von 1982 das politische Programm, das als einziges eine Lösung des südafrikanischen Dramas möglich erscheinen läßt. Die Charta formuliert: »Südafrika gehört allen, die darin leben, Schwarzen und Weißen.« Die Programmsätze lauten: »Das Volk soll regieren. Alle nationalen Gruppen sollen die gleichen Rechte haben. Das Volk soll am Reichtum des Landes teilhaben. Das Land soll unter die verteilt werden, die es bebauen. Alle sollen vor dem Gesetz gleich sein. Alle sollen die gleichen Menschenrechte genießen. Es soll Arbeit und soziale Sicherheit geben. Die Türen zu Bildung und Kultur sollen geöffnet werden. Wohnungen, Sicherheit und Wohlstand sollen geschaffen werden. Frieden und Freundschaft sollen herrschen.«

Diese Sätze einen die Opposition in Südafrika noch. Eine Strategie des friedlichen Wandels müßte versuchen, dieses Programm zur Grundlage einer Einigung zwischen Schwarz und Weiß zu machen. Je weiter die Radikalisierung in Südafrika auf beiden Seiten voranschreitet, um so größer wird die Gefahr, daß die Freiheitscharta ihre verbindende Kraft verliert. Im Interesse des Westens läge es, die politische Position des ANC zu stärken. Ihn als Terrororganisation zu verteufeln und den Terror der Botha-Regierung zu tolerieren, stößt die Mehrheit der Menschen in Südafrika in Hoffnungslosigkeit. Diese Mehrheit wird einen Weg zur Befreiung finden, mit oder ohne Hilfe des Westens. Noch hat der Westen die Wahl.

Anhang

André Brink

Ein Notstand
(Offener Brief an P. W. Botha)

Herr Präsident!
In diesem von Gewalttätigkeit zerrissenen Land haben Ihr weißes Minderheitenregime und seine Vertreter (in zwei Zeilen habe ich drei von der Notstandsverordnung in Südafrika beanstandete Ausdrücke verwendet) mit ihrer anmaßenden Art, ihrer Unnachgiebigkeit und ihren planmäßigen Kampagnen des Terrors gegen die Unterdrückten genau die Umstände geschaffen, die Sie brauchten, um einen Notstand erklären zu können.
Verärgert über die Gerichte, über die Einmischung besorgter Körperschaften und Individuen, parlamentarischer Untersuchungsausschüsse, emsiger Journalisten und anderer, die unbeirrt fortfuhren, die Wahrheiten über Ihr kampfentschlossenes Regime ans Licht zu bringen, haben Sie es nun geschafft, um sich herum eine Zone tödlichen Schweigens zu errichten: Nun kann niemand mehr berichten, was Sie vorhaben oder tun, niemand kann Ihre Lügen und Schandtaten enthüllen, niemand kann den Mund für all diejenigen aufmachen, die von den neuesten Inkarnationen der Gestapo unterdrückt, gehetzt, aus ihren brennenden Häusern vertrieben, gefoltert oder getötet werden. Nicht einmal die Namen derer, die tagtäglich um uns herum »verschwinden«, dürfen bekanntgemacht werden.
Sie versichern uns, Sie hätten gute Gründe. »Ich habe die

Tatsachen«, tönen Sie seit dem vergangenen August, als Sie im Glauben, auf Wasser gehen zu können, zum ersten Mal den Rubikon überschreiten wollten und ins Stolpern kamen. Sie verlangen von uns, daß wir auf Ihr Wort vertrauen, ungeachtet all der Lügen, die Ihr Regime uns in der Vergangenheit aufgetischt hat.

Wir haben schon öfter erfahren müssen, was von Ihren »Tatsachen« zu halten ist. Ihr Polizeiminister hat letztes Jahr der Welt Ihre Tatsachen präsentiert, als Ihre tapfere und bedrängte Polizei in Uitenhage eine gewalttätige Menschenmenge bändigte: Als Sie sich dem Druck der Öffentlichkeit beugen und einen gerichtlichen Untersuchungsausschuß einsetzen mußten, erfuhren wir, daß Männer, Frauen, Kinder und Kleinkinder in einem friedlichen Umzug in den Rücken geschossen worden waren.

Weigern Sie sich deshalb so hartnäckig, einen neuen Untersuchungsausschuß einzusetzen und das in den Worten eines afrikaanse Kommentators »hinsichtlich des menschlichen Leidens und der Entbehrungen ... größte Unglück, das uns in diesem Jahrhundert getroffen hat« (Willem Steenkamp in *The Cape Times* vom 17. 6. 1986) aufklären zu lassen, jene Gewalttätigkeiten, bei denen mindestens 50 000 Menschen ihr Zuhause verloren haben und bei denen Ihre »Sicherheitskräfte« (*sic*) allem Anschein nach eine – um es milde auszudrücken – zweifelhafte Rolle gespielt haben? Zahllose eidesstattliche Erklärungen von Geistlichen, Ärzten und anderen lassen darauf schließen, daß Ihre eigenen Leute an den gewalttätigen Ausschreitungen und Brandstiftungen in Crossroads und im KTC-Lager beteiligt waren und den Aussagen zufolge sogar auf Flüchtlinge schossen und ihre Unterkünfte verbrannten, um sie zu »überreden«, an einen Ort zu ziehen, den Sie schon vorher für ihre Neuansiedlung festgelegt hatten.

Wenn Sie solche Beschuldigungen von sich weisen, warum

weigern Sie sich dann, einen Richter einzusetzen und untersuchen zu lassen, was »wirklich« geschehen ist? Sie können mir und zahllosen anderen nicht verübeln, daß wir das Schlimmste glauben: Wir können uns nur an das halten, was Sie geleistet haben, seit der Zeit, als Sie bei der Verwüstung des Sechsten Distrikts, dem traditionellen Zuhause für Generationen von *Coloureds* in Kapstadt, Ihre Hand im Spiel hatten.

Sie versuchen, leichtgläubige westliche Politiker wie Reagan und Thatcher davon zu überzeugen, daß Sie in Wirklichkeit ein großer Reformer sind. Also heben Sie das Verbot gemischtrassiger Ehen auf, verwehren dann aber Eheleuten, die verschiedenen Rassen angehören, das Recht, an einem Ort ihrer Wahl zusammenzuleben. Sie schaffen die Zwangsumsiedlung ab; und dann werden die Heimatlosen durch so glückliche Zufälle wie Crossroads dazu bewegt, freiwillig umzuziehen. Sie heben die Paßgesetze auf und machen sich dann daran, zahllose Schwarze wegen »unbefugten Betretens« zu verhaften. Sie bringen eine Handvoll *Coloureds* und Inder ins Parlament und bieten ihnen die Illusion einer Beteiligung an der Macht, aber in dem Augenblick, da sie Bedenken haben, an der Verabschiedung von Gesetzen mitzuwirken, die zu den rigorosesten gehören, die dieses Land je gesehen hat, behandeln Sie sie wie Schuljungen – und peitschen die Gesetze trotzdem durch. Sie verkünden, daß Sie sich mit schwarzen Führern über eine Verfassungsreform unterhalten wollen, während Sie gleichzeitig dafür sorgen, daß die wahren Führer des Volkes im Gefängnis oder in Haft sind. Sie versichern der Welt, daß wir in einem freien Land leben, doch schon lange vor der Verkündung des Notstands sind die zahmsten friedlichen Proteste brutal zerschlagen worden. Sie sagen uns, Sie seien ein Christ, doch Sie lassen Ihre Truppen mit Tränengas auf Leichenzüge schießen, wodurch die Trauernden gezwungen werden, ihre

Särge auf die Straße zu werfen. Und wenn wir bekennen, daß wir Ihnen nicht glauben können, versuchen Sie der ganzen Kritik dadurch ein Ende zu machen, daß Sie das große Schweigen anordnen.
Wie stehe ich als Schriftsteller in dieser Situation da, in diesem Notstand?
Ich weiß sehr wohl, wie ich dastehe: Allein schon die Tatsache, daß ich diesen offenen Brief an Sie zu Papier bringe, ist ein Verbrechen. Ich kann dafür verhaftet werden. Und wenn das geschieht, tun Sie vielleicht alles, um sicherzustellen, daß die Menschen in Südafrika nicht einmal wissen, daß ich zu den ungezählten Namenlosen gehöre, die täglich verschwinden. Aber ich weiß auch, daß ich mich nicht zum Schweigen zwingen lassen kann, solange ich ein Gewissen habe, mit dem ich leben muß, und solange ich den Atem habe, nicht nur »J'accuse!« zu sagen, sondern zu flehen: »Macht um Gottes willen ein Ende damit, bevor es zu spät ist.«
Ich mache mir keine falschen Vorstellungen von dem, was ein Schriftsteller physisch tun kann. Aber Sie sollten sich auch keinen falschen Vorstellungen von der Schwäche eines Schriftstellers hingeben.
Sie sind überzeugt, daß Sie uns endlich zum Schweigen gebracht haben. Aber Sie irren sich. Es mag ein vorübergehendes Schweigen herrschen im Land: Das Schweigen der Gefängnismauern, die so dick sind, daß keiner das Blut an ihrer Innenseite sehen oder die dumpfen Schreie hören kann. Aber dieses Blut, diese Schreie sickern durch und fließen in die Federn von Schriftstellern.
Ich appelliere an die Schriftsteller meines Landes, Zeugnis abzulegen. Wir werden nicht ewig schweigen. Wir haben die Geschichte auf unserer Seite. Wir haben die Wahrheit auf unserer Seite.
Sie haben Journalisten mundtot gemacht. Die »Tatsachen«

dürfen nicht mehr geschildert werden, es sei denn, sie sind in Ihrem Sinn gefärbt oder verstümmelt. Aber die *Dichtung* kann eine Wahrheit aufzeichnen, die tiefer geht als Tatsachen. Was nicht direkt gesagt werden kann, müssen wir auf andere Weise aufzeigen: Das macht uns zu Schriftstellern. Und wenn wir nicht veröffentlichen dürfen, müssen wir andere Möglichkeiten finden, das zu verbreiten, was das Gewissen uns diktiert. Nötigenfalls müssen wir es nun unseren russischen Kollegen gleichtun und uns mit *Samisdat* behelfen.

Es ist sehr gut möglich, daß Sie bei der Vorstellung, wir könnten russischen Beispielen folgen, wieder einen Ihrer Wutanfälle bekommen. Aber wie oft hat sich denn Ihr eigenes Regime vom Kreml inspirieren lassen? In Ihrer staatlichen Kontrolle der Wirtschaft, in Ihren Eingriffen in Produktion und Vertrieb, in Ihrer Beschränkung der freien Meinungsäußerung, in Ihren Polizeistaatsmethoden?

Unlängst berichtete in Argentinien ein Untersuchungsausschuß von den Greueltaten, mit denen die vorangehende Militärregierung versucht hatte, an der Macht zu bleiben. Der Bericht läßt einen frösteln, besonders in Südafrika, wo man so viele Zeichen erkennt, die in dieselbe Richtung führen.

Der argentinische Bericht trägt den Titel *Nunca mas*: »Nie wieder«. Was für ein trauriger, entsetzlicher Anspruch in dieser kaputten Welt. Doch es könnte auch ein kleiner Trost in der Erkenntnis stecken, daß sich gewisse historische Gesetzmäßigkeiten eben *doch* wiederholen. Nicht nur die Finsternisse, auch das Licht. Nürnberg könnte tatsächlich wiederkehren.

Sieg Heil!

André Brink

(Übersetzung: Hans Hermann)

André Brink, Jahrgang 1935, ist Professor für Afrikaans in Grahamstown, Südafrika, und einer der bekanntesten südafrikanischen Schriftsteller. Bei Kiepenheuer & Witsch erschienen seine Romane ›Weiße Zeit der Dürre‹ (1984) und ›Die Nilpferdpeitsche‹ (1985). In Vorbereitung für 1987 ist ein Essay-Band, der in England unter dem Titel ›Mapmakers‹ erschienen ist.

Literaturhinweise

Die Literatur zum Thema Apartheid ist inzwischen fast unübersehbar gewachsen. Die folgenden Hinweise können zu einer vertieften Beschäftigung speziell mit der deutsch-südafrikanischen Problematik verhelfen.

Akeroyd, Anne:
European Business and South Africa: An Appraisal of the EC Code of Conduct
München 1981

Aktionskomitee Afrika:
Südafrika Handbuch
Wuppertal 1982

Aluko, Olajido Shaw, Timothy M. (Hrsg.):
Southern Africa in the 1980's
London 1985

Amnesty International
Südafrika
Bonn 1986

Anti-Apartheid-Bewegung (AAB):
Die gesetzlichen Bestimmungen für den Rüstungsexport der Bundesrepublik Deutschland
Bonn 1983
(Bestelladresse: AAB)

Anti-Apartheid-Bewegung (AAB):
Daimlers Rüstung in Südafrika
Stuttgart 1982
(Bestelladresse: AAB)

Crocker, Chester A.:
Südafrika-Strategie zum Wandel
DAS-Schriftenreihe, Heft 9
Bonn 1981

Czempiel, Ernst-Otto:
Friedenspolitik im südlichen Afrika.
Eine Strategie für die Bundesrepublik Deutschland
München 1976

Cornevin, Marianne:
Apartheid – Mythos und Wirklichkeit
Wuppertal 1981

Duve, Freimut (Hrsg.)
Kap ohne Hoffnung
Hamburg 1965

Evangelisches Missionswerk (EMW):
Südafrika-Reader
Mai 1986

Evangelisches Missionswerk (EMW):
Südafrika in den achtziger Jahren
Hamburg 1986

Evangelischer Pressedienst (EPD):
Dokumentation 13/86
Kirchliche Beschlüsse zum Thema »Südliches Afrika«
Frankfurt 1986

Evangelischer Pressedienst (EPD):
Dokumentation 23/24 – 1981
Das Dilemma mit dem Kodex
Frankfurt 1981

Falk, Rainer:
Südafrika. Widerstand und Befreiungskampf
Köln 1986

Forschungs- und Aktionsberatungsgruppe des Vereins »Christen für Arbeit und Gerechtigkeit weltweit e. V.«:
Die deutsche Wirtschaft und Südafrika – Zur Notwendigkeit von Wirtschaftssanktionen
Heidelberg 1986
(Bestelladresse: Obere Seegasse 18, Heidelberg)

Friedrich-Ebert-Stiftung:
Probleme der Rohstoffsicherung
FES-Analysen 92/93
Bonn 1981

Geisler, Wolff; Wellmer, Gottfried:
DM-Investitionen in Südafrika
ISSA-Wissenschaftliche Reihe 10
Bonn 1983

Hanf, Theodor; Weiland, Heribert; Vierdag, Gerda:
Südafrika – Friedlicher Wandel?
(Möglichkeiten demokratischer Konfliktregelung – Eine empirische Studie)
München 1978

Harding, Leonhard; Schulz, Manfred; Vogt, Hermann:
Die Südafrika-Politik der UNO und der Kirchen
München 1977

Helbig, Helga u. Ludwig:
Mythos Deutsch-Südwest
Weinheim und Basel 1983

Herkenrath/Schoop/Zwiefelhofer:
Misereor im Widerstreit der Meinungen
München 1984

Hinz, Patemann, Meier (Hrsg.):
Weiß auf Schwarz – Kolonialismus, Apartheid u. afrik. Widerstand
Berlin 1986

Hofmeier, Rolf u. a.:
Die wirtschaftliche und rohstoffpolitische Bedeutung Afrikas und seiner einzelnen Regionen für die Bundesrepublik Deutschland
Hamburg 1981

Jaenecke, Heinrich:
Die weißen Herren. 300 Jahre Krieg und Gewalt in Südafrika.
München 1979

Kühne, Winrich:
Die Politik der Sowjetunion in Afrika
Baden-Baden 1983

Kühne, Winrich:
Südafrika und seine Nachbarn: Durchbruch zum Frieden?
Baden-Baden 1985

Kühne, Winrich:
Sowjetische Afrikapolitik in der »Ära Gorbatschow«
Ebenhausen 1986 (Stiftung Wissenschaft und Politik)

Meyns, Peter:
Das Südliche Afrika im Spannungsfeld des Ost-West-Konflikts
Duisburg 1983 (Universität Duisburg – Duisburger Materialien zur Politik und Verwaltungswissenschaft 7/1983)

Michler, Walter:
Aktuelle Entwicklungen im südlichen Afrika und die Rolle der Weltmächte
Köln 1984

Militz, Eva:
Bank Loans to Apartheid,
Mid 1982 to End 1984
Genf 1985

Ortlieb, Heinz Dietrich; Lösch, Dieter:
Was wird aus Südafrika?
Zürich 1985

Puschra, Werner:
Schwarze Gewerkschaften in Südafrika
Bonn 1984 (Forschungsinstitut der Friedrich-Ebert-Stiftung)

Rode, Reinhard:
Die Südafrika-Politik der Bundesrepublik Deutschland 1968–1972
München 1975

Saager, Rudolf:
Metallische Rohstoffe von Antimon bis Zirkonium
Bank Vontobel Zürich 1984 (nicht im Buchhandel)

Sodemann, Christoph:
Die Gesetze der Apartheid
Edition Südliches Afrika 17
Bonn 1986

South African Institute of Race Relations:
Survey 1984
Johannesburg 1985

Schneider, Adolf R. H.:
Die Südwest-Afrika-Frage vor den Organen der Vereinten Nationen
Diss. Würzburg 1975

Schümer, Martin:
Die amerikanische Politik gegenüber dem südlichen Afrika
Bonn 1986

Shipping Research Bureau:
Secret Oil Deliveries to South Africa
Amsterdam 1984

Stiers, Werner:
Perzeption der Entwicklung im südlichen Afrika in der Bundesrepublik Deutschland 1960–1979
Frankfurt 1983

Timm, Uwe:
Morenga (Roman)
Köln 1985

Westphal, Wilfried:
Geschichte der deutschen Kolonien
München 1984

Weiterführende Informationen

Weiterführende Informationen zum Thema Apartheid stellen u. a. die folgenden Organisationen und Stellen zur Verfügung:

African National Congress (ANC)
Verbindungsbüro Bonn
(Repräsentant: Tony Seedat)
Postfach 19 01 40
5300 Bonn 1 / (Tel. 02 28/35 22 95)

Amnesty International
Koordinationsgruppe Südafrika
Heidi Sattler
Lilienstraße 46
6050 Offenbach

Anti-Apartheid-Bewegung (AAB)
Blücherstraße 14
5300 Bonn 1 / (Tel. 02 28/21 13 55)

AWEPAA
Association of West European Parliamentarians for Action against Apartheid
P.O. Box 402
2501 Den Haag
Netherlands

Azania-Koordination AZAKO
Achtermannstraße 10–12
4400 Münster / (Tel. 02 51/51 19 98)

Black Consciousness Movement (BCM)
Frau Dodo Motsisi
Lochheimer Straße 21
6900 Heidelberg-Kirchheim / (Tel. 0 62 21/7 21 34)

Botschaft der Republik Südafrika
Auf dem Hostert 3
5300 Bonn 2 / (Tel. 02 28/35 10 91)

Evangelische Frauenarbeit in Deutschland (EFD)
– Südafrika – Projektgruppe
Unter Linden 80
6000 Frankfurt (Tel. 069/72 82 70)

Evangelisches Missionswerk (EMW)
Mittelweg 143
2000 Hamburg (Tel. 040/4 15 81)

Evangelischer Pressedienst (EPD)
Friedrichstraße 2–6
6000 Frankfurt (Tel. 069/71 51 71)

International Labour Organisation (ILO)
CH- 1211 Genf
Schweiz

Informationsstelle Südliches Afrika (ISSA)
Blücherstraße 14
5300 Bonn 1 (Tel. 02 28/21 32 88)

Katholischer Arbeitskreis für Entwicklung und Frieden (KAEF)
Kaiserstraße 163
5300 Bonn (Tel. 02 28/10 31)

Namibia Information Office
Venusbergweg 35
5300 Bonn 1 (Tel. 02 28/21 70 26)

South African Council of Churches (SACC)
Khotso-House
42 de Villiers Street
P.O. Box 4921
Johannesburg
Republic South Africa

South African Institute of Race Relations
Auden House
68 de Korte Street
Braamfontein, Johannesburg 2000
Republic South Africa

South West African Peoples Organisation (SWAPO)
Verbindungsbüro Bonn, (Repräsentant: Nghidimondjila Shoombe)
Postfach 30 08 68
5300 Bonn 3 (Tel. 02 28/69 17 83)

Shipping Research Bureau
P.O. Box 11898
1001 GW Amsterdam (Tel. 020 - 251300)
Niederlande

Stiftung Wissenschaft und Politik
Haus Eggenberg
8026 Ebenhausen (Tel. 0 81 78/7 01)

Terre des Hommes Deutschland e. V.
Postfach 4126
4500 Osnabrück (Tel. 05 41/7 10 10)

United Nations Centre
Against Apartheid
Palais des Nations
CH- 1211 Genf 10
Schweiz

Vereinigte Evangelische Mission in Wuppertal (VEM)
Missionsstraße 9
5600 Wuppertal (Tel. 02 02/8 50 41)

World Campaign against military and nuclear collaboration with South Africa
P.O. Box
2 Lindeberg Gaard
Oslo 10 (Tel. 02/30 13 45)
Norwegen

World Council of Churches
(Program to Combat Racism)
150, route de Ferney,
P.O. Box 66
CH- 1211 Genf 20
Schweiz

André Brink
Weisse Zeit der Dürre

Roman.

Ben du Toit, der Held von André Brinks mitreißendem Roman über Südafrika, ist ein durchschnittlicher Bürger seines Landes. Er führt ein beschauliches Leben in Johannesburg, ist Lehrer am College, ein fürsorglicher Familienvater und Ehemann. Auf diese Welt fällt ein Schatten, als der Sohn des schwarzen Putzmannes Gordon an Bens Schule während der Soweto-Unruhen unter mysteriösen Umständen umkommt. Ben unterstützt Gordon bei dessen Bemühungen, den Fall aufzuklären. Doch Gordon erleidet bald das Schicksal seines Sohnes, und Ben sieht bei seiner ursprünglich naiven Kampagne, Verfahrensfehler aufzudecken, mit zunehmendem Entsetzen, daß er es nicht mit stümperhaften Bürokraten zu tun hat, sondern mit arroganten Killern, die sich durch einen ins Monströse pervertierten Patriotismus im Recht glauben und dieses Recht auch durchsetzen. In einer sich dramatisch zuspitzenden Handlung schildert Brink, wie Ben tagtäglich die Gefährlichkeit seiner Gegner zu spüren bekommt. Er lebt unter dem wachsenden Druck von Angst und Bedrohung, fühlt sich eingekreist von Feindseligkeit und Gemeinheit. Doch unterstützt von einer jungen Journalistin, die er liebt, und einem schwarzen Taxifahrer, in dem er einen zuverlässigen Freund findet, kämpft Ben wie besessen weiter, läßt er sich von Verzweiflung und Enttäuschung nicht unterkriegen.

Kiepenheuer & Witsch

André Brink
Die Nilpferdpeitsche

Roman.
Titel der Originalausgabe:
A Chain of Voices
Deutsch von Hans Hermann

In seinem großen historischen Roman erzählt André Brink die Geschichte einer Burenfamilie, schildert er einen Sklavenaufstand zu Beginn des 19. Jahrhunderts in Südafrika.
Ein Roman über die Absurdität eines unmenschlichen Systems, ein Buch voller Spannung und Dramatik.